Viagens ao Passado Mítico

Zecharia Sitchin

Viagens ao Passado Mítico

Tradução:
Bianca Rocha

Publicado originalmente em inglês sob o título *Journeys to the Mythical Past*, por Bear & Company.
© 2007, Bear & Company.
Diretos de tradução para o Brasil.
Tradução autorizada do inglês.
© 2015, Madras Editora Ltda.

Editor:
Wagner Veneziani Costa

Produção e Capa:
Equipe Técnica Madras

Tradução:
Bianca Rocha

Revisão da Tradução:
Jefferson Rosado

Revisão:
Jerônimo Feitosa
Maria Cristina Scomparini
Silvia Massimini Felix

Dados Internacionais de Catalogação na Publicação (CIP)
(Câmara Brasileira do Livro, SP, Brasil)

Sitchin, Zecharia, 1920-2010.
Viagens ao passado mítico : livro II das expedições das crônicas da terra / Zecharia Sitchin ; tradução Bianca Rocha. -- São Paulo : Madras, 2015.
Título original: Journeys to the Mythical past.

ISBN 978-85-370-0949-9

1. Arqueologia 2. Arqueólogos - Biografia
3. Civilização antiga 4. Civilização antiga -
Influências extraterrestres 5. Sitchin, Zecharia,
1920-2010 I. Título.
15-01427   CDD-930.109

Índices para catálogo sistemático:
1. Arqueologia : História 930.109

É proibida a reprodução total ou parcial desta obra, de qualquer forma ou por qualquer meio eletrônico, mecânico, inclusive por meio de processos xerográficos, incluindo ainda o uso da internet, sem a permissão expressa da Madras Editora, na pessoa de seu editor (Lei nº 9.610, de 19.2.98).

Todos os direitos desta edição, em língua portuguesa, reservados pela

MADRAS EDITORA LTDA.
Rua Paulo Gonçalves, 88 – Santana
CEP: 02403-020 – São Paulo/SP
Caixa Postal: 12183 – CEP: 02013-970
Tel.: (11) 2281-5555 – Fax: (11) 2959-3090
www.madras.com.br

*Dedicado
ao meu neto
Ariel J. Feldman,
que me transportou
para a Era do Computador.*

ÍNDICE

1. A Falsificação na Grande Pirâmide 9
2. Cavidades Enigmáticas, Areia Misteriosa 39
3. A Câmara Secreta 59
4. O Dia Fatídico 69
5. Artefatos Fora de Lugar no Museu do Cairo 81
6. Enigmas Feitos de Pedra 95
7. O Homem do Gelo dos Alpes 115
8. Visões sobre a História 125
9. Encontros no Vaticano 139
10. Astrônomos e Mapas Celestes 155
11. Anticítera: Um Computador Pioneiro 173
12. Nazca: Onde os Deuses Partiram da Terra 191

Epílogo: Profecias sobre o Retorno 215

1

A Falsificação na Grande Pirâmide

Os registros das descobertas arqueológicas do Egito incluem histórias com diversos finais tristes dos descobridores disso ou daquilo, sendo as mais famosas as mortes incomuns atribuídas à "Maldição do Rei Tut" por aqueles que encontraram sua tumba; mas não conheço nenhum caso assim relacionado a uma exploração da Grande Pirâmide e seus mistérios. Até mesmo os *thrillers* arqueológicos de Agatha Christie, que incluem assassinato no Nilo, não ocorrem dentro da pirâmide; e quando James Bond foi atraído para Gizé, o encontro fatal aconteceu do lado de fora, perto da Esfinge.

Desde que Napoleão, o qual invadiu o Egito em 1798, tornou a visita à Grande Pirâmide de Gizé "obrigatória" aos turistas, milhões de pessoas adentraram para admirar, contemplar, pesquisar e explorar; ainda assim, não consigo recordar de ter me deparado com nenhum relato de morte de um visitante dentro dela. **Portanto, quando quase fui morto lá, provavelmente teria sido o Primeiro...**

Eu estava dentro da Grande Pirâmide, no topo da Grande Galeria, esperando para subir por uma série de escadas nos compartimentos acima da Câmara do Rei, quando de repente senti um golpe forte na minha cabeça: alguém havia deixado cair de cima um pedaço de madeira grande e pesado que me derrubou. Um sangue quente começou a escorrer da parte de cima da minha cabeça, e eu estava certo de que meu crânio tinha se rachado.

Apesar de estar atordoado e sangrando enquanto era levado rapidamente para baixo, em direção à saída, os pensamentos sobre a morte que corriam pela minha mente incluíam visões de manchetes de jornais relatando meu fim. Elas iam desde uma manchete apropriada:

Autor Famoso Morto Dentro da Grande Pirâmide, até uma manchete desinteressante: **Visitante Morre na Pirâmide de Gizé**, ou nenhuma única manchete – tão ruim era o pensamento. Preocupante era a manchete **Acidente Fatal com Turista no Egito**, pois eu tinha certeza de que o que aconteceu não havia sido um acidente. E mais perturbadora seria a manchete irônica imaginada, **Maldição do Rei Quéops?** – perturbadora porque eu entrei na pirâmide naquele dia para provar que o faraó Quéops *não* construiu a Grande Pirâmide.

Poder escrever sobre o dia em que quase fui morto na Grande Pirâmide sugere que consegui sobreviver; mas esta é a primeira vez em que estou revelando o que aconteceu. E, como o leitor pode certamente adivinhar a esta altura, o que aconteceu naquele dia teve sua origem, seu início, muito tempo atrás. Portanto, ainda antes de contar a história completa daquele dia agitado e quase fatal, isso me leva a retornar ao início.

* * *

Existem muitas pirâmides e estruturas piramidais no Egito, pontuando a terra a partir de onde o Rio Nilo forma um delta, ao norte, por todo o caminho até a antiga Núbia, ao Sul; as principais são as cerca de 20 pirâmides (fig. 1) atribuídas aos faraós do Antigo Império (2650-2150 a.C.). Estas, por sua vez, consistem em dois grupos distintos: as pirâmides elaboradamente decoradas, que são associadas aos soberanos da Quinta e da Sexta Dinastia (tais como Unas, Teti, Pepi), e as pirâmides relacionadas aos reis da Terceira e da Quarta Dinastia.

Os construtores do último grupo são nitidamente identificados por uma abundância de inscrições nas paredes das pirâmides, os chamados Textos das Pirâmides; é a respeito das pirâmides mais antigas e paradoxalmente mais majestosas que o mistério se desenvolve. Com poucas pistas escritas dentro delas ou próximo a elas, ou mesmo desprovidas totalmente de inscrições ou decorações, essas pirâmides mais antigas mantêm em segredo o mistério de suas construções – quem as construiu e quando, como elas foram construídas, e para qual propósito. Existem apenas teorias e suposições estimadas.

Embora nenhuma verdadeira sepultura real tenha sido descoberta dentro de alguma pirâmide, a teoria aceita é a de que as pirâmides eram tumbas reais esplêndidas, evoluindo da antiga *mastaba* plana e horizontal – uma grande lápide que cobria o túmulo real. Os egiptólogos afirmam que a primeira pirâmide imponente, em Saqqara, pertencia ao rei Zoser, o segundo faraó da Terceira Dinastia, cujo hábil arquiteto empilhou uma mastaba em cima de outra para criar uma **pirâmide de degraus** (fig. 2).

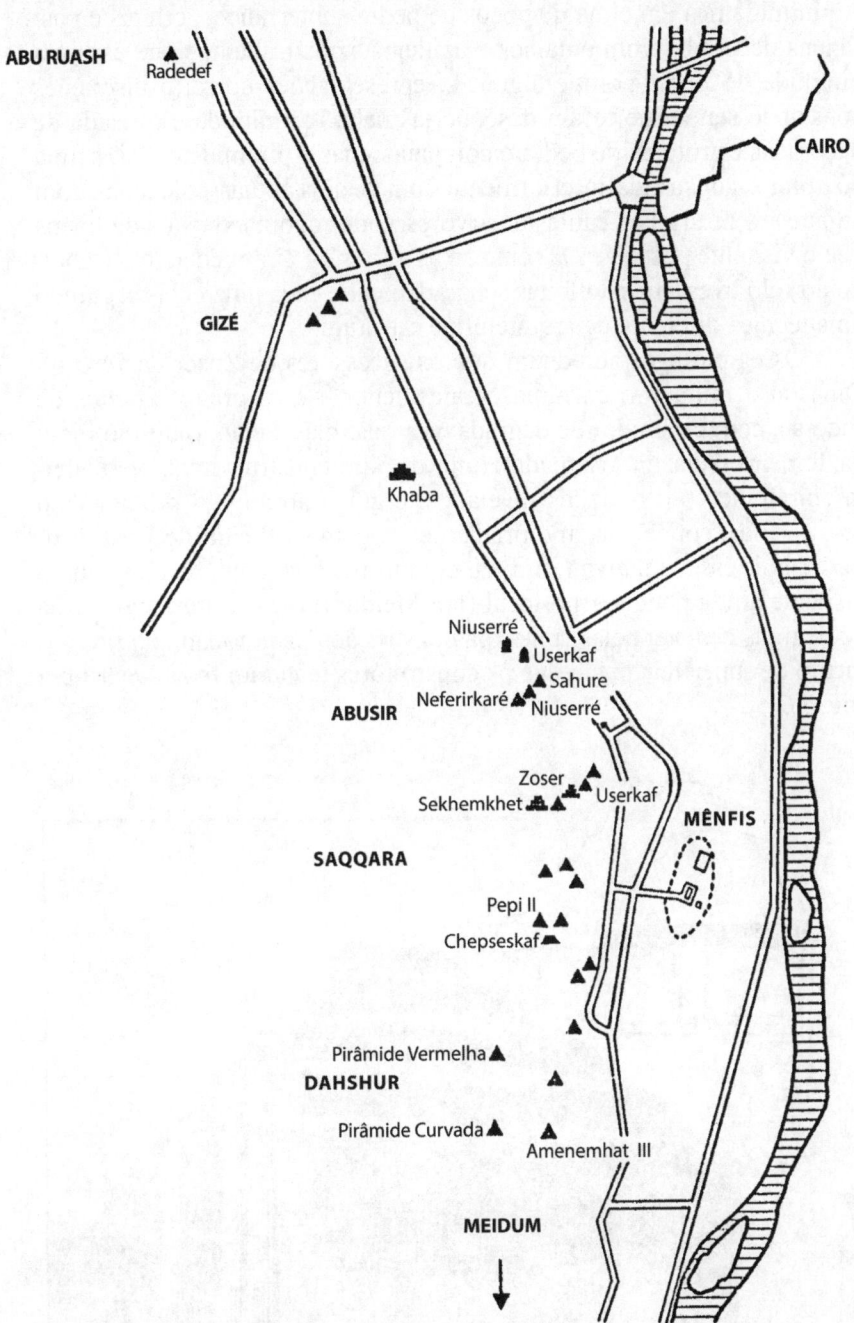

EGITO: OS PRINCIPAIS LOCAIS DAS PIRÂMIDES

Figura 1

A pirâmide fica em cima de poços de pedra subterrâneos, criptas e passagens decoradas com entalhes e azulejos azuis; sabemos que essa é a pirâmide de Zoser porque algumas representações do rei e inscrições constando seu nome foram descobertas nela. A pirâmide é rodeada de decoradas estruturas de pedra e colunatas; mas a pirâmide em si, acima do solo, é construída inferiormente com pedras brutas colocadas com argamassa de argila e caules de árvores, todos agora expostos de forma que o visitante possa ver. É como se as partes da pirâmide acima e abaixo do solo tivessem sido feitas separadamente, cada uma delas seguindo uma técnica diferente de arquitetura e estrutura.

Os egiptólogos acreditam que os sucessores de Zoser da Terceira Dinastia o imitaram, em uma escala menor e com graus variados de sucesso, com pirâmides de degraus próprias; mas, então, o último faraó da Terceira Dinastia, chamado Huni, decidiu construir uma "verdadeira" pirâmide com os lados nivelados, erguida ao ângulo pronunciado de 52°. Ela é conhecida, apropriadamente, como a **Pirâmide Desmoronada**, pois essa tentativa terminou em um fracasso deplorável. O que o visitante ainda pode ver no local (em Meidum) é a estrutura em forma de degraus cercada pelas ruínas da construção desmoronada do revestimento de superfície plana que os construtores tentaram fixar à estrutura (fig. 3).

Figura 2

Por que, de repente, foi feita uma tentativa de configurar essa pirâmide como uma "verdadeira" pirâmide, e de onde veio a noção de uma "verdadeira pirâmide" com os lados triangulares nivelados? Ninguém sabe por que foi escolhido um ângulo pronunciado de 52°, e se foi Huni – ou, como alguns acreditam, seu sucessor – quem tentou fixar o revestimento nivelado à estrutura.

Esse sucessor era Sneferu, o primeiro faraó da Quarta Dinastia. Ele estava construindo (em Dahshur) sua própria "verdadeira" pirâmide, quando a anterior, em Meidum, desmoronou; então, seus arquitetos (como alguns egiptólogos acreditam plausivelmente) abandonaram o ângulo pronunciado de 52° no meio da construção e continuaram erguendo-a em um ângulo mais plano e muito mais seguro de 43° – resultando no que é conhecido como a **Pirâmide Curvada** (fig. 4a); uma estela (um pilar de pedra) representando o rei e constando o nome de Sneferu confirmou sua associação a essa pirâmide. Então, Sneferu, ainda persistindo na construção de uma "verdadeira pirâmide" com os lados nivelados, ordenou a construção de uma terceira pirâmide (também em Dahshur). Conhecida pelo tom de suas pedras como a **Pirâmide Vermelha** (fig. 4b), ela possui os lados triangulares "corretos", erguendo-se da base quadrada e encontrando-se no cume. Mas suas ruínas indicam que seus lados se elevavam ao ângulo seguro de 44°...

E então – segundo as teorias egiptológicas – o filho e sucessor de Sneferu, um faraó chamado *Khufu* (Quéops, em português), conseguiu erigir o que ainda é a mais sublime construção em pedra na Terra

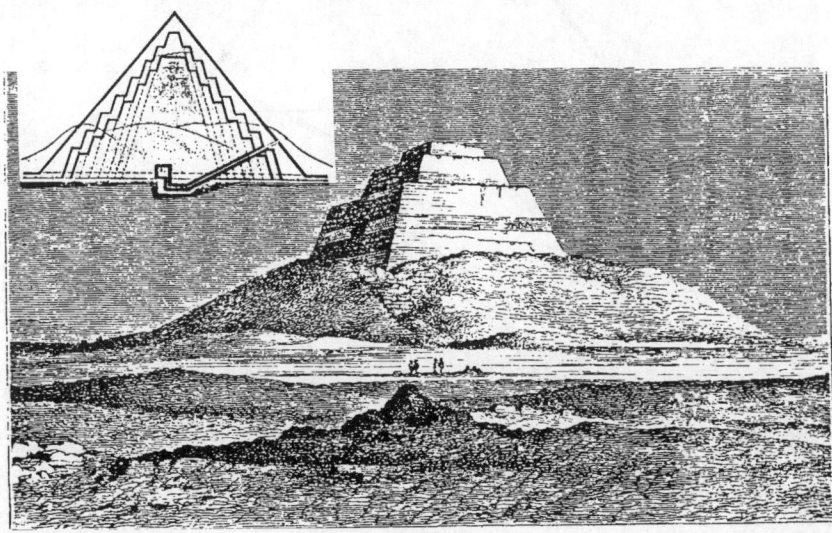

Figura 3

e a maior das "verdadeiras" pirâmides – a **Grande Pirâmide** de Gizé. Ofuscando qualquer outra pirâmide anterior em relação ao seu grande tamanho, ela ainda está erguida como uma montanha de pedra artificial ao ângulo mágico de 52° – única, majestosa, incontestável e inteira (prancha 1).

O sucesso de Khufu – segundo os compêndios – inspirou seus sucessores a construírem suas pirâmides perto da dele, em Gizé. Uma, que imitava visivelmente a Grande Pirâmide, foi construída pelo faraó **Chefra** (Quéfren, em português) e é conhecida como a **Segunda Pirâmide**; como uma calçada parte da pirâmide até a **Esfinge** (prancha 2), esta também é atribuída a Chefra (embora ela fique muito mais próxima da Grande Pirâmide). Então, seu sucessor, **Menkaure** (Miquerinos), construiu por perto a **Terceira Pirâmide** – mas, por razões inexplicáveis, como uma miniatura das outras duas (fig. 5). Erguendo-se em direção ao céu onde o deserto termina no Vale do Nilo, as três, como o mapa do local demonstra (fig. 6), foram perfeitamente alinhadas aos pontos cardeais da bússola e entre si, formando uma unidade arquitetônica como se tivessem sido planejadas por um único arquiteto, e não por três diferentes faraós separados por um século.

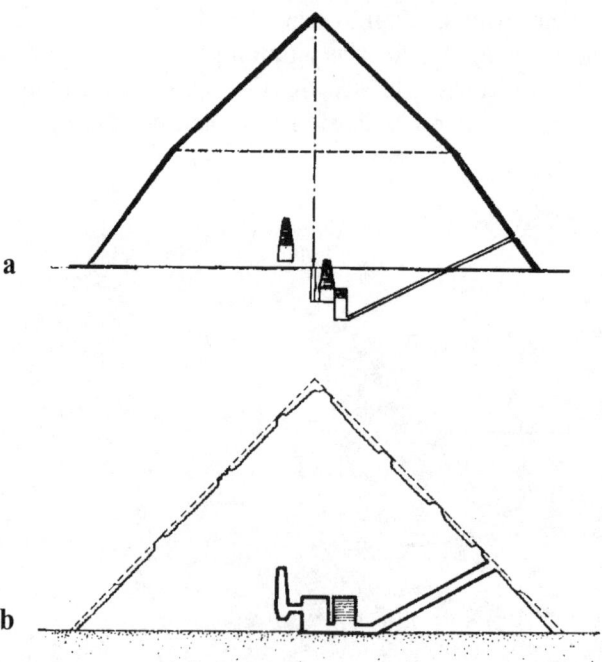

Figura 4

Diferentemente das outras pirâmides, as três pirâmides de Gizé são desprovidas de qualquer aspecto decorativo, não têm pinturas ou textos inscritos em suas paredes, não possuem selo ou efígie real e (com a exceção que será discutida posteriormente) não contêm nenhum outro fragmento de evidência de que as três foram construídas por Khufu, Chefra e Menkaure; no entanto, os egiptólogos continuam se mantendo fiéis à sua teoria favorita de "pirâmide por faraó sucessivo" – e eles mantêm isso em relação a Gizé, embora o real sucessor de Khufu não tenha sido Chefra, mas o faraó Djedefre (também chamado de Radjedef), cuja pequena pirâmide desmoronada, inclinada a 48°, foi construída longe de Gizé, em Abu Ruash, ao Norte (ver fig. 1, página 11).

A lista dos egiptólogos também omite, convenientemente, dois outros faraós que reinaram entre Chefra e Menkaure; e, omitindo um

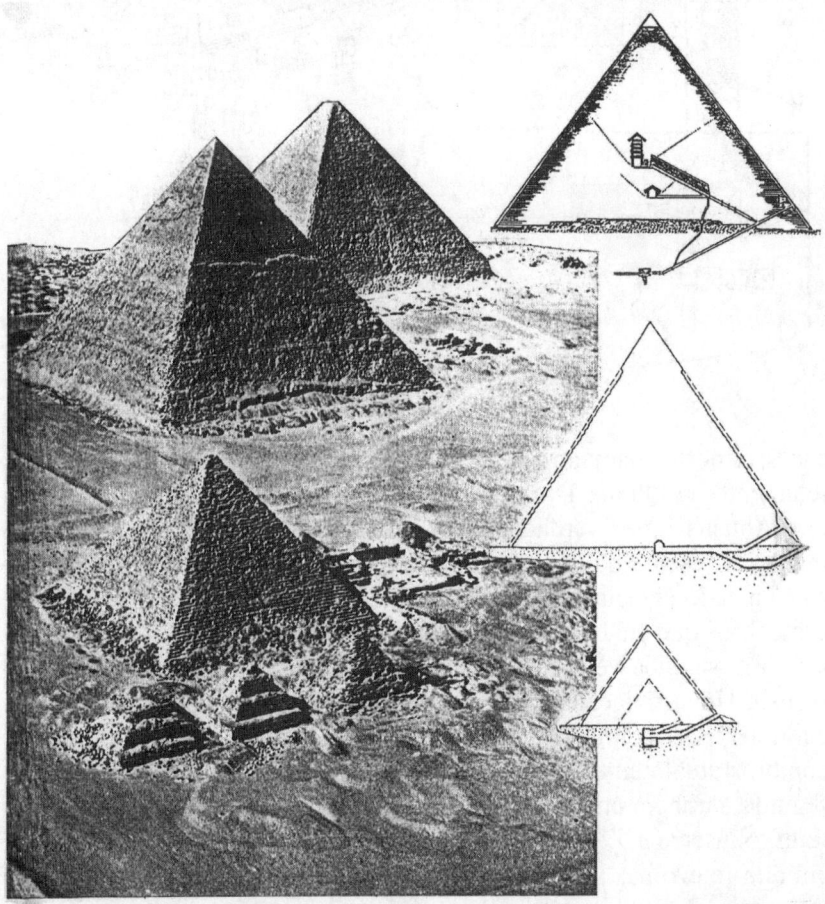

Figura 5

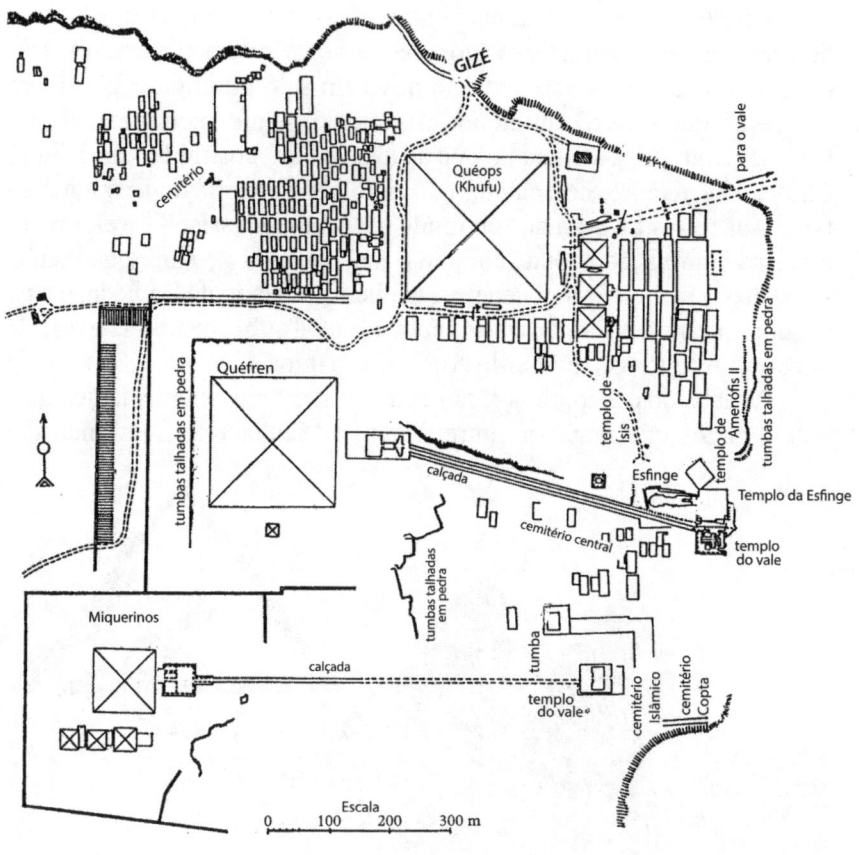

Figura 6

sucessor deste chamado Chepseskaf, continua a "era das pirâmides" diretamente na Quinta Dinastia. Seu primeiro faraó, Userkaf, construiu (em Abusir) uma "verdadeira" pirâmide com cerca da metade do tamanho da escala da Grande Pirâmide de Gizé. Ele adotou um ângulo pronunciado semelhante àquele de Gizé; o resultado foi uma pilha de escombros que até hoje em dia se parece com um monte de barro...

Em seguida veio uma pirâmide construída pelo faraó Sahure, em Abusir. Uma imitação em escala muito reduzida das maiores em Gizé, ela tinha uma inclinação de cerca de 50°, e também é uma pilha de escombros atualmente. Assim estão as quatro que foram construídas em seguida, também em Abusir, pelos seus sucessores: Neferirkaré, Raneferef, Niuserré e Zedkara-Isesy. Nas ruínas e em torno delas, imagens em alto-relevo nas paredes e outras descobertas (incluindo imagens de reis e seus nomes hieroglíficos) confirmam os vastos trabalhos artísticos e decorações nessas pirâmides e em suas estruturas anexas. Mas tudo o que resta do século e meio de construções de "verdadeiras" pirâmides na Quinta Dinastia são pilhas de escombros que ruíram.

Agora, vamos com a egiptologia para as pirâmides abundantemente decoradas e cheias de inscrições da Sexta Dinastia. Essa etapa da Era das Pirâmides começou com o faraó Unas (que alguns consideram o último faraó da Quinta Dinastia, em vez de ser o primeiro da Sexta Dinastia). Ele retornou para o caminho de Saqqara, próximo à pirâmide de degraus de Zoser; adotando uma escala de um terço comparada à Grande Pirâmide de Gizé, ele ousou fazer uma inclinação semelhante a 52° – e terminou, como os outros antes dele, com uma pilha de escombros. As pirâmides dos faraós da Sexta Dinastia que o seguiram em Saqqara – Teti, Pepi I, Merenra, Pepi II – tiveram o mesmo fim. Apesar de todas as decorações e dos versos do Livro dos Mortos inscritos em suas paredes, os monumentos que esses faraós ergueram para as suas viagens de vida após a morte para a Vida Eterna no "Planeta de Milhões de Anos" terminaram como pilhas de escombros desmoronadas.

Tendo estado em todas essas pirâmides com suas formas modificadas e seus ângulos inclinados, e tendo observado suas ruínas desmoronadas – em todos os locais, exceto em Gizé –, eu não poderia aceitar sem questionamento a declaração dos egiptólogos de que as pirâmides de Gizé *sucederam e imitaram* as outras. Ao observar as ruínas das outras pirâmides nas paisagens planas do deserto, minha intuição era: ***Não – Gizé era o exemplo, o modelo que as outras tentaram imitar, e não o contrário!***

A Grande Pirâmide de Gizé – em grande tamanho, em engenhosidade e complexidade estrutural, em precisão matemática e geométrica, em estabilidade duradoura – é única, e não existe necessidade de ilustrar isso, aqui, com informações bem conhecidas; mas somente isso não prova que ela foi o modelo para todas as outras. Por isso, o aspecto mais convincente são seus compartimentos internos *ascendentes*. Todas as pirâmides têm compartimentos internos localizados em níveis subterrâneos; mas, de todas as pirâmides (incluindo suas companheiras em Gizé – a fig. 7 compara as principais pirâmides em tamanho e complexidade interna), *a Grande Pirâmide é a única com passagens ascendentes e componentes internos complexos muito acima do nível do solo*.

A história da descoberta desses compartimentos internos ascendentes e superiores é uma chave para a compreensão da verdadeira sequência da construção das pirâmides no Egito; o mistério sobre os bloqueios dos compartimentos ascendentes é uma pista da verdadeira identidade dos construtores de Gizé.

* * *

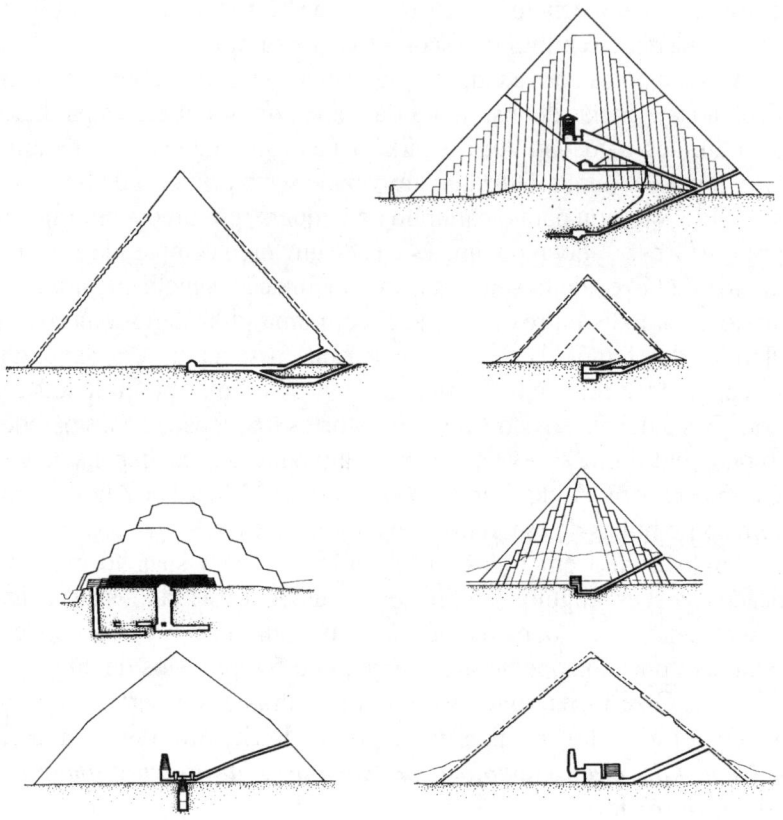

Figura 7

As pirâmides de Gizé, conforme elas podem ser observadas atualmente, estão desprovidas do revestimento de calcário branco e liso que possuíam originalmente – isso teria sido obra de ladrões que retiraram as pedras de calcário valiosas para usá-las na vizinha cidade do Cairo e em vilas nos arredores. Na Segunda Pirâmide, eles não conseguiram alcançar as camadas mais altas, e a cobertura de calcário ainda pode ser vista apenas no topo; na Grande Pirâmide, algumas das pedras do revestimento permaneceram na base, ajudando a indicar o ângulo de inclinação preciso (fig. 8). Atualmente, o visitante entra na Grande Pirâmide escalando diversas camadas de blocos de pedras de sua alvenaria exposta e passa por uma abertura forçada na face norte da pirâmide, que leva a seu interior por meio de uma passagem semelhante a um túnel. No entanto, quando se olha para a pirâmide enquanto ainda se está do lado de fora (fig. 9), torna-se óbvio que essa entrada fica um pouco mais abaixo e ao lado que a verdadeira entrada original, a qual está sinalizada por dois

Exemplo de Pedras de Revestimento de uma Pirâmide, Sobrepostas.
Sobre as camadas de alvenaria retangulares. De uma fotografia de P. S. do topo da pirâmide 27.

Restante da Superfície Original de Pedras de Revestimento da Grande Pirâmide.
Perto do meio de sua base norte. Como descoberto pela escavação do coronel Howard Vyse em 1857.

Figura 8

conjuntos de placas de pedras pesadas que se tocam diagonalmente para proteger a entrada (fig. 10a, página 21). Lá, quando a pirâmide ainda tinha seu revestimento liso, uma pedra que podia ser movimentada não apenas fechava a entrada, mas também a escondia completamente de um observador que estivesse do lado de fora (fig. 10b).

A existência de uma entrada original assim, com sua pedra que se movimentava, não era totalmente um segredo na Antiguidade; apesar de visualmente escondida, os sacerdotes egípcios tinham conhecimento sobre ela. Na verdade, Estrabão, o geógrafo e historiador romano do século I d.C., relatou que, quando ele visitou o Egito, entrou na Grande Pirâmide através de uma abertura na face norte escondida por uma "pedra articulada" e desceu por uma passagem longa e estreita em direção a um

Figura 9

poço cavado no leito de rocha – assim como outros visitantes romanos e gregos haviam feito antes dele.

Mas, conforme os séculos se passaram, e os sacerdotes egípcios abriram caminho para os monges cristãos e os clérigos muçulmanos, a localização exata dessa entrada escondida foi esquecida. Em 820 d.C., quando o califa muçulmano Al-Mamun tentou entrar na pirâmide para procurar a suposta Câmara dos Tesouros, seus engenheiros e pedreiros acabaram forçando o caminho para adentrá-la – corretamente pela face norte, mas um pouco abaixo da localização certa. Sua abertura forçada é a entrada pela qual os visitantes adentram a pirâmide atualmente.

Uma vez dentro dela, tudo o que os trabalhadores de Al-Mamun encontraram foram blocos e mais blocos de pedra. Martelando e cinze-

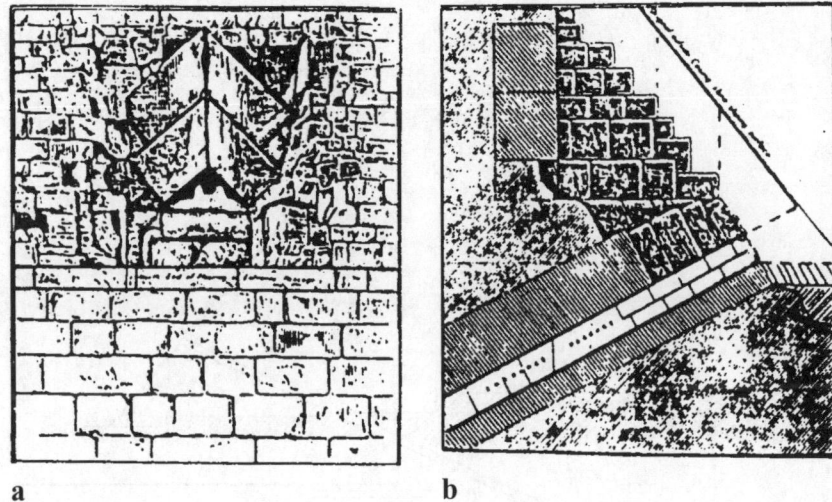

Figura 10

lando, eles forçaram sua entrada aquecendo e esfriando alternadamente a grande quantidade de pedras. Por fim, eles alcançaram uma passagem estreita e inclinada; ela levava para baixo, pela alvenaria e o leito de rocha, em direção a um poço vazio – *exatamente a passagem descendente e o poço descritos por Estrabão*.

A passagem também levava para cima; seguindo-a por uma curta distância, os trabalhadores de Al-Mamun encontraram a entrada original pelo lado de dentro. Se a história tivesse parado por aí, os esforços de Al-Mamun teriam apenas confirmado o que era conhecido e acreditado nos períodos romano, grego e egípcio anteriores: que a Grande Pirâmide, assim como suas duas companheiras e todas as outras pirâmides, possuía apenas uma passagem interna ***descendente*** e compartimentos abaixo do nível do solo (fig. 11a).

O segredo de que a Grande Pirâmide, diferentemente de todas as outras pirâmides, também possuía passagens e câmaras superiores surpreendentes teria permanecido desconhecido, se não fosse por uma descoberta acidental feita pelos trabalhadores de Al-Mamun. Conforme eles prosseguiram golpeando e detonando, de repente ouviram a queda de uma pedra solta. Fazendo uma busca na direção do som, descobriram que uma pedra triangular que havia caído escondia da vista placas de granito colocadas diagonalmente para bloquear a passagem. Incapazes de quebrá-las ou movimentá-las, eles fizeram um túnel ao seu redor – e conseguiram alcançar aquela que agora é conhecida como a ***Passagem Ascendente*** (fig. 11b). Ela levava para cima, através da

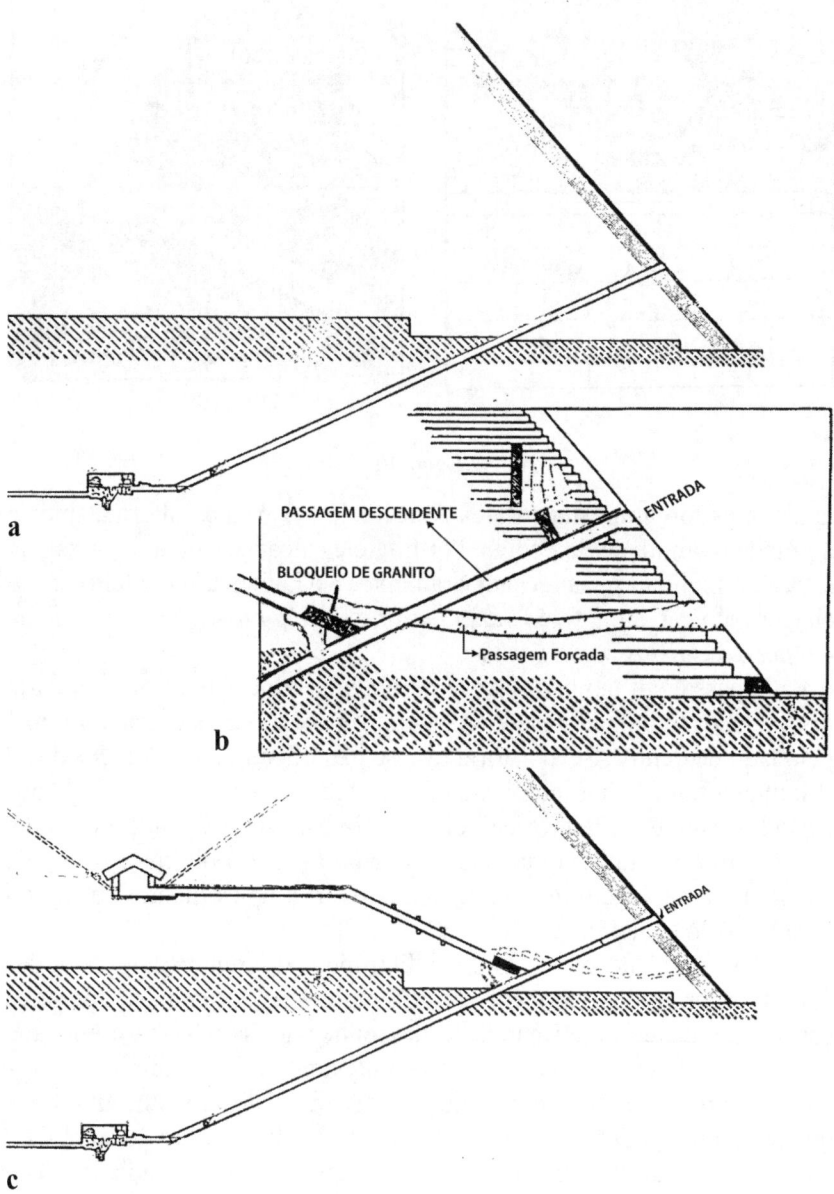

Figura 11

"Grande Galeria", até a "Câmara da Rainha", por meio de uma passagem horizontal, e até a "Câmara do Rei", mais ao alto (fig. 11c). As incríveis e únicas complexidades internas e superiores da Grande Pirâmide haviam sido descobertas.

Os pesquisadores das pirâmides atualmente reconhecem que, em algum momento após a Grande Pirâmide ter sido construída, "alguém", por "alguma razão", deslocou, por um canal com ranhuras na Passagem Ascendente, três pedras de granito para bloqueio que fecharam completamente todas as partes internas superiores da pirâmide, e as escondeu tão bem de vista que quem entrasse na pirâmide através de sua entrada certa só perceberia a Passagem Descendente. As partes internas superiores ficaram completamente fechadas e escondidas para sempre. Conforme expliquei, é por isso que todas as outras pirâmides egípcias, da de Zoser em diante, tinham apenas passagens e compartimentos descendentes; pois todas elas imitavam a Grande Pirâmide *como eles a conheciam*, e como suas pirâmides companheiras em Gizé sugeriam: apenas passagens descendentes e partes internas abaixo do nível do solo.

Como, quando e por que a passagem superior foi fechada? A melhor (ou única) ideia que os egiptólogos têm é que o fechamento aconteceu após o enterro do faraó na "arca" da "Câmara do Rei" ter sido finalizado. Porém, quando Al-Mamun finalmente conseguiu adentrar as passagens e câmaras superiores, a arca estava vazia e ninguém estava enterrado na Câmara do Rei. Não, os bloqueios de granito foram deslocados para lá, conforme escrevi, quando o deus Rá/Marduk, como castigo, foi aprisionado na Grande Pirâmide para ter uma morte lenta. Isso aconteceu durante o que designei, em *As Guerras dos Deuses e dos Homens,** como as **Guerras das Pirâmides** – *quando deuses, e não homens, governavam o Egito,* muito tempo antes das dinastias faraônicas.

Essa descoberta sozinha deveria ser suficiente para concluir que as pirâmides de Gizé foram construídas antes de todas as outras pirâmides do Egito serem erguidas; mas existem evidências mais convincentes que levam a essa conclusão inevitável.

Essas evidências podem partir da demonstração de que uma "verdadeira" pirâmide, como a Grande Pirâmide de Gizé, já existia – e era conhecida e até representada muito tempo antes de Zoser ou Khufu e suas dinastias. Pode-se apresentar como evidência um artefato egípcio antigo e famoso chamado de *Tábua da Vitória do Rei Menés* (também conhecida como a Paleta de Narmer), que foi o primeiro rei da primeira dinastia. Ela mostra, de um lado, o rei usando a coroa branca do Alto

---

*N.E.: Obra publicada pela Madras Editora.

Egito, derrotando seus líderes e conquistando suas cidades. Do outro lado da tábua, Menés aparece usando a coroa vermelha do Baixo Egito – onde Gizé está situada. E nela os símbolos pictográficos incluem mais nitidamente uma "verdadeira" pirâmide triangular com os lados nivelados (fig. 12), indicando que essa pirâmide já era conhecida em aproximadamente 3100 a.C. – meio milênio antes de Quéops/Khufu.

Figura 12

Ankh Hor Mezdau   *Suten-bat*   *Khufu   tu ankh*
Viva Hórus Mezdau;   (Ao) Rei (do)   Khufu, a Vida é dada!
                      Alto e Baixo Egito,

A abertura normal, invocando Hórus e proclamando vida longa ao rei, então envolve declarações explosivas:

Ele fundou   a Casa   de Ísis,   Senhora da Pirâmide,

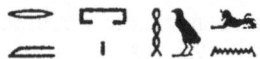

ao lado da Casa da Esfinge

Figura 13

De fato, inscrições (fig. 13) em um artefato de pedra pertencente a Quéops – no qual seu nome Khufu está nitidamente escrito em hieróglifos – indicam que *a Grande Pirâmide já existia no tempo dele, assim como a Esfinge!* Nesse monumento, conhecido como a **Estela do Inventário**, Khufu assume o crédito por ter restaurado um santuário para a deusa Ísis, "Senhora da Pirâmide". Ele não assume crédito pela pirâmide em si, evidentemente considerando-a uma estrutura pertencente aos deuses, não aos mortais; e ele afirma que o santuário ficava "ao lado da casa da Esfinge" – a mesma Esfinge que, de acordo com as doutrinas egiptológicas, foi erguida (ou esculpida) pelo *sucessor* de Khufu, Chefra...

Na realidade, representações da Esfinge (conforme relatado por *sir* W. M. Flinders Petrie em *The Royal Tombs of the Earliest Dynasties*, 1901) já haviam sido encontradas em tábuas de pedra pertencentes aos faraós anteriores Menés-Narmer e Zer (fig. 14). Definitivamente, a Esfinge também já existia quando Khufu e Chefra ascenderam aos seus tronos.

Figura 14

Se as pirâmides de Gizé (e a Esfinge) já existiam quando os faraós começaram a reinar, quem estava lá para construí-las? A resposta chega até nós por meio da antiga civilização do Oriente Próximo, a da Suméria. Os sumérios eram totalmente cientes das construções únicas em Gizé, descrevendo-as em textos que tratavam das Guerras das Pirâmides e representando-as em selos cilíndricos (fig. 15a), incluindo um que comemorava a vitória do deus Ninurta mostrando sua Águia Divina triunfando sobre as duas grandes pirâmides (fig. 15b).

* * *

A história das "Guerras das Pirâmides" é contada em *As Guerras dos Deuses e dos Homens*. A história sobre como as pirâmides de Gizé e a Esfinge foram construídas, pelos deuses, como componentes essenciais de seu Porto Espacial pós-Diluviano, foi contada em meu livro *O Caminho para o Céu*.*

Figura 15

* N.E.: Obra publicada pela Madras Editora.

Deuses, e não homens, construíram as pirâmides de Gizé como terminais para o Corredor de Aterrissagem que ficava ancorado nos picos gêmeos do Ararate, ao norte, e sobre dois picos naturais na Península do Sinai, a sudeste (fig. 16); com a ausência de picos como esses no terminal nordeste, os deuses primeiro ergueram a pirâmide pequena como um teste de funcionalidade e estabilidade estrutural, depois construíram as duas outras maiores – abastecendo a Grande Pirâmide com equipamentos de orientação por vibração nos compartimentos internos superiores e exclusivos.

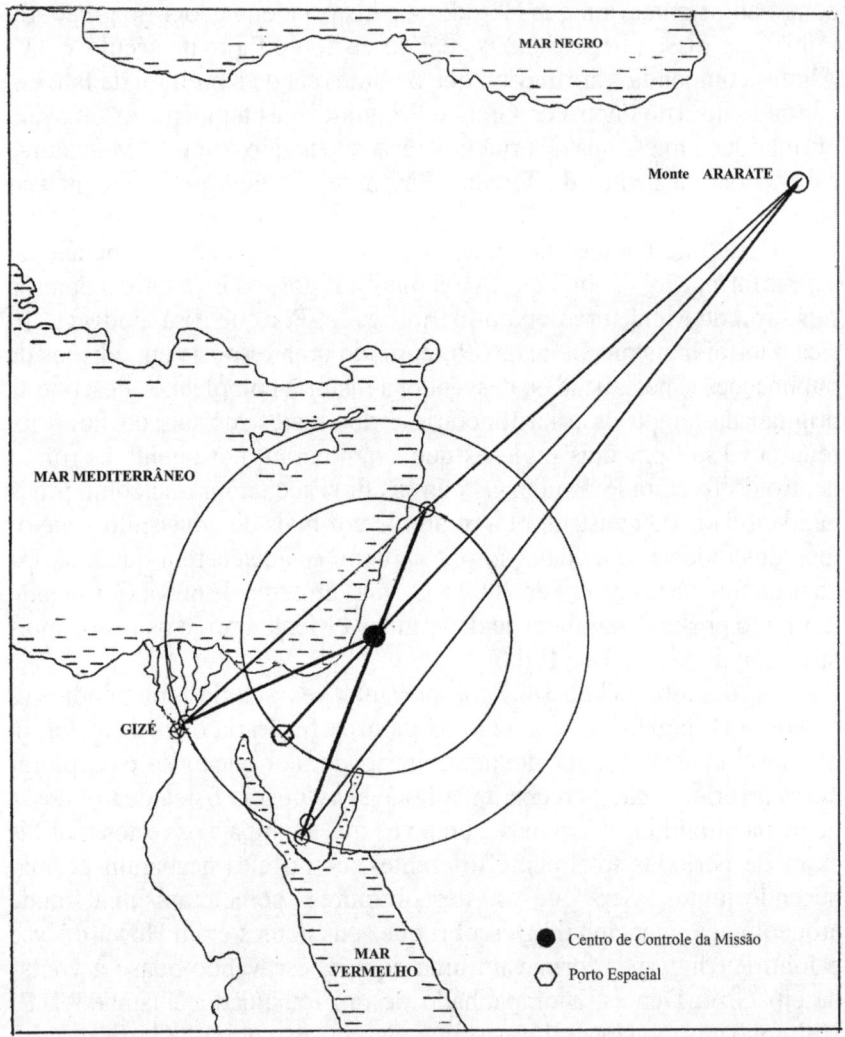

Figura 16

Podemos até mesmo explicar o difícil ângulo pronunciado de 52° pelo fato de que ele era o "número secreto" do Divino Arquiteto, Thoth (que os sumérios chamavam de Ningishzidda) – um número que relacionava o comprimento da base e a altura da Grande Pirâmide ao π de um círculo. Apesar de tudo isso, os egiptólogos mantiveram a sequência Khufu-Chefra-Menkaure inalterada. Como e quando essa doutrina foi originada?

Ao passar semanas seguidas na Biblioteca do Museu Britânico, em Londres, lendo atentamente inúmeros livros sobre o assunto mencionado – dos mais recentes aos mais antigos –, descobri que todos os compêndios relatavam que Heródoto, o historiador e geógrafo grego, foi informado disso por seus guias quando visitou o Egito no século V a.C. Alguns compêndios afirmavam que o nome real de Khufu foi de fato encontrado inscrito dentro da Grande Pirâmide; eles também costumavam afirmar que uma tampa de urna funerária constando o nome "Menkaure" foi descoberta dentro da Terceira Pirâmide. Alguém poderia contestar isso?

O fato de compêndios mais recentes terem parado de mencionar essa informação, contida em livros mais antigos, sobre a tampa da urna funerária de Menkaure deixou-me intrigado. Por que essa evidência física não foi mais mencionada? Procurando uma resposta em edições de publicações especializadas, desvendei a história completa. A descoberta original da tampa da urna funerária e dos restos mortais do faraó foi feita em 1837 por dois ingleses que examinaram novamente as ruínas dentro da Terceira Pirâmide. Os compêndios aceitaram isso como prova da identidade do construtor da pirâmide por mais de um século – até os métodos modernos de datação por carbono estabelecerem que a tampa da urna funerária não era de 2600 a.C., mas de cerca de 660 a.C. (quando um faraó posterior também se denominava Menkaure), e os restos mortais eram do século I ou II d.C.

A "descoberta" de 1837 foi, portanto, retirada dos compêndios (e o Museu Britânico excluiu a tampa da urna funerária de seu catálogo); mas as circunstâncias me deixaram intrigado. Por que todos os exploradores anteriores não perceberam a notável evidência física dentro dessa pequena pirâmide? Além disso, uma vez que a tampa e os restos mortais eram de períodos totalmente diferentes, como eles acabaram permanecendo juntos? Será que os "descobridores" cometeram uma fraude arqueológica intencional? Descobri que seus nomes eram Howard Vyse e John Perring; eles formavam uma equipe, escavando quase à vontade em Gizé. Depois, acompanhado de um trabalhador chamado J. R. Hill, foi o mesmo Howard Vyse quem descobriu o nome "Khufu" escrito dentro da Grande Pirâmide, onde – como se pode adivinhar – nenhum nome havia sido encontrado antes...

Essa percepção de que foi cometida uma fraude arqueológica na pequena Terceira Pirâmide colocou-me em um caminho que me levou a questionar a única "prova" da doutrina egiptológica de que Khufu construiu a Grande Pirâmide.

Howard Vyse era um coronel britânico aposentado, "ovelha negra" de uma família abastada, que, ao visitar o Egito em 1835, ficou encantado com as antiguidades egípcias. Apesar de o Firmão (uma permissão de exploração) que foi emitido a Vyse pelas autoridades egípcias nomear o cônsul britânico no Cairo (o coronel Campbell) como comissário, Vyse tomou suas próprias decisões de contratação; e em Gizé ele incumbiu a busca a Battista Caviglia, que fez importantes descobertas na Esfinge e assegurou a Vyse que descobrir a ilusoriamente secreta Câmara dos Tesouros na Grande Pirâmide era apenas uma questão de tempo e de dinheiro. Vyse forneceu o dinheiro e deixou o Egito para viajar pelo Levante. Ele retornou dois anos depois, e lhe disseram que a busca não havia levado a lugar algum. Começando a ficar sem tempo e dinheiro, Vyse assumiu as atividades, mudou-se para Gizé e recrutou um grupo de assistentes – alguns com experiência egiptológica (como C. Sloane e J. Perring) – e alguns trabalhadores locais (sr. Hill, sr. Mash e sr. Raven).

Um diário que ele mantinha, detalhando todos os dias (publicado posteriormente como *Operations Carried On at the Pyramids of Gizeh*), registra o desespero enquanto nada valioso havia sido encontrado. O cônsul britânico e outros dignitários começaram a visitar o local, procurando saber para onde os esforços estavam levando. Um dos problemas era a necessidade constante de encontrar novos trabalhadores, pois aqueles que eram contratados desenvolviam lesões nos olhos ao talhar e martelar dentro da pirâmide repleta de poeira; isso se tornou tão sério que, com a intervenção do coronel Campbell, o britânico enviou uma equipe para construir um hospital oftalmológico em Gizé. Quando o ano 1837 iniciou e seus fundos estavam se esgotando, o frustrado Vyse começou a usar pólvora para explodir seu caminho *dentro* da Grande Pirâmide; ele contratou um pedreiro inglês, que tinha ido ao Egito por conta do projeto do hospital oftalmológico, para tratar das detonações.

Seu último recurso eram espaços estreitos acima da Câmara do Rei; um deles (a "Câmara de Davison") havia sido descoberto por Nathaniel Davison em 1765. As explosões com pólvora revelaram que existia uma cavidade acima da Câmara de Davison; forçando seu caminho em direção ao alto, Vyse descobriu um espaço semelhante acima da Câmara de

Davison. Assim como esta, o espaço era totalmente desprovido de qualquer decoração ou inscrição. Vyse a denominou de Câmara de Wellington, em homenagem a seu herói de guerra favorito, e fez com que seu assistente Hill escrevesse esse nome com tinta vermelha dentro da câmara estreita. Dando continuidade ao uso de pólvora enquanto seus trabalhadores se moviam mais para o alto, Vyse descobriu mais dois outros espaços vazios semelhantes; ele os denominou em homenagem a lorde Nelson e lady Arbuthnot – nomes gravados pelo sr. Hill com a habitual tinta vermelha. Depois, ele alcançou a cavidade arqueada no topo, nomeando-a Câmara de Campbell, em homenagem a seu patrono consular.

Todas as "câmaras de construção" (como ele as chamava – elas agora são chamada de "Câmaras de Descarga") estavam vazias e desocupadas, sem restos faraônicos, sem tesouros – apenas uma poeira escura nos pisos irregulares. Mas, ao reentrarem nas câmaras (o sr. Hill, o sr. Perring e o sr. Mash continuaram entrando), "marcas de pedreiras" em tinta vermelha foram observadas (fig. 17).

Foi nesses dias de desespero e falta de esperança que uma descoberta mais importante foi feita e garantiu a Vyse um lugar nos anais da Egiptologia: entre as marcas de pedreiras estavam diversos cartuchos nos quais estavam escritos nomes reais, incluindo o de Khufu! (fig. 18a, b)

Os cônsules da Grã-Bretanha e da Áustria no Cairo foram convidados para testemunhar a descoberta; o sr. Hill copiou as inscrições em folhas de pergaminho, e todos os que estavam presentes as autenticaram com suas assinaturas. Os documentos foram então enviados ao Museu Britânico em Londres, e a descoberta sem precedentes foi anunciada para conhecimento do mundo todo. Como ninguém tinha entrado nessas câmaras superiores desde o tempo em que a pirâmide foi erguida, aqui estava uma prova incontestável do nome de seu construtor!

A descoberta de Vyse permaneceu sendo a única evidência da conexão entre Khufu e a Grande Pirâmide. Mas, enquanto os compêndios afirmam isso de maneira inquestionável, parece que, com o tempo, especialistas (incluindo Samuel Birch, do Museu Britânico, e o grande egiptólogo alemão Karl Richard Lepsius) ficaram apreensivos quanto à escrita das inscrições – ela tinha sido introduzida ao Antigo Egito muito tempo depois – e questionaram se elas realmente continham o nome Khufu escrito de maneira correta (parecia que dois nomes reais diferentes estavam realmente inscritos).

Quando eu estava lendo atentamente o diário impresso de Vyse, uma coisa estranha me surpreendeu: o nome real que ele apresentava estava inscrito de forma diferente de como estava na Estela do Inventário;

A Falsificação na Grande Pirâmide

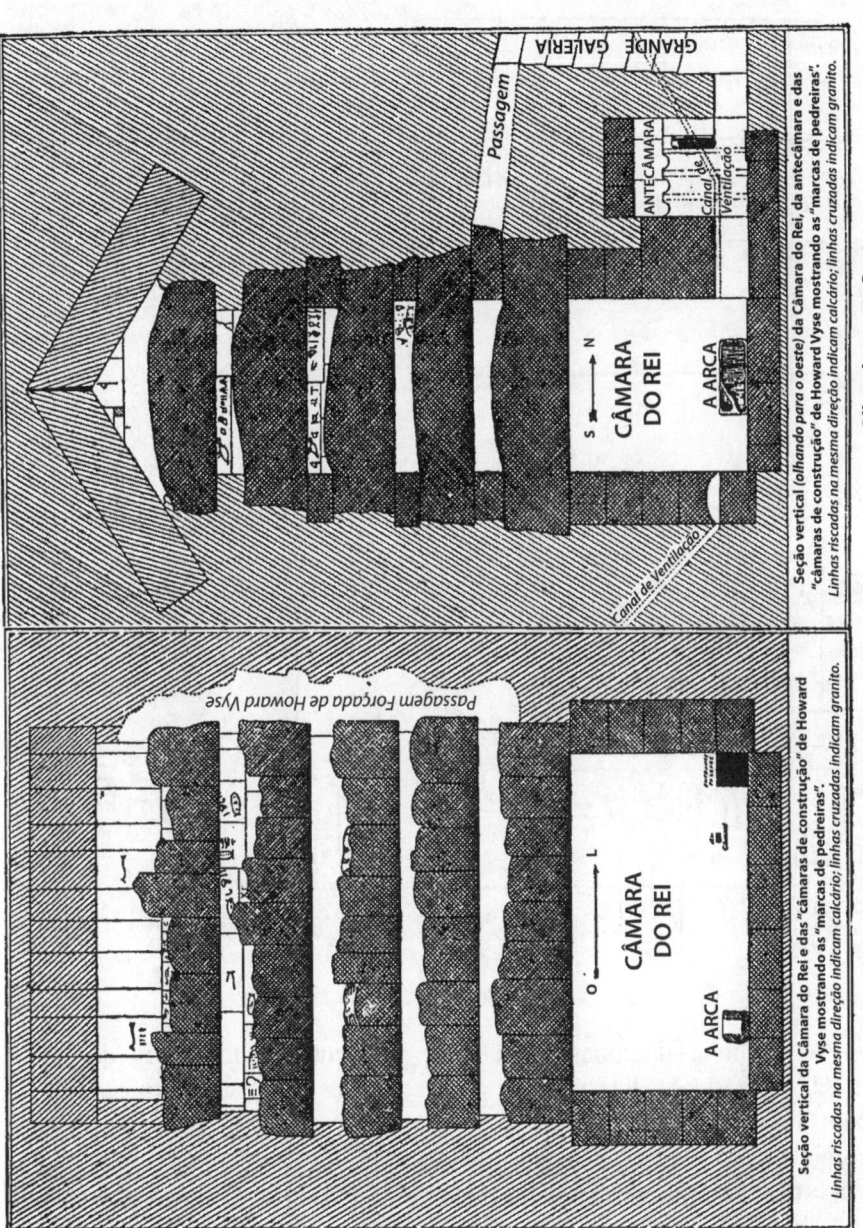

Figura 17

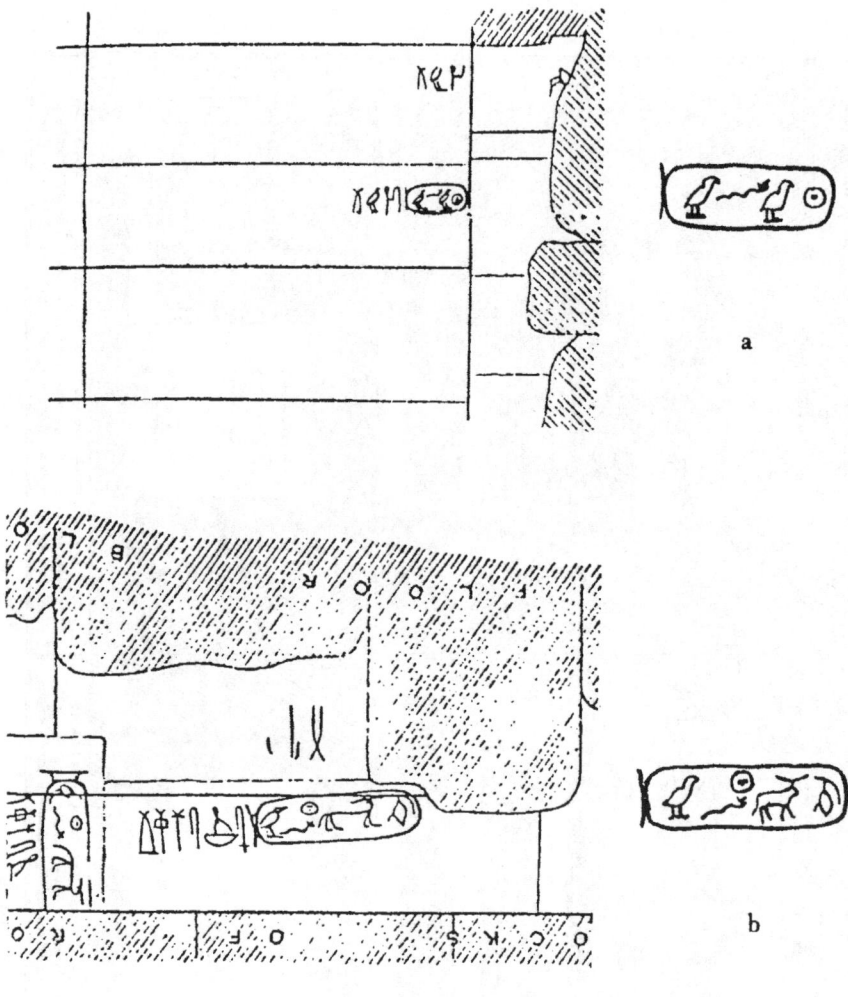

Figura 18

em vez de linhas diagonais (uma "peneira") dentro de um círculo que se lê KH (e, portanto, KH-U-F-U), as descobertas de Vyse foram escritas com um círculo com apenas um ponto dentro (fig. 19). Isso não se lê como KH, mas como RÁ, o nome sagrado do deus egípcio supremo. **Portanto, o nome que Vyse relatou não era KHufu, mas RA-u-f-u...**

Em 1978, visitando o Museu Britânico, pedi para ver os pergaminhos de Vyse. Foi necessário muito esforço, pois ninguém se recordava de alguém já tê-los solicitado. Mas os *Hill Facsimiles* (como eles foram catalogados) foram encontrados e apresentados a mim – um maço

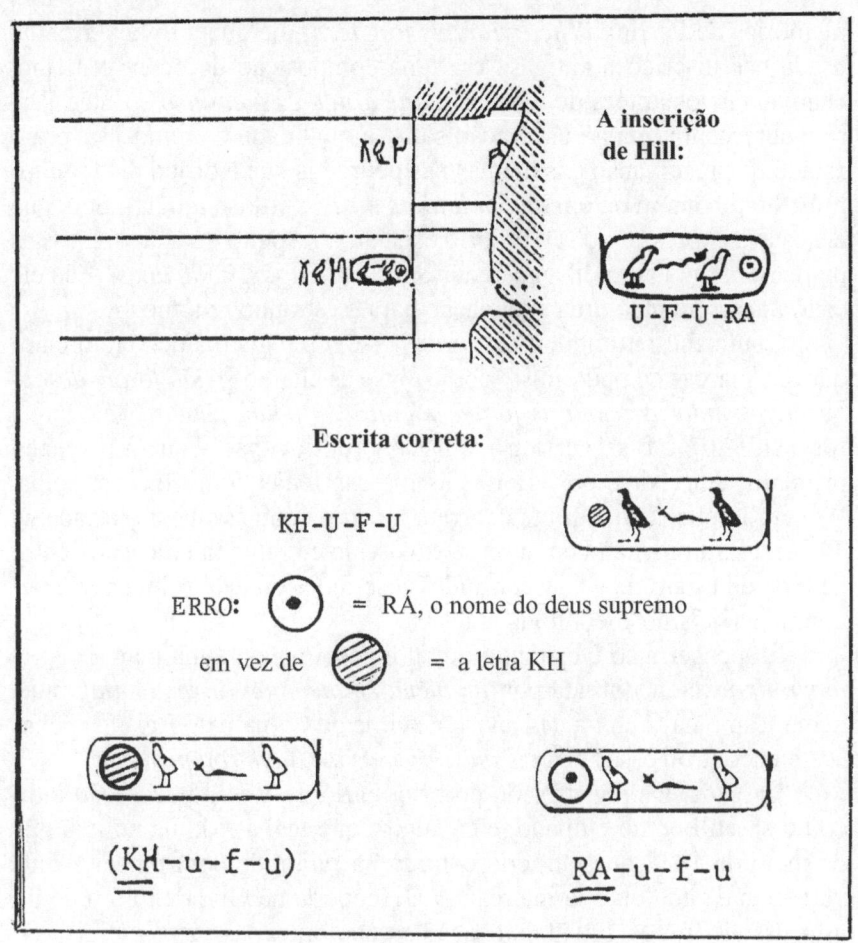

Figura 19

de folhas amarrado com uma fita branca amarelada. Os pergaminhos autenticados estavam lá, do jeito que tinham chegado ao museu havia mais de um século; **e o erro de escrita também estava lá**: em nenhuma ocorrência o "Kh" estava inscrito corretamente como uma peneira com linhas diagonais; em vez disso havia um ponto ou uma mancha dentro de um círculo, que se lia como "Rá". Teria sido possível alguém, na Antiguidade, ter usado o nome do grande deus RÁ em vão – um sacrilégio imperdoável, uma blasfêmia que poderia ser punida com a morte?

Conforme li os registros do diário novamente, as palavras "*tinta vermelha*" saltavam das páginas – como quando o sr. Hill a utilizou para inscrever os nomes "lorde Wellington", "lady Arbuthnot", "lorde Nelson". Eu fiquei impressionado com uma declaração, nas próprias memórias de Perring (*The Pyramids of Gizeh*), de que a tinta vermelha usada nas inscrições antigas "era uma composição de ocre vermelho, chamada pelos árabes de *moghrah*, *que ainda está em uso*". Então Perring acrescentou uma observação sobre a qualidade da tinta: "Tal era o estado de preservação das marcas nas pedreiras que é difícil distinguir o trabalho de ontem de um *de 3 mil anos atrás*" (ênfase minha). Será que ele estava expressando seu próprio espanto a respeito de quão frescas as marcas em tinta vermelha aparentavam estar – *após 4.500 anos!* – ou ele estava apresentando uma explicação para o estranho fenômeno?

Conforme retornei ao diário de Vyse, os registros deixaram claro que as "marcas de pedreiras" (como Vyse as chamou) *não foram descobertas quando as câmaras foram adentradas pela primeira vez*; e que foi o sr. Hill ou o sr. Perring – e não o próprio Vyse – quem percebeu primeiro, em visitas posteriores, as marcas feitas com tinta vermelha. E então um pensamento me ocorreu: a equipe que cometeu a fraude na Terceira Pirâmide também teria se envolvido em uma falsificação dentro da Grande Pirâmide – "descobrindo" inscrições onde absolutamente nenhuma havia sido encontrada antes?

Eu pensei: não é estranho que por séculos nenhuma marca *de nenhum tipo* foi encontrada por *ninguém*, *em nenhum lugar*, na pirâmide, nem mesmo na Câmara de Davison, acima da Câmara do Rei – e apenas Vyse encontrou essas marcas *onde apenas ele adentrou primeiro?*

Baseada nos registros do próprio diário de Vyse, a acusação indicou o sr. Hill como culpado, e eu sugiro que tenha sido na noite de 28 de maio de 1837 que ele teria entrado na pirâmide com pincel e tinta vermelha e simulou o nome real. A Descoberta na Grande Pirâmide foi uma grande fraude, uma falsificação arqueológica.

* * *

Sem a inscrição de "Khufu", os egiptólogos permanecem sem qualquer evidência tangível para nomeá-lo como o construtor da Grande Pirâmide – e, portanto, para nomear Chefra e Menkaure como os construtores das duas outras pirâmides de Gizé. A evidência que *existe* mostra que essas pirâmides e a Esfinge precederam os faraós; e os únicos que estavam lá milênios antes, que tinham a tecnologia, que tinham o motivo para construir essas pirâmides, eram os anunnakis.

Convencido de que é isso o que aconteceu, detalhei a evidência em meu livro de 1980, *O Caminho para o Céu*.

A conclusão sobre a falsificação causou um pequeno alvoroço. Muitos jornais (entre eles o *Washington Times* e o *Pittsburgh Press*) e revistas levantaram a história, alguns até mesmo detalhadamente, outros até mesmo enfeitando o relato com um desenho (fig. 20). Foram feitas entrevistas de rádio. Mas a comunidade egiptológica ignorou isso – e demorou um tempo para que eu entendesse o motivo: uma coisa era sugerir que uma inscrição questionável era uma falsificação; outra coisa bem diferente era esperar que os egiptólogos reconhecessem que as pirâmides foram construídas por "extraterrestres"...

* * *

Em maio de 1983, três anos após a publicação de *O Caminho para o Céu*, recebi uma carta surpreendente do sr. Walter M. Allen, de Pittsburgh, Pensilvânia. "Eu li seu livro", ele escreveu. "O que você diz sobre a falsificação na Pirâmide de Quéops não é novidade para mim." Seu bisavô, ele escreveu, **foi uma testemunha ocular da falsificação!**

"Eu recebi sua carta de 7 de maio e estou literalmente pasmo", escrevi de volta para ele. "O fato de que minha conclusão poderia ser sustentada por uma verdadeira testemunha ocular estava além das minhas expectativas mais irrealistas!"

Com o desenrolar da história, foi revelado que o bisavô do sr. Allen, Humphries W. Brewer, era o mesmo pedreiro inglês que o coronel Vyse havia contratado. Engenheiro civil e mestre de obras, ele foi

Figura 20

para o Egito a fim de auxiliar o dr. Naylor, que estava construindo um hospital oftalmológico para os trabalhadores locais. Quando o projeto foi interrompido, Humphries foi contratado por Vyse para supervisionar as explosões dentro da pirâmide. Ele costumava escrever para casa constantemente, descrevendo para seu pai, em Wiltshire, Inglaterra, o que estava acontecendo em Gizé. Em uma das cartas, ele informou à família a triste notícia de que havia sido demitido de seu trabalho, e contou como e por quê: *ele testemunhou o sr. Hill entrar na pirâmide com tinta vermelha e pincel, supostamente para repintar marcas antigas, mas, na verdade, para pintar marcas novas.* Quando o jovem pedreiro contestou isso, ele foi demitido e banido do local. "Ele não se dava bem com Perring e Raven por causa dos acontecimentos... ele confiava no julgamento de Caviglia e do coronel Campbell", acrescentou o sr. Allen em sua carta. Ele a assinou como "Walter M. Allen, DEPOIS DE 150 ANOS" (com letras maiúsculas dele).

Como ele sabia de tudo isso? Em 1848, a família se mudou da Inglaterra para os Estados Unidos, estabelecendo-se ao norte do estado de Nova York; eles trouxeram consigo registros e recordações de família, incluindo as cartas de Humphries Brewer do Egito. Nos anos 1950, o sr. Allen, percebendo que o tempo estava passando rapidamente, começou a visitar os membros mais velhos da família que ainda estavam vivos, registrando o que eles recordavam sobre a história da família. As fontes incluíam sua mãe, duas filhas de Humphries (Mary Brewer Christie e Rebecca Brewer Allen), uma tia chamada Nell, um tio chamado coronel Jos Walker, doutor em Medicina. Um entusiasta pelo rádio, o sr. Allen usou as páginas em branco de seu livro de registros do rádio para escrever o que eles disseram. Algumas das recordações remetiam ao tempo em que seu bisavô estava no Egito, contratado para usar pólvora dentro da Grande Pirâmide, e o que ele testemunhou.

Pedi ao sr. Allen alguma evidência documentada que ele tivesse. Ele disse que solicitaria as cartas, mas me enviaria, nesse ínterim, fotocópias de suas anotações no livro de registros, e ele fez isso.

Uma anotação datada de sábado, 9 de outubro de 1954 (fig. 21 – *publicada pela primeira vez aqui*), registrou uma conversa com a mãe dele e se refere a uma visita a Nell Pattington em Corning, Nova York, que "tinha algumas das cartas de Humfrey e de Wm. Brewer da Inglaterra. Ela as conseguiu com seu pai, Wm. Marchant Brewer". A anotação incluía o seguinte:

> Humfrey recebeu prêmio por ponte que ele projetou em Viena, sobre o Danúbio. H. foi para o Egito em 1837,

Serv. Médico Britânico para o Egito... Eles iam construir um hospital no Cairo para os árabes com sérios problemas nos olhos. dr. Naylor levou Humfrey junto. Tratamento sem sucesso, hospital não construído. Ele se juntou ao coronel Visse, explorando as pirâmides de Gizé. Verificou novamente as dimensões de duas pirâmides. Discutiu com Raven e Hill sobre marcas pintadas na pirâmide. Marcas apagadas foram repintadas, algumas eram novas... Humfrey foi para a Síria e Jerusalém, para ver a cidade sagrada algumas semanas depois. Discutiu com o sr. Hill e Visse quando foi embora. Ele concordou com o coronel Colin Campbell e com Geno Cabilia. Humfrey voltou para a Inglaterra no final do ano 1837.

Eu senti um arrepio quando li essas frases. Escritas em 1954 – mais de 20 anos *antes* de meu livro ser publicado –, elas ressuscitaram os personagens do drama de 1837: Vyse, Campbell, Caviglia, Hill, Raven, dr. Naylor – e identificaram nitidamente os culpados como sendo Hill e Raven.

Outras anotações, e uma carta de um tio, confirmaram os fatos fundamentais em relação a Humphries Brewer, quem ele era, sua época no Egito, sua discussão com "Visse e Hill", e sua expulsão de Gizé, acrescentando uma pequena informação de que o egiptólogo alemão Karl Richard Lepsius convidou Humphries para acompanhá-lo quando ele quis examinar as "marcas" dentro da pirâmide – mas os dois não receberam permissão de Vyse.

Apesar de a busca do sr. Allen pela coleção de cartas de Humphries não ter tido sucesso, as citações anteriores permanecem como uma evidência de testemunho autêntico e imparcial sobre o que aconteceu: *"Marcas apagadas foram repintadas, **algumas eram novas**"*.

Alguns meses após essa troca de correspondências com o sr. Allen, fui convidado para ser entrevistado (através de uma chamada a longa distância) por um programa em uma emissora de rádio em Pittsburgh. Quando a entrevista foi direcionada para a falsificação na pirâmide, o apresentador disse: "Eu tenho uma surpresa para você – estamos com o sr. Walter Allen no estúdio!".

Continuando a entrevista com nós dois, o apresentador pediu para o sr. Allen reafirmar os fatos que eu descrevi da forma como *ele* os conhecia – e ele fez isso. Não restou nenhuma dúvida: **a falsificação na Grande Pirâmide foi confirmada por uma testemunha ocular**.

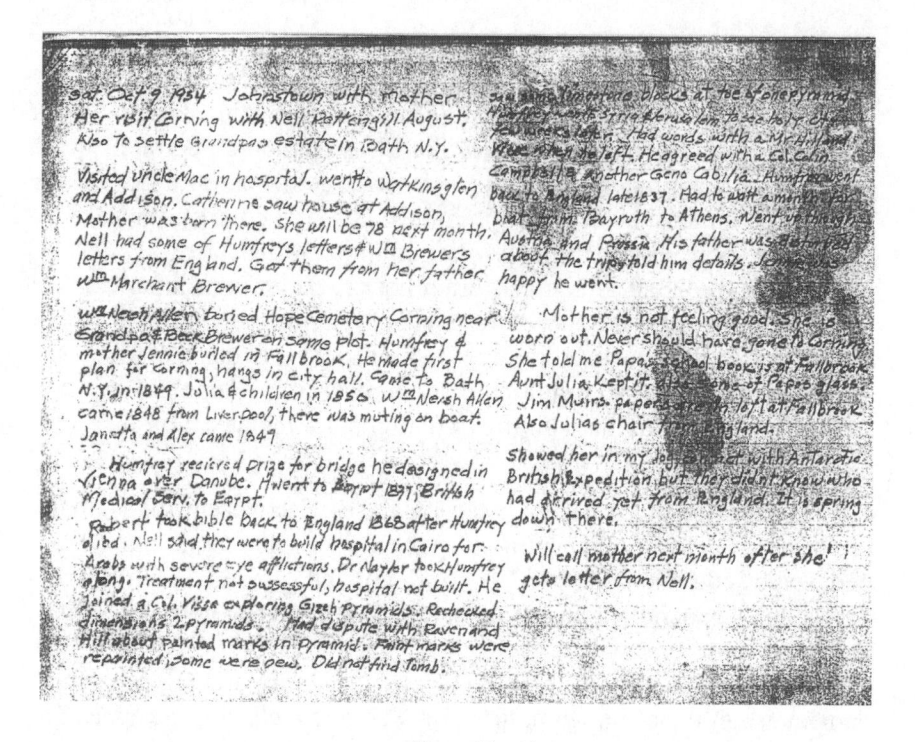

Figura 21

Apesar de um episódio no programa de televisão *Ancient Mysteries*, de mais artigos e de referências à evidência da falsificação em muitos livros por não acadêmicos, nenhum progresso foi feito nos círculos dominantes. Mas minha curiosidade persistente – ou o Destino? – não deixou o assunto parar por aí.

2

Cavidades Enigmáticas, Areia Misteriosa

Como meus leitores sabem, tem sido meu objetivo realmente visitar os lugares sobre os quais escrevo; e, com exceção do Iraque sob o regime de Saddam Hussein, tenho feito isso na maioria das vezes. Estive naturalmente no Egito e na Península do Sinai – locais das pirâmides, da Esfinge e do Monte Sinai, sobre os quais escrevi em *O Caminho para o Céu*. Agora, a evidência de testemunho fornecida pelo sr. Allen me impulsionou a encontrar uma maneira de também visitar a "cena do crime" – entrar na Grande Pirâmide e nas Câmaras de Descarga onde as marcas em tinta vermelha estavam.

Eu sabia que isso era quase tão impossível quanto minha outra ambição: obter um helicóptero a fim de aterrissar no verdadeiro Monte Sinai; mas eu estava determinado a fazer isso.

Comecei os preparativos assim que *O Caminho para o Céu* foi publicado. Por intermédio do embaixador egípcio em Washington, cópias do livro, acompanhadas por cartas de recomendação apropriadas, foram enviadas ao presidente egípcio Anwar Sadat e a outras pessoas importantes do Egito. Além dessa conexão política de alto nível, tentei facilitar o caminho para obter as permissões necessárias em um nível "operativo" (ou seja, burocrático): eu me tornei membro do influente Centro de Pesquisa Americano no Egito, e fui pessoalmente apresentado ao dr. Mohamed Ibrahim Bakr, presidente da Organização Egípcia de Antiguidades, que controlava todos esses assuntos. Com o caminho para o sucesso então facilitado, fui para o Egito em 1982. No Cairo, algumas das pessoas importantes da minha lista não estavam lá – a começar pelo presidente Sadat, que havia sido assassinado no outubro anterior. Daqueles que estavam na cidade, todos foram gentis e hospitaleiros; mas nenhuma das conexões de alto nível levou a algum lugar.

Não desisti. Depois da tentativa em 1982, descobri uma abordagem que considerei ser mais prática. Assim como muitas pessoas que fizeram visitas repetidas à Grande Pirâmide aprenderam, o controle verdadeiro do local está nas mãos de guardas/guias paramentados, posicionados na entrada, que podem deixar você entrar quando a Pirâmide está oficialmente fechada, ou abrir para você uma câmara fechada "por meio de um acordo". Por sorte, o chefe de todos os guardiões de Gizé estava bem nos Estados Unidos – completando sua graduação na Universidade da Pensilvânia, na Filadélfia. Seu nome era Zahi Hawass; seu cargo era de inspetor-chefe das pirâmides de Gizé, e ele estava dando uma palestra no Museu da Universidade da Pensilvânia (do qual eu era membro). Eu estava presente e me apresentei ao palestrante. Contei a ele sobre meus livros; ele demonstrou para mim o interesse em ministrar palestras e em encontrar um editor para um livro que ele estava escrevendo; eu ofereci ajuda. Também descobri lá que ele lideraria uma excursão chamada "Egito a Fundo" em setembro/outubro de 1984 (fig. 22).

Não somente me inscrevi com minha esposa para a excursão – eu também enviei ao sr. Hawass cópias de *O 12º Planeta** e *O Caminho para o Céu* com uma carta gentil descrevendo meu interesse sobre as antiguidades egípcias. A excursão, no entanto, foi cancelada; então liguei para o sr. Hawass e disse a ele que eu estava pronto para ir por conta própria – se ele pudesse conseguir fazer com que eu entrasse na Grande Pirâmide e visse as Câmaras de Descarga. Como resposta, o sr. Hawass me forneceu uma carta de apresentação endereçada ao "Sr. Ahmed Mousa, diretor de antiguidades no planalto de Gizé", pedindo para ele permitir ao portador da carta "ver aquilo que ele deseja ver em Gizé".

Antes de partir para o Egito, em novembro de 1984, fiz uma fotocópia da carta para guardar nos meus arquivos (fig. 23); eu a mantive por todos esses anos como uma lembrança significativa, porque, com o passar do tempo, o dr. Zahi Hawass subiu na hierarquia das antiguidades para se tornar o real ditador de todos os assuntos relacionados a Gizé e às outras antiguidades egípcias – e porque nossos caminhos estavam destinados a se cruzar novamente, **incluindo aquele dia fatídico em 1997, quando eu quase fui morto dentro da Grande Pirâmide.**

Cheguei a Gizé cheio de expectativas, com a carta importantíssima para o sr. Ahmed Mousa; a decepção não demorou a chegar... Usando minha experiência, fui primeiro para a entrada da pirâmide, para descobrir o que estava acontecendo, o que podia ser visto, onde era possível

---

*N.E.: Obra também publicada pela Madras Editora.

**Egypt in Depth Tour
With Chief Inspector of
Giza Pyramids**

Escorted by:
Zahi Hawass
Chief Inspector of the Giza Pyramids
**September 29 - October 15, 1984
March 09 - March 25, 1985**

Figura 22

THE UNIVERSITY MUSEUM
of Archaeology/Anthropology

بسم الرحمن الرحيم

فيلادلفيا في ٢٠ أكتوبر

أخي العزيز الإستاذ أحمد

تحياتي الطيبة وشوق الزائد وما رجوعه إلي أن بركم بخير
ولعجب جديد ولعب نحوا أن يكون أمر مسلم مع سيد والأسرة الكريمة
أعداني تمام وأنا سأتقدم في كتابة بحث عن قريتنا مع منتهى من قدرة في
طلب بيع عندك خاصة بعض الأدنة وخشبة سمع في منطقة مصر الهادي ينذر أسأل
صل يوجد بالتفتيش عن شيء بيد الخصوصي أو تقرير أو وصف أتمدى كل ولا يتم
يا سعود   لدراسة خاصة بالبحث إلى بيلم سه يتاتي ولما العصرة في جزيرة
وصعاب لما تم لا ماهو موجود بإلكترة. هامة صديقه كلن مع شلال كتبنا
لما من شيويوك ودعماته وكم الأناء أحب أن أستوفي زيارة لمنطقة
جهة صدالنور ملاحظ والسلام به إمام وكم.

قال! قال أنا! حضرتي زيارته في السيد لنا ام وأهلكم أنا إلى
تحياتي لكم جميعاً وسلام لماني وإبراهيم متشاحنين

مع صبع تنديري

أخت
إلى المواسي

University of Pennsylvania   33rd and Spruce Streets   Philadelphia, PA 19104   (215) 898-4000

Figura 23

entrar – com acordos privados, se necessário. Não havia como chegar às Câmaras de Descarga, eles disseram; andaimes precisavam ser erguidos para subir. Eu fui até o escritório que fica em uma elevação à direita da área da pirâmide. Disseram-me que o sr. Mousa não estava. Seu assistente, o sr. Ibrahim, pegou a carta e prometeu que eu receberia uma ligação em meu hotel; eu sabia que havia pouca chance de isso acontecer, então retornei ao escritório do diretor no dia seguinte, esperando continuamente o sr. Ibrahim aparecer. Quando ele apareceu, disseram-me que eles estavam verificando minha solicitação, mas *realmente* não havia um jeito de subir onde eu queria chegar; permissões superiores eram necessárias para conseguir acesso; iria levar tempo; eu tinha de ter paciência... Passei o dia observando as Pirâmides e a Esfinge; passei um dia no Museu Egípcio; contratei um motorista e fui explorar Saqqara. Por cinco dias, não houve notícias. Eu retornei para Nova York.

* * *

Sem que eu tivesse conhecimento na época, minha conclusão de que a Grande Pirâmide e suas companheiras em Gizé (as duas outras pirâmides e a Esfinge) eram milhares de anos mais antigas do que a época de Khufu não passou despercebida em Virginia Beach, na Virgínia, onde a Association for Research and Enlightenment (A.R.E.) se estabeleceu. A A.R.E. promove e ensina o legado do famoso "Profeta" Edgar Cayce, cujas "interpretações" abrangentes décadas antes incluíam visões do passado. Ele falou repetidamente sobre uma civilização perdida que precedeu os faraós no Egito e atribuiu a ela a construção da grande Pirâmide e da Esfinge. A data? 10500 a.C. – a mesma data das minhas conclusões!

Em 1985, a A.R.E. enviou uma equipe para Gizé a fim de verificar a data profética de Cayce por meio de técnicas de datação por carbono recém-desenvolvidas. Amostras de matéria orgânica (madeira, carvão) que de alguma maneira ficaram presas aos blocos de pedra da pirâmide foram coletadas e enviadas a dois laboratórios altamente respeitáveis para datação. As amostras da Grande Pirâmide revelaram um intervalo de tempo de cerca de 2900 a.C. (cem anos para mais ou para menos) *para materiais coletados de sua base* a 3800 a.C. (160 anos para mais ou para menos) *para amostras das camadas superiores*. As datas estavam longe de 10500 a.C., ainda assim elas antecediam Khufu a partir de muitos séculos até mais de 1.200 anos.

Os investigadores confirmaram que nenhuma amostra foi coletada de dentro da pirâmide; todas eram da parte externa – materiais orgânicos presos aos blocos de pedra *quando eles ficaram expostos*. Isso poderia ter acontecido *antes* de o revestimento de calcário ter sido colocado ou *depois* de ele ter sido retirado. Por conta dos resultados de datação, supor a primeira alternativa implicaria que a pirâmide teria sido construída ao contrário: primeiro as camadas superiores (amostras datadas de 3800 a.C.) e depois as camadas inferiores (amostras datadas de 2900 a.C.). Supor a segunda alternativa significava que o revestimento de calcário *já não estava presente há séculos antes da época de Khufu*. Recebi um convite da A.R.E. para tecer meus comentários; eles foram publicados como um artigo de capa em seu jornal *Venture Inward* (edição de novembro/dezembro de 1986).

(O enigma sobre o desaparecimento das pedras de revestimento de calcário nunca foi explicado de maneira satisfatória pelos egiptólogos; a conjectura – de que os blocos inclinados, grandes e precisamente moldados foram retirados para ser usados em construções locais – não demonstra para onde a enorme quantidade desses blocos foi; quase nenhum foi encontrado no Cairo e em vilas nos arredores. A verdadeira resposta poderia ser que eles tivessem sido destruídos durante as "Guerras das Pirâmides", conforme foi descrito em meu livro *As Guerras dos Deuses e dos Homens.*)

Minha sugestão de que o complexo de Gizé foi construído em aproximadamente 10500 a.C. também estava recebendo "corroboração celestial", por assim dizer. Como foi revelado, dois autores britânicos (Robert Bauval e Adrian Gilbert) estavam pesquisando, naquela época, sobre a ideia deles de que a estrutura de Gizé (ver fig. 6, página 16) simulava a estrutura celestial da constelação de Órion e de suas estrelas. O problema deles era que (em virtude do fenômeno da Precessão) a estrutura de Gizé parece simular a estrutura de Órion como ela era não no tempo de Khufu, mas milhares de anos antes. Sem querer desafiar de frente a cronologia egiptológica, os dois autores (em seu livro *The Orion Mystery*) disseram que, mesmo que os faraós tenham construído as pirâmides, a estrutura de Gizé seguiu um **"alinhamento anterior com Órion – em 10490 a.C."**.

Mas, como o leitor sabe, essa era uma época em que deuses, e não homens, reinavam no Egito.

* * *

Em meados dos anos 1980, o uso da tecnologia avançada como uma ferramenta arqueológica chegou ao Egito. Grupos franceses, e depois japoneses, começaram a examinar os monumentos de Gizé com radar de penetração no solo e outros equipamentos de alta tecnologia. Eles descobriram "cavidades" enigmáticas por todo o lugar – e deram origem a uma nova série de mistérios.

Em maio de 1986, uma equipe de dois arquitetos franceses, Gilles Dormion e Jean-Patrice Goidin, de alguma maneira recebeu permissão para adentrar a Grande Pirâmide com instrumentos identificados como "gravímetros", e eles *descobriram espaços antes desconhecidos atrás de paredes com espessura de aproximadamente 2,5 metros no corredor que leva para a chamada Câmara da Rainha"*, para citar um dos muitos relatos da imprensa; este, do *The Economist,* de Londres, continha, quase de passagem, uma revelação cuja importância se tornou maior depois: o equipamento de alta tecnologia era aquele usado pelos engenheiros para detectar rachaduras estruturais perigosas nas *usinas nucleares.*

O foco de suas descobertas era a **Passagem Horizontal,** que leva à **"Câmara da Rainha"** por uma junção onde a Passagem Ascendente se torna a Grande Galeria (fig. 24). A natureza e a extensão desses vácuos ou "espaços" encontrados atrás da parede oeste dessa passagem horizontal eram incertas, mas a especulação rapidamente levantou que a cavidade suspeita seria uma tão desejada "Câmara dos Tesouros" real.

Em setembro de 1986, os dois franceses, agora abertamente em uma missão em prol da companhia nacional de energia da França, a Électricité de France (EdF), retornaram à pirâmide – acompanhados por um especialista em geofísica da EdF, que assumiu o controle da operação. Quando o equipamento para determinar a gravidade reconfirmou a existência de *uma "cavidade" alongada atrás do corredor da parede oeste*, eles usaram ferramentas elétricas de alta velocidade para perfurar três buracos na parede em direção à cavidade misteriosa; a ideia, como foi explicada na época, era inserir uma câmera endoscópica para descobrir o que a cavidade podia conter.

Para a surpresa deles, depois de perfurarem por aproximadamente dois metros de pedra dura, o equipamento de perfuração alcançou uma camada de aproximadamente meio metro de "Calcário Real" – um calcário raro que era usado na Antiguidade apenas para esculturas, sendo muito frágil para o uso em estruturas. *E então as furadeiras chegaram a uma camada de areia.* Era um tipo de areia muito incomum, de acordo com o que foi publicado – uma "areia fina e poeirenta", totalmente diferente da areia do planalto de Gizé.

O que alguém faria com tudo aquilo? Tanto as autoridades máximas do Egito quanto o chefe do departamento científico do Ministério das Relações Exteriores da França foram convocados. Os relatos publicados sobre a descoberta (que ocorreu em 6 de setembro de 1986) afirmaram

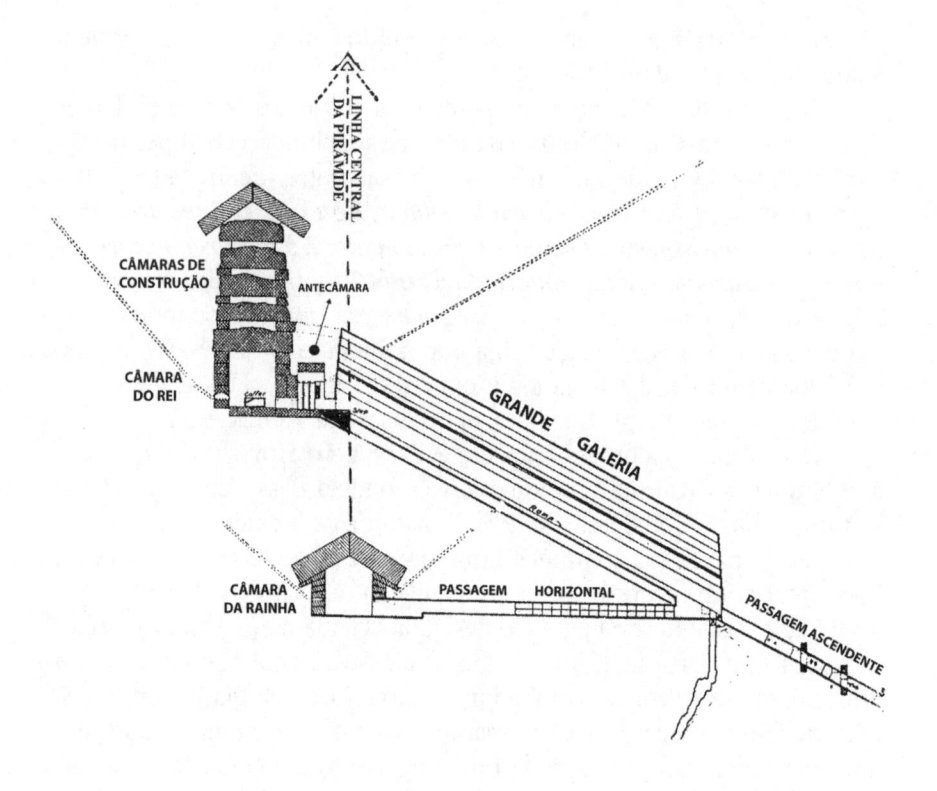

Figura 24

que o dr. Ahmed Kadry, o novo presidente da Organização Egípcia de Antiguidades, que coletou pessoalmente amostras da areia incomum em um saco plástico, descreveu a areia como "mais preciosa do que ouro". Os representantes franceses pegaram amostras da areia para fazer testes de laboratório na França.

Dois dias depois, em 8 de setembro, as autoridades egípcias ordenaram que todo o trabalho fosse interrompido, e todos foram mandados de volta para casa.

Apesar de nunca ter havido um anúncio oficial em relação aos resultados dos testes, informações posteriores circularam no Cairo dizendo que a areia "foi aparentemente importada de outra parte do Egito, posteriormente peneirada, e então **enriquecida com minerais** antes de ser colocada na pirâmide pelos antigos arquitetos" (agência de notícias Reuters, 6 de março de 1987, informação de seu correspondente no Cairo; ênfase minha).

Usando uma metáfora, a incrível descoberta da areia misteriosa desapareceu sob as areias do tempo, exceto por ela ter desencadeado uma série de eventos que resultaram na descoberta de uma câmara secreta – realizada por mim e dois companheiros de equipe, conforme contarei em breve.

* * *

Após os franceses, pesquisadores japoneses da Universidade de Waseda, de Tóquio, chegaram a Gizé com outro tipo de equipamento de alta tecnologia (um *scanner* eletromagnético, em vez dos instrumentos microgravimétricos franceses). Direcionando ondas eletromagnéticas ao solo em um ângulo, eles poderiam determinar o que estava enterrado – uma estrutura, artefatos ou uma cavidade. Eles receberam permissão para examinar a Esfinge e seus arredores, mas, no devido tempo, também verificaram novamente o ponto na passagem para a Câmara da Rainha onde os franceses haviam perfurado.

O grupo japonês passou dez dias em Gizé entre janeiro e fevereiro de 1987. Suas descobertas atraíram uma atenção renovada para o enigma da Esfinge. Os jornais ficaram repletos de "notícias sobre a Esfinge" (ver exemplos do *The Christian Science Monitor*, de Boston; do *Daily Yomiuri*, de Tóquio; e do *Pravda*, em Moscou, fig. 25). Eles informaram a descoberta de diversas cavidades subterrâneas na Esfinge ou próximas a ela – e principalmente de uma que sugeria a existência de um túnel ligando a Esfinge à Grande Pirâmide.

A solicitação deles para obter uma permissão a fim de explorar a possibilidade do túnel descendo por dentro da pirâmide, para o que é chamado de Poço, foi negada. Certamente, a existência das várias "cavidades" e do "túnel" deixou as autoridades egípcias inquietas e relutantes em permitir qualquer exploração mais adiante. Foi dito notavelmente que o presidente da Organização Egípcia de Antiguidades, o dr. Ahmed Kadry, declarou que iria convocar um simpósio internacional de egiptólogos para avaliar todas essas novas descobertas antes de permitir que mais trabalhos fossem realizados.

O conclave científico nunca foi convocado. Mas o interesse sobre a Esfinge, revivido pelos pesquisadores japoneses, levou a outros avanços que tiveram um impacto sobre o assunto principal – a idade das Pirâmides de Gizé: surgiram novas maneiras de se datar todos os monumentos de Gizé datando apenas um deles, a Esfinge.

Porém, determinar a idade da Esfinge – a Esfinge *original* – não é uma tarefa simples. Desenhos da visita de Napoleão ao Egito mostraram

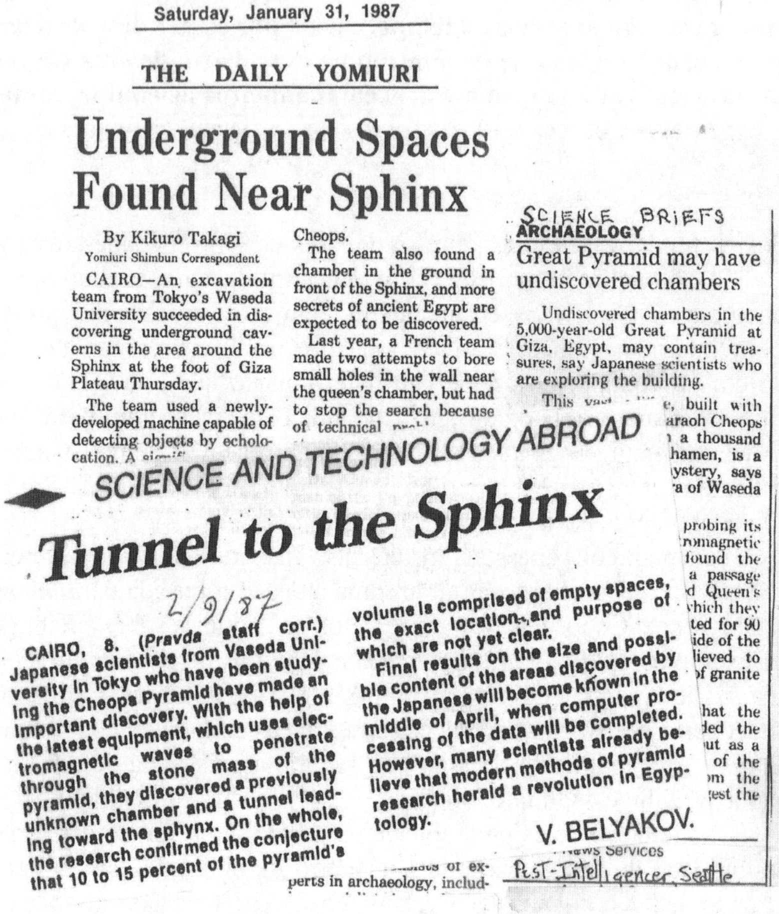

Saturday, January 31, 1987

THE DAILY YOMIURI

Underground Spaces Found Near Sphinx

By Kikuro Takagi
Yomiuri Shimbun Correspondent

CAIRO—An excavation team from Tokyo's Waseda University succeeded in discovering underground caverns in the area around the Sphinx at the foot of Giza Plateau Thursday.

The team used a newly-developed machine capable of detecting objects by echolocation. A ...

Cheops.

The team also found a chamber in the ground in front of the Sphinx, and more secrets of ancient Egypt are expected to be discovered.

Last year, a French team made two attempts to bore small holes in the wall near the queen's chamber, but had to stop the search because of technical ...

SCIENCE BRIEFS
ARCHAEOLOGY

Great Pyramid may have undiscovered chambers

Undiscovered chambers in the 5,000-year-old Great Pyramid at Giza, Egypt, may contain treasures, say Japanese scientists who are exploring the building.

This ... e, built with ...araoh Cheops ... a thousand ...hamen, is a ...ystery, says ...a of Waseda ... probing its ...romagnetic ... found the ... a passage ...d Queen's ...which they ...ted for 90 ...ide of the ...lieved to ...of granite ... hat the ...ded the ...ut as a ... of the ...m the ...est the

...News Services
Post-Intelligencer, Seattle

SCIENCE AND TECHNOLOGY ABROAD

Tunnel to the Sphinx

2/9/87

CAIRO, 8. (Pravda staff corr.) Japanese scientists from Vaseda University in Tokyo who have been studying the Cheops Pyramid have made an important discovery. With the help of the latest equipment, which uses electromagnetic waves to penetrate through the stone mass of the pyramid, they discovered a previously unknown chamber and a tunnel leading toward the sphynx. On the whole, the research confirmed the conjecture that 10 to 15 percent of the pyramid's volume is comprised of empty spaces, the exact location, and purpose of which are not yet clear.

Final results on the size and possible content of the areas discovered by the Japanese will become known in the middle of April, when computer processing of the data will be completed. However, many scientists already believe that modern methods of pyramid research herald a revolution in Egyptology.

V. BELYAKOV.

...sts of experts in archaeology, includ-

Figura 25

a Esfinge enterrada na areia até o pescoço; os visitantes permaneciam sobre a areia naquela altura mesmo no século XIX (fig. 26). Na realidade, quando as escavações realizadas nos anos 1920 revelaram o corpo inteiro da Esfinge, foi descoberta, entre suas patas, uma estela na qual o faraó Tutmés IV registrou como ele cavou a Esfinge das dunas de areia que a cobriam até o pescoço – isso em 1400 a.C.!

Como todos que visitaram Gizé em épocas contemporâneas (*e antes de ela ter sido "restaurada", sendo completamente coberta por uma*

Figura 26

nova alvenaria nos anos 1990) puderam facilmente ver que a Esfinge exposta apresentava duas partes do corpo diferentes. Apesar de ter sido esculpida no leito de rocha natural, as partes de baixo e as patas da Esfinge foram cobertas ou "completadas" com alvenaria (fig. 27). Sabe-se que tais reparos ou restaurações com alvenaria já haviam ocorrido em 1400 a.C., em 700 a.C. e nos séculos I e II d.C.; alguns historiadores acreditam que uma restauração semelhante ocorreu até mesmo no tempo de Chefra, o suposto construtor da Esfinge. Portanto, essas partes de baixo não servem para determinar a idade original da Esfinge.

As partes superiores – a parte principal do corpo e a cabeça – mantinham sua origem do leito de rocha natural; e essas partes superiores revelam uma severa erosão, deixando camadas horizontais (fig. 28). Era considerado, de maneira geral, que essa erosão foi causada, com o tempo, pelos ventos do deserto; mas, em meados dos anos 1980, o autor e pesquisador John Anthony West, em seu livro *A Serpente Cósmica* e em diversos artigos, sugeriu que o "desgaste" sobre a Esfinge era decorrente de erosão por água, e não por vento ou areia carregada pelo vento; e condições climáticas antigas e datas de períodos úmidos de que se tem conhecimento *"tornaram a Esfinge mais antiga do que 10000 a.C."*.

Figura 27

Em 1990, essa nova abordagem encontrou apoio de um lugar inesperado pela pessoa do dr. Robert M. Schoch, um geólogo respeitado da Universidade de Boston. Em 1991, ele foi acompanhado pelo dr. Thomas Dobecki, um geofísico estabelecido em Boston, em uma apresentação para a Sociedade Americana de Geologia na qual eles relataram que suas pesquisas no próprio local confirmaram o *desgaste por água*, resultando em **datar a Esfinge "de 7000 a.C. ou antes"**.

Como aconteceu com outras contestações às doutrinas egiptológicas estabelecidas, esta também – após mais apresentações, artigos, programas de televisão, debates e desmitificações – acabou sendo ignorada pela comunidade egiptológica.

* * *

Figura 28

Por volta de 1990, o Egito testemunhou uma onda de uma nova geração de turistas – os adeptos da Nova Era, atraídos pela sequência de descobertas datando as pirâmides de Gizé e a Esfinge de épocas muito mais antigas. Chegando em centenas e milhares, eles foram conferir a obra dos extraterrestres, sobreviventes da Atlântida, osirianos, ou quem quer que fossem – e ouvir, em palestras, conferências e convenções, o que tudo isso anunciava para o futuro.

Em 1992, eu estava novamente no Egito, como palestrante de uma dessas conferências. O local era o exclusivo Mena House, um hotel suntuoso construído nos anos 1890 para acomodar membros da realeza. Situa-se literalmente na base do promontório de Gizé, no qual ficam as pirâmides e a Esfinge, e é uma emoção única jantar no magnífico restaurante do hotel com a Grande Pirâmide aparecendo diante de você pelas grandes janelas.

O saguão do hotel, com seu bar, suas mesas, seus sofás e nichos, era onde a "ação" estava após as palestras e reuniões formais. Não demorou para se descobrir que o lugar estava alvoroçado com os rumores do que "realmente havia sido encontrado" nas câmaras secretas, do que estava escondido, de por que o acesso estava bloqueado aqui e ali. Também não demorou para dois homens me convidarem para tomar uma bebida ali com eles. Entre as diversas mensagens que a equipe do hotel colocava debaixo da porta do quarto dos hóspedes, encontrei no meu um envelope com dois cartões de visita: um era do dr. Alexander Shumilin, chefe do Departamento do Oriente Médio do *Pravda*; o outro, de Dmitri Veliki, correspondente do *Izvestia* no Oriente Médio. Eles representavam, respectivamente, os jornais oficiais do Partido Comunista da União Soviética e do governo soviético; era possível supor, inquestionavelmente, que seriam agentes da KGB (a organização espiã da União Soviética). Fiquei curioso demais para não aceitar o convite.

Eles falavam inglês bem e eram obviamente bem informados em todos os assuntos sobre o Oriente Próximo – política, economia, história e atualidades. Eles também eram bem informados sobre mim, e sobre meus livros, incluindo *As Guerras dos Deuses e dos Homens*, que sucedeu os dois primeiros. Em *O 12º Planeta*, tratei dos deuses sumérios anunnakis e de sua vinda à Terra do planeta Nibiru; em *O Caminho para o Céu*, tratei do porto espacial pós-diluviano na Península do Sinai e da construção do complexo de Gizé como parte das instalações espaciais; e, no terceiro livro, tratei das guerras entre os clãs anunnakis, incluindo as "Guerras das Pirâmides", e da destruição do porto espacial com armas nucleares.

Era o último assunto que interessava mais aos dois russos. Quando eles e eu medimos nossas palavras, o motivo da reunião começou a surgir de sua série de perguntas. O que eu poderia contar a eles além do que está nos livros? Os textos sumérios descrevem as armas usadas nas Guerras das Pirâmides? Eu indicaria a montanha que, em minha opinião, é o verdadeiro Monte Sinai? Onde, precisamente, estava o porto espacial que foi destruído? Os textos sumérios davam uma pista em relação a que tipo de explosão nuclear aconteceu? Eu sabia que a areia misteriosa encontrada pelos franceses era da Península do Sinai? Eu tinha ouvido os rumores de que a areia seria radioativa?

Eles (eu esperava) aprenderam pouco com minhas respostas evasivas (a Guerra Fria com a União Soviética ainda estava intensa); eu acredito que aprendi muito com eles: *algo significativo, algum segredo importante, estava relacionado à areia enigmática descoberta na passagem da "Câmara da Rainha"; e os soviéticos enxergaram uma conexão nuclear com o porto espacial anunnaki no Sinai.*

Essas eram implicações que tinham de ser perseguidas.

Quando acabaram as sessões de palestras da conferência para a qual fui, os participantes embarcaram em seu próprio programa de excursões e visitações; decidi ficar para trás e me juntar novamente ao grupo apenas no voo de volta. Minha primeira tarefa era visitar o escritório e biblioteca do Centro de Pesquisa Americano no Egito, no Cairo. Já tinham se passado seis anos desde que os franceses encontraram a areia, e eu estava curioso sobre o que havia ocorrido desde então.

Sim, conforme me disseram, houve relatos sobre a areia, mas nenhuma informação direta em relação aos resultados dos testes feitos na França; foram testes egípcios das amostras da areia mantidas por eles que indicaram que ela era semelhante em sua constituição à areia encontrada no Sinai, na região de el-Tor (um antigo porto no Mar Vermelho usado na mineração de turquesas pelos egípcios no Sinai). Por que os construtores da Pirâmide iriam transportar areia de cem milhas de distância quando se tem areia em abundância exatamente em Gizé? Minha suposição, eles disseram, era tão boa quanto a de todos. Eles me deram o endereço da EdF em Paris, para a qual eu poderia escrever (escrevi posteriormente, mas nunca recebi uma resposta direta).

"É verdade", perguntei, "que em partes da Pirâmide – como na Câmara da Rainha – o acesso é proibido?" "Sim, de vez em quando." Eles me passaram a informação de que o melhor horário para fazer observações dentro da Grande Pirâmide era logo depois do horário oficial de fechamento, quando os guardas da Pirâmide a mantêm aberta por cerca de uma hora para acomodar os visitantes que permanecem para meditar após a multidão ir embora.

A biblioteca do Centro de Pesquisa Americano no Egito possuía uma cópia de um relatório escrito pelos dois arquitetos franceses; ele tratava dos aspectos arquitetônicos da Grande Pirâmide, mas não continha nada a respeito dos testes sobre a areia. Também encontrei na biblioteca um relatório detalhado escrito (em inglês, em 1987) pelo prof. Sakuji Yoshimura e três outros professores da Universidade de Waseda sobre as descobertas em Gizé feitas pelos pesquisadores japoneses. A parte 6 tratava de sua "Investigação da Pirâmide Indestrutível pelo Método de Onda Eletromagnética". Fiquei interessado principalmente pelas páginas que travavam da Câmara da Rainha, e o bibliotecário do Centro de Pesquisa Americano no Egito permitiu que eu fizesse cópias fotostáticas.

Os japoneses relataram que a existência de uma cavidade alongada *na Passagem Horizontal* para a Câmara da Rainha "foi confirmada, assim como a presença, na cavidade, *de quantidades de areia*, de acordo com as medições microgravimétricas dos franceses" (ênfase minha). O relatório revelava que também havia indicação de uma cavidade escondida na própria Câmara da Rainha, na **parede oeste** – mas sua extensão não pôde ser definida por causa de inexplicáveis "reflexos turbulentos" que atrapalharam as leituras.

* * *

Essas revelações eram compatíveis com as crenças mantidas por vários exploradores anteriores de que os construtores da Grande Pirâmide contrabalanceavam o peso enorme dela com arcos triangulares e cavidades estrategicamente posicionados. Os japoneses, que suspeitavam de uma cavidade atrás da parede *oeste* da Câmara da Rainha, anotaram em seu relatório que a parede ***leste*** daquela câmara, onde o teto era triangular, continha "um nicho simbolicamente em falso arco".

A referência era a um compartimento notório na Câmara da Rainha, conhecido como **O Nicho** (conforme demonstrado esquematicamente na fig. 29). Considera-se comumente que havia um nicho na parede para guardar uma estátua, de um deus ou de um rei. Pessoas que visitaram a câmara anteriormente podiam ver um dano na alvenaria do Nicho causado por diversos esforços de escavação (começando, acredita-se, com os homens de Al-Mamun) para descobrir o que poderia existir atrás dele (fig. 30). Sabia-se que a abertura se estendia para dentro, como um túnel, por uma curta distância (o amplo estudo de 1971 de Peter Tompkins, *Secrets of the Great Pyramid*, afirma que "os caçadores de tesouros talharam uma passagem de muitas jardas por trás [do Nicho])".

O Nicho e sua abertura, livres de seus escombros (prancha 3), eram o compartimento evidente da Câmara da Rainha quando eu a visitei em ocasiões anteriores (além disso, são notáveis as aberturas dos "poços de ventilação" nas paredes norte e sul). Agora, novamente no Cairo, eu imaginava por que o Nicho não despertou a curiosidade dos franceses ou dos japoneses: nenhum deles fez qualquer menção de explorar *dentro da parede leste*; e isso era estranho.

Figura 29

Figura 30

No dia seguinte, adentrei a Grande Pirâmide a tempo para a "hora silenciosa" extra. Percorri meu caminho até a Passagem Ascendente. Na junção com a Passagem Horizontal havia um portão com barras de metal que não estava ali nas visitas anteriores – mas ele estava aberto (fig. 31). Avançando meio agachado pela baixa e estreita Passagem Horizontal que leva para a Câmara da Rainha (pela maior parte de sua extensão, ela tem menos de 1,20 metro de altura por 1,20 metro de largura), procurei os três buracos perfurados pelos franceses na parede oeste, mas não consegui encontrá-los. Alcancei a iluminada Câmara da Rainha, onde é possível ficar em pé. Não havia ninguém lá – mas

Figura 31

alguém estava observando: ***notei câmeras de vigilância*** em dois cantos do teto; uma estava apontada em direção à entrada da Câmara e a outra, para o Nicho na parede leste. ***E o buraco no Nicho agora estava coberto por uma grade metálica em uma estrutura de madeira*** (prancha 4).

Havia algo mais novo ali: AREIA. No veio de alvenaria exposto na frente da abertura coberta havia um pequeno monte de areia. Parecia areia normal, mas era uma areia incomum: misturada a ela estavam grânulos azul-turquesa. Um mineral? Plástico? Não consegui identificar. As palavras "misturada com minerais", no relatório de 1987 da Reuters sobre a areia incomum descoberta pelos franceses, voltaram à minha memória, assim como o interrogatório dos russos sobre areia radioativa.

Era isso o que eu estava vendo? De onde ela veio? Não havia nenhuma areia no chão ou em algum outro lugar. Eu consegui retirar a grade de proteção de sua estrutura de madeira e iluminei a abertura relativamente quadrada com minha lanterna; vi um espaço escuro parecido com um túnel. A areia vinha de lá de dentro? Não dava para saber.

O que eu deveria fazer? Já era assustador o suficiente estar sozinho no meio da pirâmide, imerso em um silêncio total, mas observado por desconhecidos. Fui dominado pelo medo de que alguém, normalmente ou de propósito, fechasse o portão de metal na entrada da passagem e me trancasse lá dentro, durante a noite ou por mais tempo. No bolso da minha jaqueta, eu tinha diversos envelopes de mensagens do hotel, então usei um para colocar um pouco da areia peculiar em outro envelope, e carreguei-o comigo. Acredito que tenha me lembrado de colocar a grade de proteção novamente. Suando frio, alcancei o portão na entrada da passagem; ele estava aberto. Eu me apressei para sair – aliviado, mas desnorteado: quem estava cavando atrás do Nicho e o que tinha lá, mais para dentro?

De volta a Nova York, examinei a areia com um detector de radiação comum; não havia nenhum nível de radiação inusitado. O Departamento de Geologia da Universidade de Cincinnati analisou a areia, conforme minha solicitação, em maio de 1993, identificando seus grãos de quartzo excepcionalmente revestidos com óxido de ferro; os "flocos diminutos azuis" pareciam ser fragmentos de "um material artificial ou produzido pelo homem" (por exemplo, plástico); não houve menção nenhuma a radioatividade.

Então, o mistério da Câmara da Rainha permaneceu: de onde veio a areia? Por que ela foi misturada com os grânulos peculiares? Era a mesma areia "misturada com minerais" que foi relatada nas perfurações feitas pelos franceses? Por que isso tudo foi mantido como segredo?

Era um novo enigma. Mas, quando alguns anos depois surgiu uma oportunidade de descobrir as respostas, um mistério ainda maior foi encontrado.

3

A Câmara Secreta

Se você procurar a palavra *Destino* no dicionário, encontrará sua explicação como Sorte; se você procurar *Sorte*, lerá que ela significa Destino. Mas os antigos sumérios faziam uma grande distinção entre as duas palavras: o Destino, NAM, não era somente predeterminado, ele também era definitivo e inevitável – como a mortalidade humana, por exemplo. A Sorte era inconstante, sujeita a uma escolha livre: sendo justa, seguindo os mandamentos morais, por exemplo, uma pessoa podia viver por mais tempo; a Sorte era NAM.TAR, um destino que podia ser "mudado" e adiado (apesar de inevitável).

Eu refleti, por mais de uma vez, sobre qual deles – Sorte ou Destino – que, sem que eu percebesse, iniciou, em 1992, uma sequência de acontecimentos inesperados que levaram, passo a passo, a uma descoberta maior e quase à minha morte.

A conferência internacional na qual palestrei em 1992 foi organizada por uma empresa chamada Power Places Tours. Conforme fiquei sabendo depois, um concorrente deles, o sr. Abbas Nadim, entrou sorrateiramente no salão de conferências e tomou nota dos palestrantes. Após entrar em contato comigo quando estava de volta aos Estados Unidos, ele se apresentou a mim como um agente de turismo egípcio com um escritório em Los Angeles. Ele me convidou para ser um "especialista de turismo" nas viagens organizadas pela companhia dele, a Visions Travel & Tours.

Disse a ele que o que eu realmente queria era fazer minhas próprias excursões, levando meus próprios fãs a locais de minha escolha. "Sem problemas", ele disse, "eu tenho os melhores contatos no Egito; para onde você quer ir?". Eu disse a ele que queria ir ao Sinai, em busca do verdadeiro Monte Sinai – e para isso precisaria de um helicóptero. Eu não esperava que ele entrasse em contato novamente, pois todo mundo havia me dito que, como o Sinai (devolvido aos egípcios por Israel em um tratado de paz) ainda era uma zona militar, voos privados de helicóptero estavam fora de questão. Para minha surpresa, ele ligou pouco tempo depois para dizer que isso era possível. O resultado foi uma excursão, em abril de 1994, ao Egito e ao Sinai, chamada de "Nos Passos do Êxodo" – o primeiro grupo de turistas autorizado pelos egípcios a entrar no Sinai, fazendo isso por meio de um antigo túnel militar abaixo do Canal de Suez.

Abbas – todos o chamavam apenas por seu primeiro nome – realmente obteve um helicóptero para mim, mas o pouso planejado com ele no monte não podia acontecer (estas e outras aventuras posteriores relacionadas ao Monte Sinai estão descritas em *The Earth Chronicles Expeditions*). No próprio Egito, ele organizou para nós visitas a sítios arqueológicos indicados por mim que normalmente eram excluídos dos itinerários de turismo. Mas não pudemos entrar na Câmara da Rainha; isso estava proibido por causa do *"Incidente de Gantenbrink"*: no ano anterior, um engenheiro alemão, Rudolph Gantenbrink, que foi contratado pelos egípcios para instalar um sistema de ventilação/desumidificação na Grande Pirâmide, levou um robô bem pequeno equipado com luzes e uma câmera e o colocou em um poço na parede sul da Câmara da Rainha (vista na prancha 3; o outro dos dois poços chamados incorretamente de "poços de ventilação" está na parede norte oposta). Esse poço bem estreito é parecido com um canal, com cerca de 20 centímetros em cada um de seus lados. No caminho, o robô descobriu que o canal estava obstruído por um bloqueio de pedra. A descoberta gerou manchetes no mundo todo; isso também enfureceu as autoridades egípcias, que acusaram Gantenbrink de explorações não autorizadas e revelações prematuras. O resultado foi proibir a entrada na Câmara da Rainha...

No entanto, nós tentamos, mas o portão de metal que leva à passagem horizontal estava realmente trancado. "Entraremos da próxima vez", Abbas me assegurou – e nós conseguimos.

* * *

A vez seguinte foi uma "Excursão da Paz" em fevereiro de 1995, ao Egito, ao Sinai, à Jordânia e a Israel – um itinerário que se tornou possível por conta da assinatura de um tratado de paz entre Israel e Jordânia. No Sinai, Abbas tinha de obter um outro helicóptero para mim; no Egito, a visita tinha de incluir a entrada na Câmara da Rainha. Ele conseguiu os dois.

Figura 32

Figura 33

Como ele obteve o helicóptero, eu não deveria perguntar. A admissão na Câmara da Rainha foi conseguida com a ajuda do novo chefe de antiguidades no planalto de Gizé – nada menos que meu antigo recomendador, o **dr. Zahi Hawass**, de quem Abbas havia se tornado amigo pessoalmente.

Naquela época, a admissão na Grande Pirâmide era permitida "Somente com autorização", e na Esfinge estava completamente proibida, por causa de um Projeto de Restauração (supervisionado pelo dr. Hawass) que requeria uma extensa colocação de andaimes enquanto a Esfinge estava sendo coberta com uma nova alvenaria da cabeça à cauda. Muitas pessoas suspeitaram que o Projeto de Restauração da Esfinge era, na verdade, um encobrimento – no sentido figurado e literal, uma maneira de colocar fim à especulação cada vez maior sobre a idade da Esfinge e as "cavidades" suspeitas nela e ao redor dela.

Nosso grupo não só pôde entrar na área delimitada da Esfinge, permanecer entre suas patas e explorar ao redor dela – o próprio dr. Hawass veio nos dar boas-vindas (fig. 32) e me deixou dar uma olhada em uma recém-descoberta "cavidade" parecida com uma câmara na parte de trás da Esfinge (fig. 33, com minha esposa). Foi um gesto elegante pelo qual posteriormente enviei uma carta de agradecimento, incluindo recortes de notícias que o mostravam acompanhando a primeira-dama dos Estados Unidos e a filha dela nessas descobertas da Esfinge.

Da Esfinge, andamos até a Grande Pirâmide; nosso grupo foi o último que deixaram entrar. Uma vez dentro da Câmara da Rainha, fiquei impressionado com as mudanças na abertura escavada do Nicho e na sua proteção – conforme demonstrado na foto (prancha 5), quando comparada com as anteriores. Era óbvio que alguém estava conduzindo algum tipo de trabalho ali. Isso fazia parte do trabalho de ventilação do ano anterior, ou alguém continuou a escavar mais para dentro?

Pedi para Abbas enviar o grupo de volta a nosso hotel, mas para ficar comigo por mais um tempo. Também pedi a uma pessoa do grupo, John Cogswell, um veterano da primeira viagem, para ficar. Quando todos os outros foram embora, contei aos dois a história da areia, e das mudanças visíveis no Nicho. "Eu gostaria de descobrir o que tem lá dentro, para onde a abertura leva", eu disse, "porque, se a areia veio de dentro, pode ter uma 'cavidade' lá – uma câmara secreta".

O convite era irresistível. Retiramos a grade metálica de proteção da estrutura, iluminamos a parte de dentro com nossas lanternas, esforçamo-nos para ver o que tinha dentro; nós não conseguíamos enxergar muito longe, mas o que conseguimos ver era surpreendente: ***pedaços*** *de canos de plástico estavam espalhados* (prancha 6) *e havia até uma garrafa descartada; alguém estava fazendo um trabalho não divulgado lá dentro!*

John Cogswell, advogado, graduado em História pela Universidade de Yale e ex-oficial do Corpo de Fuzileiros Navais dos Estados Unidos, voluntariou-se para entrar. Rastejando com uma lanterna e uma câmera, ele gritava de vez em quando para que soubéssemos que ele estava bem. Depois, quase não conseguimos ouvi-lo. Por um momento, eu e Abbas começamos a imaginar se alguma coisa tinha dado errado. Então, ouvimos Cogswell de novo e vimos sua lanterna se movendo em nossa direção (prancha 7).

Quando ele finalmente ressurgiu (prancha 8), recuperando seu fôlego, gritou para nós: **"Há uma câmara secreta lá dentro!"**.

Entusiasmadamente, ele nos contou o que encontrou. Esbocei na capa de minhas Notas Informativas o que ele estava descrevendo (fig. 34); posteriormente ele me enviou um desenho profissional mostrando-o dentro da câmara secreta (fig. 35). Mas a melhor maneira de contar a história toda é citando suas próprias palavras em uma declaração juramentada que ele preparou como um registro histórico:

DECLARAÇÃO DE JOHN M. COGSWELL

> No início de fevereiro de 1995, eu estava em uma excursão com a Visions Travel com a participação de Zecharia Sitchin. Nossa primeira parada foi para ver as pirâmides de Gizé, próximo ao Cairo, Egito. Não havia quase ninguém nas pirâmides quando nós chegamos. Conforme recordo, estávamos no único ônibus e havia alguns vendedores em volta, comercializando suas mercadorias. Nós entramos na pirâmide e olhamos em volta. Parte da nossa visita incluía a Câmara da Rainha.
> Quando entramos na Câmara da Rainha, percebemos um buraco na parte inferior do nicho, à esquerda de quem entra. Após todos terem ido embora, exceto Sitchin, Abbas Nadim e eu, retirei algumas tábuas da área do nicho para liberar a entrada. Eu então peguei uma lanterna e rastejei pelo buraco. Rastejei adiante por cerca de 4,5 metros, quando um túnel desviou para a esquerda. Nesse caminho, observei alguns canos de plástico pretos velhos que estavam muito danificados. O túnel durante esse primeiro estágio da

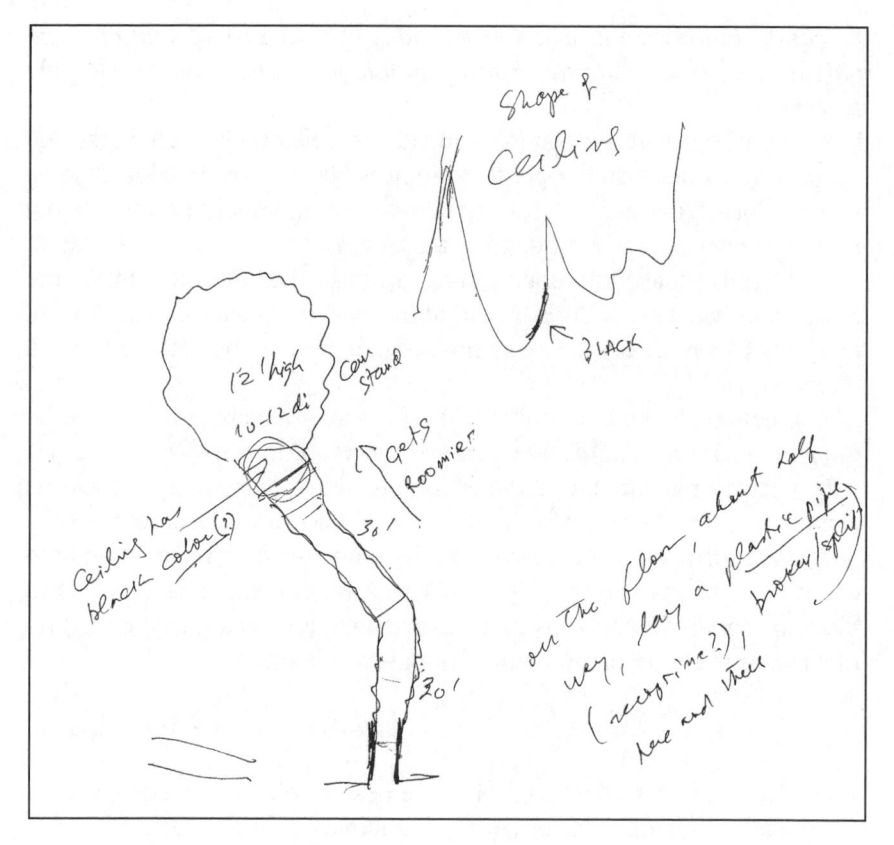

Figura 34

passagem tinha aproximadamente 75 centímetros em cada um de seus lados. Eu tirei fotos. Após os primeiros 4,5 metros, o túnel desviou para a esquerda em aproximadamente 30° a 45° e continuou por cerca de outros 4,5 metros. Conforme continuei, o túnel se tornou mais espaçoso. No fim, entrei em uma área com formato quase circular, com aproximadamente três a 3,5 metros de diâmetro da parte da cintura para cima e aproximadamente 3,5 metros de altura. Não era um espaço finalizado, mas parecia ser um espaço criado pela retirada de pedras da construção. Eu vi as pedras da construção que não foram removidas à minha esquerda quando fiquei em pé. Essas pedras ficavam na altura da minha cintura e tornavam o diâmetro abaixo dela de aproximadamente dois a 2,5 metros. As pedras estavam inacabadas. O teto do espaço era irregular.

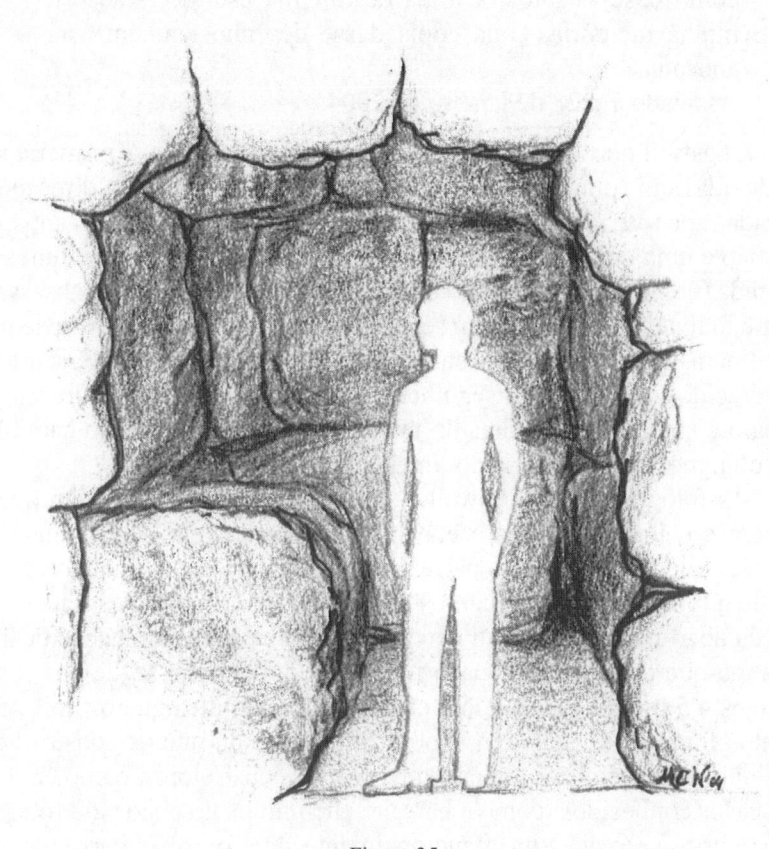

Figura 35

Sitchin, que estava presente no momento, disse-me que eu relatei ter visto um tom de preto nas pedras superiores do teto em uma parte, mas atualmente não me recordo mais de ter feito essa afirmação. Eu me recordo de ter desenhado um esboço do que testemunhei em uma folha de Sitchin. Posteriormente, ele tirou uma xerox da folha e acrescentou algumas palavras. Uma cópia dessa folha está anexada.

Estavam presentes comigo durante essa aventura Zecharia Sitchin e Abbas Nadim. Ninguém mais estava presente. Tirei fotografias e as anexei a esta declaração com uma legenda pertencente à visão em cada uma delas. A fim de conseguir passar uma ideia do que presenciei, pedi que uma artista local, Michelle Wayland, fizesse um desenho artístico tendo

como base as fotos, a folha de Sitchin, esta declaração e minha memória. Uma cópia desse desenho também está anexada.
Assinado em 28 de janeiro de 2004.

Cogswell anexou diversas fotografias à declaração. A primeira reproduzida aqui (prancha 9) representa uma visão de trás, na direção da entrada, após se rastejar para dentro, mostrando pedaços de canos de plástico e uma embalagem de plástico ondulada (?) no chão do túnel. A segunda (prancha 10) é perto da entrada para a câmara secreta (observe a pedra do lintel escurecida). Em seguida (prancha 11), é a visão de dentro da câmara. A prancha 12 mostra a parte de cima da câmara e seu teto (escurecido). A fotografia seguinte (prancha 13) mostra as paredes da câmara e algumas das pedras do teto. A prancha 14, tirada no caminho de volta, mostra a alvenaria do túnel em direção à saída.

As fotografias de Cogswell e sua descrição verbal sugerem que a câmara e o túnel que leva a ela foram escavados em épocas anteriores; eles podem até ter feito parte da construção original. Sua descrição divide o túnel em dois segmentos diferentes. O primeiro é estreito e segue da abertura do Nicho por cerca de 4,5 metros; a continuação desvia para a esquerda e é mais espaçosa. Essa segunda parte segue por cerca de mais 4,5 metros, chegando à câmara. Isso significa que os dois segmentos foram escavados em épocas diferentes, ou que os construtores originais tentaram fazer um esconderijo? Os construtores, como em outros casos conhecidos (como a barreira encontrada no poço pelo robô de Gantenbrink), colocaram intencionalmente uma ou duas barreiras – a 4,5 metros, onde o túnel desvia para a esquerda, e erguendo a parede do próprio Nicho? Eles colocaram uma camada de areia por trás da(s) barreira(s), como os franceses encontraram na cavidade na Passagem Horizontal que leva à Câmara da Rainha?

Mas, independentemente do que tenha acontecido em épocas anteriores, e quanto ao recente mistério sobre as proteções no Nicho, as câmeras de vigilância e a AREIA enigmática que eu encontrei?

Além da foto inicial tirada da Câmara da Rainha, mostrando os canos de plástico vermelhos e pretos (prancha 6), as fotos de Cogswell também demonstram, nos primeiro 4,5 metros dentro do túnel, **canos de plástico descartados**. *Isso é mais incriminador em relação ao presente mistério: indica que escavadores estiveram no túnel em tempos recentes. Eram eles os mesmos* que também instalaram as câmeras de vigilância e que fecharam a buraco do Nicho?

Eles entraram mais adiante, alcançaram a barreira, depois passaram por ela e encontraram a areia, como fizeram os franceses na passagem? E, o mais importante, *eles pararam ali, sem continuar e encontrar a câmara?* Isso seria muito improvável: quando a areia de trás da barreira tivesse sido retirada (Cogswell não viu nenhuma areia), *eles teriam prosseguido e descoberto a câmara lá dentro. Então, QUEM eram eles, e POR QUE isso foi mantido como segredo?*

A meu pedido, nós três concordamos em não dizer nada sobre a descoberta, para ver QUEM algum dia divulgará a existência da câmara desconhecida – e, portanto, confessará a escavação secreta e revelará O QUE pode ter sido encontrado lá. **Porém, até onde sei, ninguém fez isso até agora.**

O consagrado livro *The Complete Pyramids* afirma o seguinte em relação à Câmara da Rainha e ao Nicho (mostrando uma imagem dele):

> A suposta Câmara da Rainha certamente não serviu para a sepultura de uma rainha. Muito provavelmente ela era um aposento fechado para uma estátua especial do rei, representando seu *Ka* ou "força espiritual". Isso é sugerido pela existência de um nicho em falso arco, com 4,7 metros de altura, na parede leste da câmara, que alguma vez pode ter guardado essa estátua. Um poço quadrado na sua base foi aprofundado por antigos caçadores de tesouros.

Portanto, o livro, de **1997**, *não faz nenhuma menção a uma câmara mais adentro*. O autor do livro, dr. Mark Lehner, colaborou com o dr. Hawass em muitos projetos em Gizé; o que ele diz pode ser considerado o discurso oficial da autoridade das antiguidades egípcias. Artigos na imprensa e *sites* na internet continuam, até hoje – dez anos depois –, a afirmar que o túnel é "uma passagem *fechada*".

Portanto, este capítulo é a primeira vez em que se revelou publicamente a existência dessa câmara secreta, e como e com quem eu a descobri.

4

O DIA FATÍDICO

Após a visita ao Egito em 1995, que culminou com a descoberta da câmara secreta, mais um item permaneceu na minha lista de coisas que deveriam ser vistas lá: entrar nas Câmaras de Descarga e examinar as marcas em tinta vermelha – a única "evidência" que sustenta o "Santo Graal" dos egiptólogos, a teoria de que Khufu construiu a Grande Pirâmide, e a que sugeri ser uma falsificação.

Mencionei o assunto com Abbas, insistindo para ele usar sua boa situação com o dr. Hawass (cujos novos títulos, incluindo o de secretário-geral do Conselho Supremo de Antiguidades, refletiam sua autoridade cada vez maior). Abbas prometeu "trabalhar nisso". Mas não era o momento certo para outro grupo de excursão ao Egito: os turistas começaram a se tornar alvos de ataques terroristas assassinos; e os ataques incluíam disparar tiros contra ônibus de turismo – até mesmo na entrada do Museu Egípcio no Cairo! – que pertenciam à companhia de transportes que Abbas utilizava... Nós mudamos os destinos e organizamos diversas excursões a locais nas Américas sobre os quais eu também estava escrevendo.

As antiguidades egípcias também estavam cercadas por outros problemas, além do terrorismo. O "Incidente de Gantenbrink" deixou um ressentimento persistente; a imprensa europeia, principalmente, sentiu que Gantenbrink foi destratado, e questionava por que não houve uma continuidade à descoberta da barreira (no "poço de ventilação" sul). O impedimento deu origem a especulações e suspeitas conspiratórias. Por que a descoberta foi evitada? O que está sendo escondido?

Nos Estados Unidos, as declarações de West e Schoch continuaram a ressoar, especialmente após as descobertas aceitas das "cavidades da Esfinge". Existia mesmo uma "Sala de Registros" embaixo da Esfinge, como Edgar Cayce havia previsto? Revivendo seus envolvimentos com Gizé, a A.R.E. patrocinou (em 1996) um novo projeto de pesquisa de alta tecnologia, liderado pelo dr. Joseph Schor, de Nova York. Esse projeto foi interrompido repentinamente por causa de uma publicidade frenética na mídia que incluiu um documentário de televisão, "The Mystery of the Sphinx", que enfureceu as autoridades egípcias. Isso tudo alimentou um clima de desconfiança e especulação.

Conforme o Programa de Conservação da Esfinge – um dos preferidos de dr. Hawass – progrediu e o monumento antigo conhecido começou a desaparecer embaixo da nova alvenaria (fig. 36), os "verdadeiros" motivos para o projeto foram questionados. Jornais arqueológicos e de temas relacionados estavam repletos de acusações, explicações e contradições. A atmosfera de suspeitas e recriminações foi reforçada pelos relatos de que "pessoas de fora" foram seletivamente autorizadas para entrar nas Câmaras de Descarga. Apesar das declarações constantes das autoridades de que as Câmaras de Descarga eram inacessíveis, começaram a aparecer fotografias na Europa de visitantes (não identificados) nelas (figs. 37, 38). As fotografias revelaram uma série de grafites por todo o lugar, *alguns com datas de 1839 (a época de Vyse!)*; a maioria deles com datas dos anos 1940 – identificados como obra de militares britânicos que se aglomeraram dentro das pirâmides durante a Segunda Guerra Mundial –, mas alguns possivelmente mais recentes. As fotografias também capturaram cartuchos inscritos (fig. 39). Os visitantes da Grande Pirâmide começaram a relatar que algum tipo de trabalho estava sendo realizado acima da Câmara do Rei.

Levando tudo isso em consideração, insisti para Abbas usar seu contato com Hawass para me deixar entrar também. Abbas e eu estávamos planejando, na época, uma excursão a Israel, e senti que era naquele momento ou nunca minha oportunidade de ver as "marcas de pedreiras" (como Howard Vyse as denominou). A excursão – "Uma Expedição Única para a Terra Santa com Zecharia Sitchin" – foi finalmente marcada para setembro de 1997 (fig. 40), mas acrescentar uma "extensão no Egito" aos 11 dias do grupo em Israel era pouco prático. Portanto, sugeri a Abbas que apenas ele e eu fôssemos para o Egito de Israel após o término da excursão em grupo – se ele conseguisse fazer com que seu amigo Hawass nos deixasse entrar.

Quando a data da excursão estava se aproximando, Abbas cumpriu com o compromisso. Ligando de Los Angeles, ele me contou em tom de triunfo: "Eu obtive a permissão de Zahi [Hawass]".

Figura 36

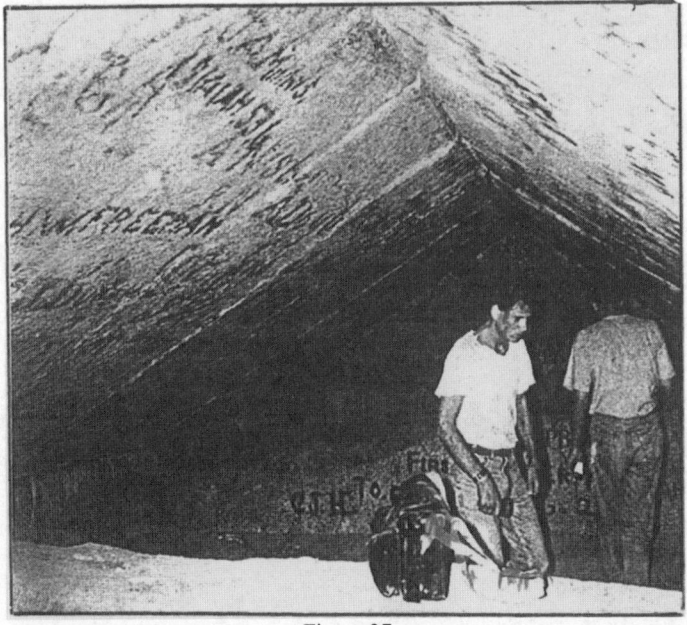

Figura 37

Figura 38

Figura 39

Dezessete anos após escrever sobre a Falsificação na Grande Pirâmide em *O Caminho para o Céu*, eu finalmente iria entrar na "cena do crime".

* * *

Entre meus fãs que se inscreveram para a excursão em Israel estava Wallace M. Wally, como todos que o conheciam o chamavam – uma autoridade conhecida da área de produção de próteses e outros conhecimentos técnicos, e um veterano das viagens anteriores, cuja habilidade em tirar fotos até mesmo em circunstâncias restritas fez dele meu "fotógrafo de excursão". Ele era a pessoa certa que deveria levar para testemunhar e registrar o que encontraríamos lá, nas câmaras estreitas; e conversei com ele sobre isso. Wally prontamente concordou em me acompanhar na viagem paralela ao Egito – um desvio que necessitava de um plano de voo diferente, com a Lufthansa via Frankfurt.

Abbas acrescentou o nome de Wally à lista pré-submetida ao escritório do diretor de antiguidades em Gizé, descrevendo-o como meu fotógrafo; na verdade, eu tinha uma tarefa extraconfidencial para Wally, para a qual ele levou junto alguns de seus pequenos instrumentos: tentar pegar uma amostra da tinta vermelha com a qual as "marcas de pedreiras" foram inscritas, para analisar a idade delas. Eu senti que isso era importante, não somente por causa das minhas conclusões sobre a falsificação, mas também tendo em mente a observação de Perring citada no primeiro capítulo: de que a tinta vermelha usada para as inscrições "era uma composição de ocre vermelho, chamada pelos árabes de *moghrah*, que ainda está em uso" – *"ainda em uso"* no tempo dele –, uma observação cujas implicações para a falsificação arqueológica levou a se imaginar se a tinta continuou a ser utilizada além do século XIX d.C...

E foi assim que, em 25 de setembro de 1997, após o grupo ter ido embora de Israel de manhã cedo em um voo de volta para os Estados Unidos, nós três – Abbas, Wally e eu – partimos de noite em um voo para o Cairo. Lá, encontramo-nos com o gerente do escritório de Abbas no Cairo, que nos levou para nosso hotel – o Mena House, bem ao lado das pirâmides.

Foi uma noite curta e, em sua maior parte, insone; ainda assim, conforme me recordo, fui o primeiro hóspede do hotel a ir para o restaurante tomar café da manhã cedo, escolhendo um lugar com uma visão completa da Grande Pirâmide. Ela aparecia grande, impressionante e atraente – como se estivesse me desafiando com seus segredos, como se estivesse dizendo: *Tente, se puder...*

Quando Abbas e Wally se juntaram a mim, eu tracei, para eles, um plano de ação. Tinha comigo os esboços, copiados do livro de Vyse, das marcas em tinta vermelha e de sua localização, e preparei uma folha com as que continham os cartuchos, fig. 41 (de maneira estranha, todos os cartuchos pareciam estar ao contrário, como se tivessem sido pintados

> ![Visions Travel logo]
>
> **VISIONS TRAVEL**
> & TOURS, INC.
>
> **IS PROUD TO ANNOUNCE A UNIQUE EXPEDITION**
>
> TO THE
>
> # HOLY LAND
>
> WITH
>
> # ZECHARIA SITCHIN
>
> SEPTEMBER 14-25, 1997
>
> **WAS JERUSALEM A "MISSION CONTROL CENTER" OF EXTRATERRESTRIALS?**
>
> *''THE HIDDEN EVIDENCE''*
>
> On this unique Expedition, the best-selling author of The Earth Chronicles, Genesis Revisited, and Divine Encounters will lead a select, limited group on the most comprehensive tour of Jerusalem's Holy Shrines, underground excavations, and unmatched museums to see the oldest foundations of the Temple Mount, the Rock of Ark of the Covenant, The Qabbalah Center of Safed, and archaeological evidence spanning six millenia -- as well as a tour of Mediterranean resorts, Mt. Carmel, the Sea of Galilee, Nazareth, Bethlehem, the Dead Sea, the Caves of Qumran, and Massada.
>
> LIMITED PARTICIPATION

Figura 40

por alguém deitado de costas). Como eu não tinha ideia da maneira como iríamos entrar nas câmaras ou por quanto tempo, fiz três cópias, uma para cada um de nós. Depois, repletos de câmeras com filmes coloridos e em preto e branco, lanternas, folhas, canetas, e um nervosismo por antecipação, fomos levados pelo gerente local de Abbas para a estrada em direção às pirâmides.

Primeiro tínhamos de fazer uma parada no escritório administrativo que ficava próximo, onde – como Abbas combinou com Hawass – um dos assistentes de Hawass iria nos levar para a Grande

O Dia Fatídico

Pirâmide e até as Câmaras de Descarga; um conjunto de escadas deveria estar pronto para nós. Enquanto eu e Wally permanecemos no carro, Abbas entrou para buscar o diretor-assistente. Esperamos que o procedimento fosse levar apenas alguns minutos, mas Abbas não voltou depois de dez minutos, e após 20 minutos; passou meia hora – e Abbas ainda estava lá...

Decidi entrar e ver o que estava causando o atraso. Wally, repleto de câmeras, veio comigo. Disseram para nós que Abbas estava "lá dentro", encontrando-se com Hawass. Autorizaram nossa entrada no escritório do diretor, e Hawass me cumprimentou e convidou para que me sentasse ao lado de sua mesa, perto de Abbas. Olhei para Abbas, e ele apenas levantou uma sobrancelha, sem me dar nenhuma pista do que estava causando o atraso.

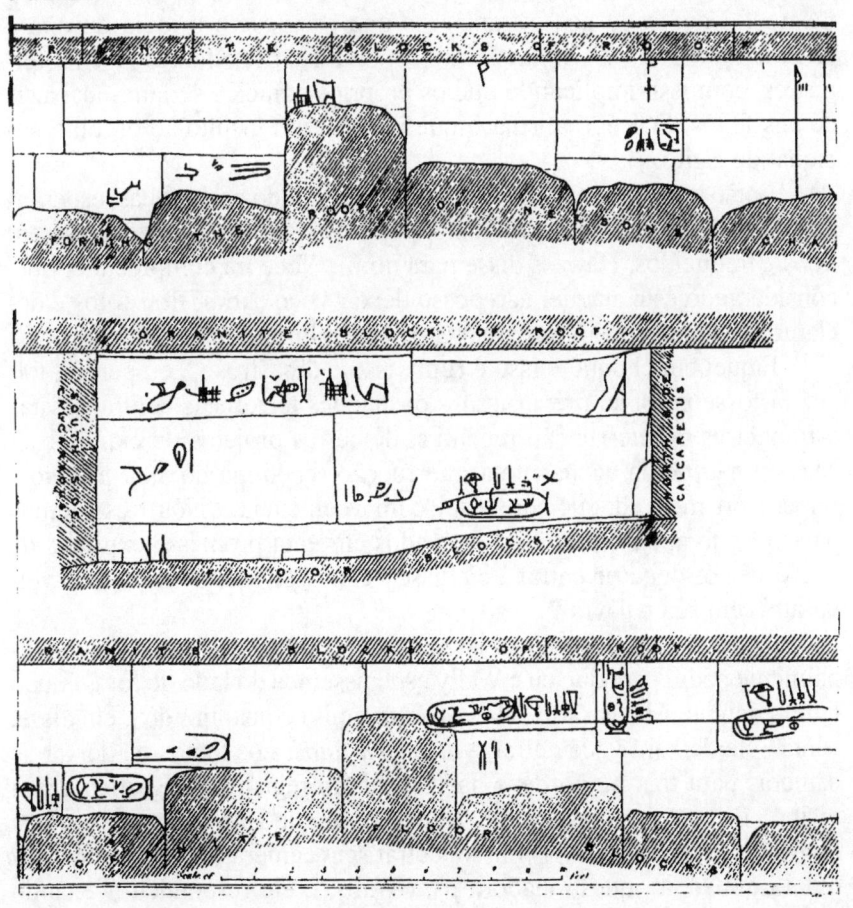

Figura 41

"Abbas estava discutindo comigo seu plano para uma conferência a bordo de um cruzeiro no Alasca", Hawass disse para mim; "o que você acha?". "Bom, qualquer coisa que Abbas realiza é compensador", respondi. Então Hawass mudou a conversa para outros assuntos – nenhum relacionado ao propósito de estarmos lá naquela manhã. Fiquei imaginando o que estava acontecendo.

Enquanto a conversa sem rumo continuava, ficou óbvio que Hawass estava apenas matando tempo. Estão o motivo se tornou evidente: seu assistente – aquele que deveria nos levar para dentro da Grande Pirâmide – apareceu com um jornal que ele tinha obtido na cidade. Era um jornal diário conhecido por suas posições nacionalistas, e ele continha um longo artigo que criticava o governo por permitir que estrangeiros "violassem a herança do Egito" sob o pretexto da arqueologia. Um fragmento foi dedicado aos estrangeiros que promovem a ideia de que a Grande Pirâmide e a Esfinge foram construídas por atlantes ou extraterrestres, com isso implicando que os próprios egípcios seriam incapazes de tais feitos. O artigo afirmava que isso era um insulto ao orgulho nacional do Egito.

Então era isso o que Hawass estava discutindo com Abbas, esperando o jornal ser trazido da cidade! Após os parágrafos relevantes serem lidos e traduzidos, Hawass disse para mim: "Você irá compreender que, considerando este ataque, não posso deixar você entrar, tirar fotos e declarar novamente que Khufu não construiu a Pirâmide...".

Fiquei em choque. "Isso é ruim, isso é desastroso", eu pensei; talvez já fosse possível prever isso – os ataques terroristas contra turistas estrangeiros, a interrupção repentina de certos projetos de exploração. Mas eu não podia aceitar uma interrupção repentina do *meu* projeto... Superando meu choque, protestei com veemência: "Nós três viemos para o Egito apenas para isso, baseados em uma promessa explícita de que você nos deixaria entrar", eu disse a Hawass. "Como você pode voltar atrás em sua palavra?"

Conversando com seu assistente e com Abbas em árabe, Hawass finalmente pediu para que eu e Wally esperássemos do lado de fora. Pouco tempo depois, Abbas saiu. "Hawass está muito constrangido", ele disse, "então ele deixará você entrar – **mas sem fotos**; nós temos de deixar as câmeras para trás – não deve haver nenhum registro fotográfico dessa visita". Eu tentei protestar, mas Abbas disse que Hawass contestou seu assistente com esse compromisso: entrar sem câmeras, ou não entrar. Eu olhei de maneira questionadora para Wally, e ele respondeu acenando com a cabeça de modo sutil. "Então, que seja assim", eu disse a Abbas.

Nós fomos para fora, em direção ao carro, e o ajudante egípcio, indo conosco para a Pirâmide, recolheu todas as câmeras e as trancou no porta-malas do carro.

* * *

Entramos na Pirâmide pela entrada conhecida, indo por todo o caminho para cima através da majestosa Grande Galeria (fig. 42). Onde ela termina, um grande bloco de pedra liso conhecido como o "Grande Degrau" constitui uma plataforma em frente à antecâmara que leva à Câmara do Rei (fig. 43). Chegando até lá e parando, vimos que acima de nós havia trabalhadores em um peitoril; de lá, supusemos, o caminho levaria mais para cima, até a Passagem Estreita que conduz à Câmara de Davison, e então, através da Passagem Forçada vertical de Vyse, entraria nas Câmaras de Descarga superiores (ver fig. 17, página 31). O assistente de Hawass gritou para eles, os quais abaixaram uma escada; ele subiu, falou com eles, olhou em volta e desceu. "Está tudo pronto para vocês", ele disse. Nós deveríamos usar essa escada para subir até onde os trabalhadores estavam e depois continuaríamos mais para cima, por meio de escadas adicionais; era preciso fazer isso um de cada vez, ele explicou, porque o peitoril e o caminho acima dele eram estreitos. E então ele foi embora.

Para mim, parecia uma estrutura frágil e insegura; portanto, Wally se voluntariou para subir primeiro. Após Wally subir do peitoril para a escada seguinte, Abbas subiu e me chamou do peitoril, encorajando-me a seguir. Conforme ele virou para continuar subindo, alcancei a escada e estava prestes a subir no primeiro degrau. Nesse momento, senti de repente um golpe forte na cabeça: um pedaço de madeira grande e pesado, que caiu de cima, atingiu-me diretamente e me derrubou. Um sangue quente começou a escorrer da parte de cima da minha cabeça, e eu estava certo de que meu crânio se rachara.

Gritei de dor. Abbas, de volta ao peitoril, gritou para mim: "O que aconteceu?". "Meu crânio se rachou, eu estou sangrando!", gritei. Ele desceu, segurou-me, e, apoiando-me e carregando-me, conforme fiquei atordoado, levou-me depressa para nosso carro, pedindo que seu gerente dirigisse de volta para o hotel. "Há um médico lá", ele disse. O lenço que eu estava segurando na minha cabeça estava encharcado de sangue, que estava se derramando na minha roupa. Eu tinha certeza de que era meu fim, e inúmeros pensamentos sobre morte percorreram minha mente.

Demorou uma eternidade para chegar ao consultório do hotel – assim pareceu para mim. O médico, que era treinado nos Estados Unidos e falava inglês, examinou-me, limpou a ferida e a enfaixou. "Eu acredito

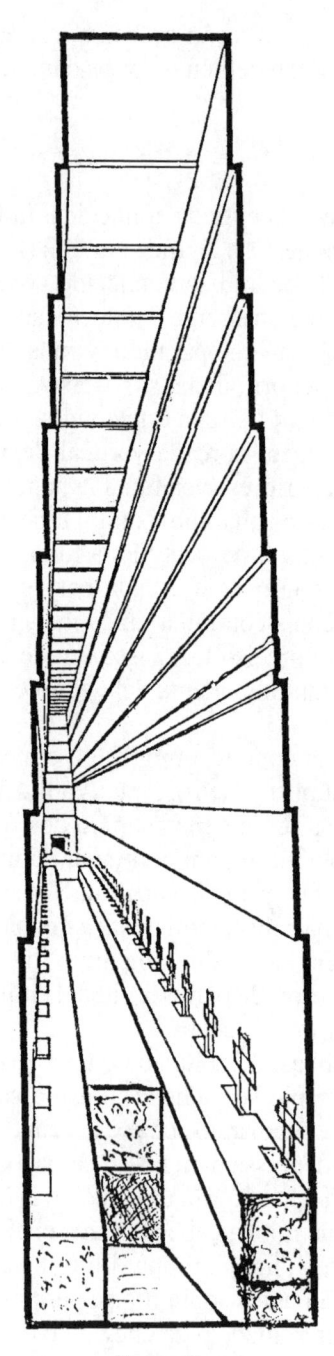

Figura 42

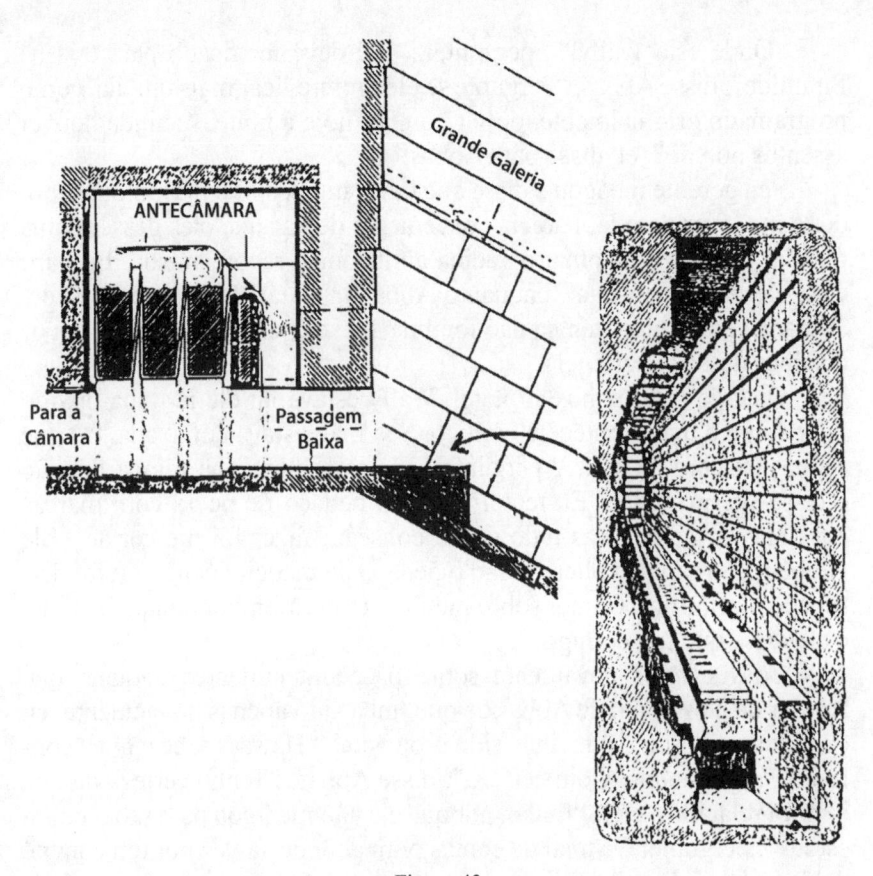

Figura 43

que seja apenas superficial", ele disse, "o golpe apenas cortou a pele em sua cabeça; mas é aconselhável tirar raios X e se certificar de que não ocorreu uma concussão interna." "Além disso", ele falou, "você precisa de uma vacina antitetânica, pois o que o atingiu poderia estar infectado." Ele orientou Abbas a me levar a um hospital sem demora.

Retornamos ao saguão, onde o gerente local de Abbas estava esperando ansioso. Mais estável e menos apreensivo, pedi uma xícara de café. Sentamo-nos para analisar a situação. Fiquei perguntando para Abbas o que tinha acontecido, quem derrubou o pedaço de madeira em mim. Ele disse que não sabia; foi um acidente. "Foi?", perguntei. "Não tinha nada a ver com o artigo do jornal? Acredito que esteja seguro no Egito", eu disse. "Acho que é melhor eu retornar para Nova York imediatamente", eu disse para Abbas – *"hoje à noite"*.

"Onde está Wally?", perguntei. "Ele deve ter ficado para trás na Pirâmide", disse Abbas. "Pergunte se ele prefere ficar mais um dia, como programado originalmente, ou vir comigo hoje à noite, se ainda houver assentos no voo", eu disse para Abbas.

Seu gerente indagou e disse que havia um hospital próximo; ele poderia me levar para lá. Parecia conveniente deixar que eles dessem uma olhada, pelo menos tomar a vacina antitetânica recomendada. Eu parti com ele para o hospital, enquanto Abbas ia tratar dos ajustes do voo. Tomar a vacina antitetânica não foi uma questão simples, mas pularei os detalhes dessa experiência.

Quando retornamos ao hotel, Wally estava lá; ele já tinha ouvido falar sobre o que acontecera comigo. Sua mão estava enfaixada. "O que aconteceu com VOCÊ?", perguntei. Ele se inclinou na minha direção e disse sussurrando: "Eu tentei tirar um pedaço de pedra com marcas em tinta vermelha, mas tudo o que consegui fazer foi me cortar". Ele também não sabia explicar como o pedaço de madeira caiu – ou foi derrubado – em mim. Contei sobre meu plano de ir embora naquela noite, e ele disse que iria comigo.

Conversamos novamente sobre os acontecimentos daquele dia. Apesar da convicção de Abbas de que tinha sido apenas um acidente, eu continuava sentindo que tinha sido proposital. "Hawass sabe o que aconteceu?", perguntei. "Com certeza", disse Abbas. "Tenho certeza de que isso foi relatado a ele." "Então, por que ele não me ligou para saber como estou?", perguntei. "Afinal de contas, vim aqui desta vez por um convite dele, pode-se dizer." "Talvez ele pretendesse ligar para você amanhã", disse Abbas. "Eu não sei", disse acenando em dúvida com minha cabeça doendo.

Enquanto eu descansava no meu quarto, até dar a hora de partir, fiquei pensando sobre os acontecimentos do dia. Sem uma análise atenta das marcas, sem fotografias, sem uma amostra da tinta vermelha, algo tinha sido realizado?

Mais tarde naquela noite, fomos para o aeroporto. Do hotel podíamos ver os refletores e ouvir a música do *show* noturno de Som e Luz do monte em Gizé. Parecia completamente irônico para mim:

No fim do meu Dia Fatídico – o dia em que quase fui morto dentro da Grande Pirâmide –, eu estava saindo com as mãos abanando. E a Grande Pirâmide, desafiadora, continuava mantendo seus segredos.

5

Artefatos Fora de Lugar no Museu do Cairo

O Museu Egípcio é o depositário da herança arqueológica do Egito – o lugar para onde as descobertas arqueológicas, uma vez reveladas e deslocadas, são levadas para ser guardadas, estudadas ou exibidas. Até sua atual expansão e renovação, era uma construção de dois andares em tom pastel, erguida em 1900 em uma região calma no Cairo – mas, por volta do fim do século XX, ela se viu no agitado centro da cidade, lotada com mais de 100 mil artefatos arqueológicos.

Na época em que atuei lá como guia do meu primeiro grupo de expedição, em 1994, estava completamente familiarizado com o museu, sua estrutura e suas peças por causa das visitas anteriores, começando nos anos 1980; mas minha primeira visita virtual a ele ocorreu em 1971 – na cidade de Nova York, quando o Metropolitan Museum of Art organizou a exposição especial "Treasures of Egyptian Art from the Cairo Museum" ["Tesouros da Arte Egípcia do Museu do Cairo"]. Era, de fato, como anunciado, uma exposição única, pois era a primeira vez em que os artefatos mais importantes do Museu Egípcio eram enviados para fora do país em uma escala tão ampla.

O catálogo da exposição tinha em sua capa uma fotografia de uma escultura em pedra famosa e preciosa – aquela do faraó Quéfren sentado em um trono majestoso e protegido pelo deus falcão Hórus (fig. 44). Foi uma escolha justificada não somente pela antiguidade e pela qualidade artística do artefato; como Quéfren/Chefra é considerado pelos egiptólogos o construtor da Segunda Pirâmide de Gizé, a escolha fotográfica foi apropriada, porque as pirâmides de Gizé são os monumentos mais conhecidos do Antigo Egito.

Figura 44

Apropriada também era a grande escultura de pedra seguinte em exposição, aquela do faraó Miquerinos/Menkaure em companhia divina (fig. 45), pois ele era – ou não era? – o suposto construtor da Terceira Pirâmide de Gizé e da ainda mais famosa Esfinge. As duas esculturas são imponentes em tamanho: a de Quéfren sentado tem 1,67 metro de altura, e a de Miquerinos em pé tem mais de 90 centímetros de altura: tamanhos condizentes com os tamanhos das pirâmides atribuídas a eles. Era possível esperar – como eu esperava – encontrar uma grande estátua ainda mais impressionante de Khufu/Quéops, construtor da ainda mais sublime Grande Pirâmide; *mas não existia nenhuma*.

Ela estava faltando porque não existia uma estátua de Khufu, o grande construtor de todas elas? Descobri a resposta quando realmente visitei o Museu no Cairo. Sim, existe uma estátua – uma única imagem

Figura 45

esculpida – de Quéops/Khufu; mas não é uma estátua imponente que condiria com o construtor da maior construção em pedra na Terra; é uma estatueta muito pequena, esculpida em marfim, com menos do que 7,5 *centímetros* de altura (fig. 46). Era uma vergonha levá-la a Nova York (e Boston e Los Angeles, onde a exposição especial também foi exibida). Os curadores, tanto nos Estados Unidos quanto no Egito, não precisavam passar pelo constrangimento de um artefato fora de lugar.

"Artefatos fora de lugar" é um termo aplicado a objetos que não pertencem ao período, ao local, à cultura em que foram encontrados. Existem verdadeiros artefatos fora de lugar – objetos físicos cuja existência não pode ser negada, mas que são objetos "improváveis", que não poderiam possivelmente existir; eles estão fora de lugar por quaisquer parâmetros. Outros artefatos fora de lugar são classificados assim por fazerem os especialistas sentirem que "não pertencem" simplesmente porque não correspondem aos princípios dominantes. E então existem artefatos fora de lugar que, por uma razão ou outra, são apenas desconcertantes – se dependesse dos especialistas, eles nunca nem teriam sido encontrados; mas eles estão aqui!

Independentemente da categoria dos artefatos fora de lugar, eles representam um problema para as autoridades dos museus: o que deve ser feito com esses objetos desconcertantes? Diversos museus lidam de maneira variável com o problema dos artefatos fora de lugar. Sem dúvida, muitos desses objetos acabam ficando longe de vista, sem nunca serem exibidos, e provavelmente, com muita frequência, permanecendo desconhecidos.

Um exemplo disso é o caso do Homem Espacial sem Cabeça (fig. 47), um artefato que o Museu de Istambul, na Turquia, se absteve de exibir porque "não existiam astronautas e naves espaciais há 4.500 anos". Por cinco décadas o museu até mesmo negou a existência desse artefato. Quando me informaram sobre ele nos anos 1990, eu estava visitando a Turquia como convidado do governo turco, então o museu não podia negar a existência do objeto, mas explicou que ele não era exibido porque seria falso. O museu finalmente o colocou em exibição por causa da minha insistência, mas depois o retirou novamente...

Aqueles que leram o primeiro livro, *The Earth Chronicles Expeditions*, também irão recordar do caso do elefante de brinquedo olmeca (fig. 48) que estava em exibição no Museu de Xalapa, no México, e

Figura 46

depois foi retirado (com um painel de parede datado da civilização olmeca em cerca de 3000 a.C.) – sem dúvida, por causa da prova desconcertante de que os africanos (familiarizados com os elefantes que não existiam nas Américas) chegaram de alguma maneira à Mesoamérica milhares de anos antes de Colombo, quando era impossível as pessoas cruzarem o Oceano Atlântico.

O Museu Egípcio no Cairo também tem seus artefatos fora de lugar desconcertantes; a diminuta estatueta de Quéops é um deles, e foi tratada dessa maneira...

Figura 47

Figura 48

* * *

Alguns museus organizam seus objetos cronologicamente; outros, por categoria, ou por procedência, ou pela "cultura" à qual eles pertencem. O Museu Egípcio optou por exibir seus artefatos pelo período ao qual eles pertenceram – Antigo Império, Médio Império, Novo Império – e suas dinastias.

Portanto, quando alguém entrava no museu (sala 48 no piso térreo da planta baixa, fig. 49) procurando os famosos reis do Antigo Império, a estátua de Menkaure era encontrada à esquerda, na sala 47; a estátua de Chefra, que o precedeu, estava posicionada antes, na sala 42, perto de uma grande estátua em calcário de **Zoser**, de Saqqara.

PISO TÉRREO

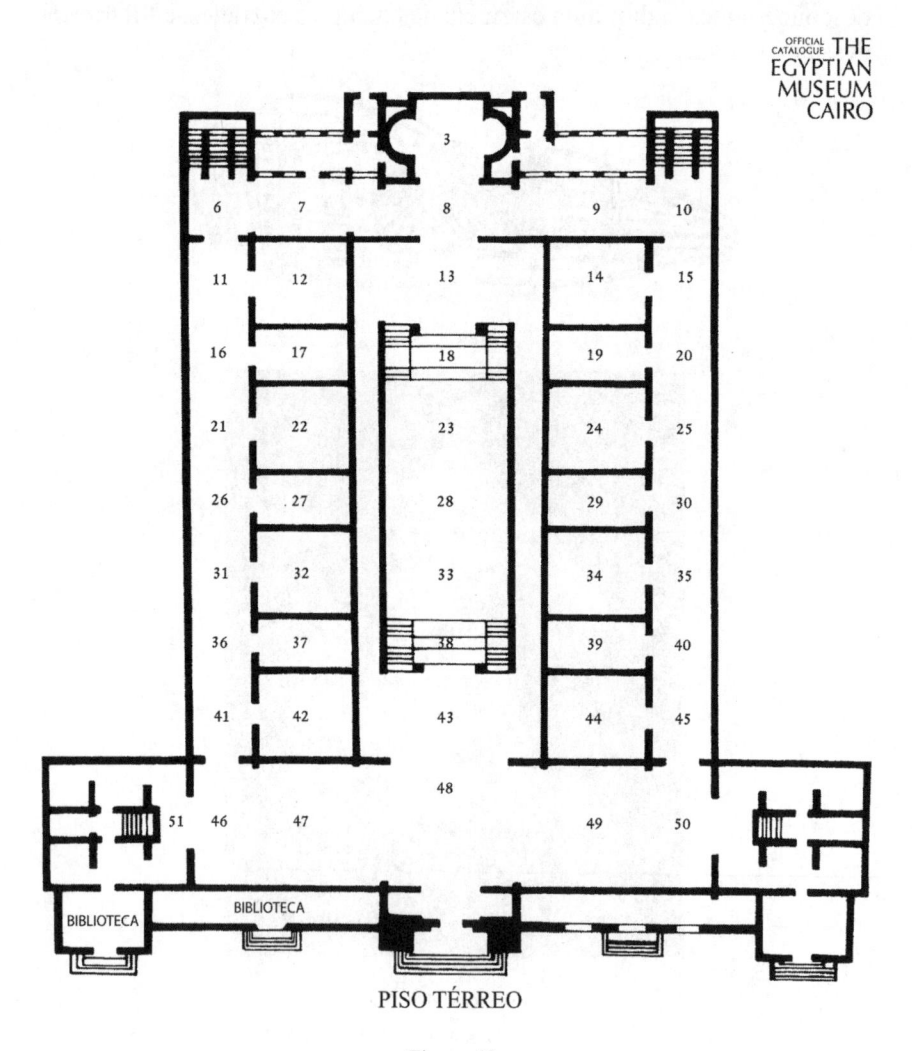

Figura 49

E onde está **Khufu**/Quéops? Sua estatueta desconcertante não pode ser vista em nenhum lugar da seção do Antigo Império. Ela não está nem mesmo no piso térreo. E, a menos que alguém saiba exatamente onde procurá-la no segundo piso, passará totalmente despercebida, pois ela foi colocada lá, junto de outros enfeites, em uma vitrine com tampa de vidro perto das escadas que levam para baixo e para fora do museu. A atração principal do segundo piso do museu são os achados fascinantes da tumba de Tutancâmon, da 18ª Dinastia do Novo Império, incluindo sua máscara mortuária de ouro (prancha 15); mas os visitantes desinformados sobre o pequeno Khufu apenas passam por ele e descem as escadas.

Uma vez, visitando o museu com meu grupo de expedição, deixei o grupo se demorar mais na exposição de objetos de Tutancâmon (eu já tinha visto aqueles artefatos diversas vezes antes), e encontrei uma cadeira para me sentar perto da vitrine que contém a estatueta de Khufu. Esperando os membros do grupo chegarem até as escadas para descerem (momento no qual eu iria mostrar para eles a estatueta), fiquei contemplando mais a localização dela do que a estatueta em si. Na verdade, eu estava pensando: independentemente do tamanho, por que as autoridades do museu não concederam um lugar de honra merecido e cronologicamente correto ao suposto construtor da Grande Pirâmide?

Será que em seu íntimo eles também tinham dúvidas?

E isso nos leva ao segundo artefato fora de lugar no Museu do Cairo, a Estela do Inventário.

* * *

O Museu Egípcio foi criado em 1858 pelo arqueólogo francês Auguste Mariette, que muitos consideram o pai da egiptologia moderna, principalmente com objetos arqueológicos que ele mesmo havia descoberto; a Estela do Inventário era um deles. Ele a encontrou em Gizé em 1853, nas ruínas de um templo para a deusa Ísis situado ao lado da Grande Pirâmide e da Esfinge – exatamente onde, de acordo com a inscrição na estela (ver fig. 13, página 24), ele foi fundado por Quéops/Khufu: no templo ao lado da Grande Pirâmide e da Esfinge *já existentes*.

A Estela do Inventário foi denominada assim porque, após as frases de abertura que citamos anteriormente, Khufu listou nela um "inventário" dos objetos religiosos que ele encontrou no templo de Ísis quando assumiu sua restauração. Ele faz referência a uma pequena pirâmide *que ele diz que construiu* em honra da princesa Henutsen (com quem ele se casou?) – uma das três pequenas pirâmides na base leste da Grande

Pirâmide (ver figs. 5 e 6, páginas 15 e 16). Ele também não afirmaria ter construído a Grande Pirâmide se fosse seu construtor?

Conforme foi explicado anteriormente, a Estela do Inventário era uma prova incontestável, fornecida pelo próprio Khufu/Quéops, de que **ele não construiu** a Grande Pirâmide e que a Pirâmide (e a Esfinge) já estava lá na sua época. Embora isso criasse um problema para os egiptólogos comprometidos com a teoria de que Khufu construiu a Grande Pirâmide, o artefato não podia ficar escondido – afinal de contas, ele foi encontrado pelo próprio fundador do museu, e sua descoberta foi relatada em jornais científicos da época, que também publicaram uma foto dele (fig. 50). Então, o que os arqueólogos poderiam fazer com esse artefato fora de lugar? Eles declararam que ele seria uma falsificação, perpetrada (em uma época posterior) pelos próprios antigos egípcios!

Nem todos os egiptólogos do começo do século XX tinham dúvidas. James H. Breasted (*Ancient Records of Egypt*) percebeu que a Estela do Inventário continha todas as marcas de autenticidade e a incluiu na lista de artefatos da Quarta Dinastia. O grande egiptólogo francês Gaston Maspero (*The Dawn of Civilization*) sugeriu que, mesmo se ela fosse de um período posterior, era cópia de um artefato antigo autêntico; portanto, um registro real da vida e das obras de Khufu.

Porém, as considerações sobre o orgulho nacional – conduzidas nos anos 1930 por um importante egiptólogo nativo, Selim Hassan – dominaram, no fim, as discussões essencialmente científicas. Nas palavras de Hassan (*Excavations at Giza*), a inscrição foi feita "muito tempo depois da morte de Khufu", mas seus criadores invocaram o nome dele "para apoiar algumas afirmações fictícias dos sacerdotes locais". A data sugerida para "muito tempo depois" era a da 26ª Dinastia Saíta – incríveis 2 mil anos depois! Mas, seguindo as visões nacionalistas de Hassan, a Estela foi levada bem para o fundo do piso térreo do museu, colocada em uma fileira junto de outras estelas desses períodos posteriores.

Cerca de 50 anos depois, em minha primeira visita ao Museu Egípcio no Cairo, fui para a área do fundo do piso térreo para ver a Estela, mas não consegui encontrá-la. Perguntei aos guardas sobre ela, mostrando-lhes uma ilustração que eu tinha comigo; mas eles não tinham nenhuma ideia sobre o que eu estava falando. Pedi para falar com o curador, ou com qualquer outra pessoa do escritório do diretor. Não foi uma questão simples, mas consegui fazer com que alguém de lá falasse comigo. Consultando com má vontade o diretório do museu e outras listas, a pessoa disse: "Sim, a Estela está lá, na fileira do fundo". Retornei, mas

Figura 50

ainda assim não consegui encontrá-la. De volta ao escritório do diretor, eles me disseram, de maneira direta, para parar de incomodá-los.

Em todas as visitas posteriores, assegurei-me de procurar a Estela do Inventário, mas não consegui encontrá-la. Nas Notas Informativas que preparei para o primeiro grupo da Expedição das Crônicas da Terra, listei a Estela do Inventário entre os artefatos que deviam ser vistos e incluí sua fotografia, pedindo para todos do grupo tentarem encontrá-la – em algum lugar do museu.

Mas esse artefato fora de lugar ainda está desaparecido.

* * *

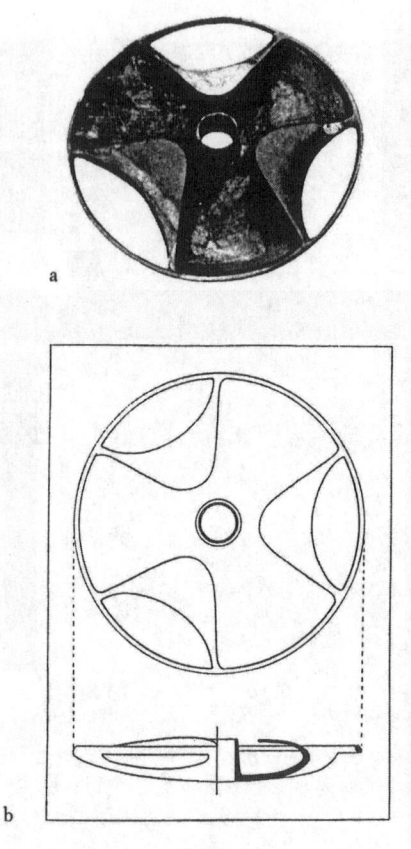

Figura 51

Havia outro artefato – um verdadeiro artefato fora de lugar – que se saiu melhor no Museu Egípcio no Cairo. Para sua identificação, eu o chamarei de "Volante", embora ainda seja um enigma saber o que ele realmente é.

A melhor maneira de descrevê-lo é mostrando uma imagem dele – uma fotografia de verdade (prancha 16). Ele foi descoberto em 1936 na tumba do príncipe da coroa Sabu, filho do rei Adjib da **Primeira Dinastia**, ao norte de Saqqara – ao sul de Gizé. Assim, é certo que o objeto foi colocado na tumba em cerca de 3100 a.C.; portanto, o objeto deve ser pelo menos datado dessa época, mas claro que pode ser mais antigo.

Ao relatar essa e outras descobertas nessa tumba e em outras perto dela, Walter B. Emery (*Great Tombs of the First Dinasty*) descreveu o objeto como "um recipiente de xisto parecido com uma tigela" e observou que "nenhuma explicação satisfatória foi apresentada sobre o formato curioso desse objeto".

O objeto é realmente curioso, incomum *e único*. Redondo – com cerca de 60 centímetros de diâmetro –, ele tem três entalhes curvados precisos que criam três superfícies complexas como lâminas. Um buraco central, com uma borda saliente, sugere que o objeto foi feito para ser encaixado em um eixo, provavelmente para a finalidade de rotação. Uma estrutura circular contorna esses traços; e a peça toda aparenta ser extremamente delicada – ela tem menos de dez centímetros de espessura em sua parte mais grossa (fig. 51). O formato e as curvaturas indicam aos especialistas técnicos que o objeto foi planejado para ser imerso em algum líquido.

Estudos materiais revelaram que o objeto foi esculpido de um bloco sólido de xisto – uma pedra que é muito frágil e que geralmente se quebra em camadas finas irregulares. O fato de essa pedra ter sido escolhida indica que foi usada mesmo assim porque apenas ela possibilitou o formato refinadamente preciso dos entalhes e das partes curvadas incomuns do objeto. Mas os especialistas que o examinaram tiveram dúvida quanto à possibilidade de ele permanecer intacto por muito tempo se fosse realmente colocado em uso rotacional – o objeto se quebraria com a força centrífuga. Isso levou algumas pessoas, como Cyril Aldred (*Egypt to the End of the Old Kingdom*), a concluírem que o objeto de pedra "possivelmente imita uma forma feita originalmente de metal".

De acordo com tais opiniões, essa era uma *cópia em pedra* de um objeto funcional de *metal*. Mas o único metal usado pelas pessoas há 5 mil anos ou mais era o cobre, e para moldar o objeto em cobre seria preciso um molde ainda mais complexo do que o objeto em si. Portanto, de alguma maneira, ele foi feito em uma máquina para que seu formato complexo e delicado fosse obtido? No caso afirmativo, com quais instrumentos de precisão?

Essa última questão se refere a se o objeto de pedra é cópia de um original de metal ou se é o verdadeiro original em si. Mas, além das perguntas sobre como o objeto foi feito, ou de que material, ainda restam as perguntas enigmáticas fundamentais: para que ele servia? Se estivesse rodando em um eixo, a que o eixo estaria fixado ou do que ele faria parte? Quem tinha a habilidade técnica para criá-lo – e quem tinha a tecnologia que necessitava dele e que o utilizou?

A possível função desse objeto me ocorreu aproximadamente 40 anos após sua descoberta, enquanto eu estava lendo um jornal técnico sobre o formato revolucionário de um ***volante*** que uma empresa localizada na Califórnia estava desenvolvendo para o programa espacial norte-americano. É preciso explicar que um volante é um objeto circular

FLYWHEELS

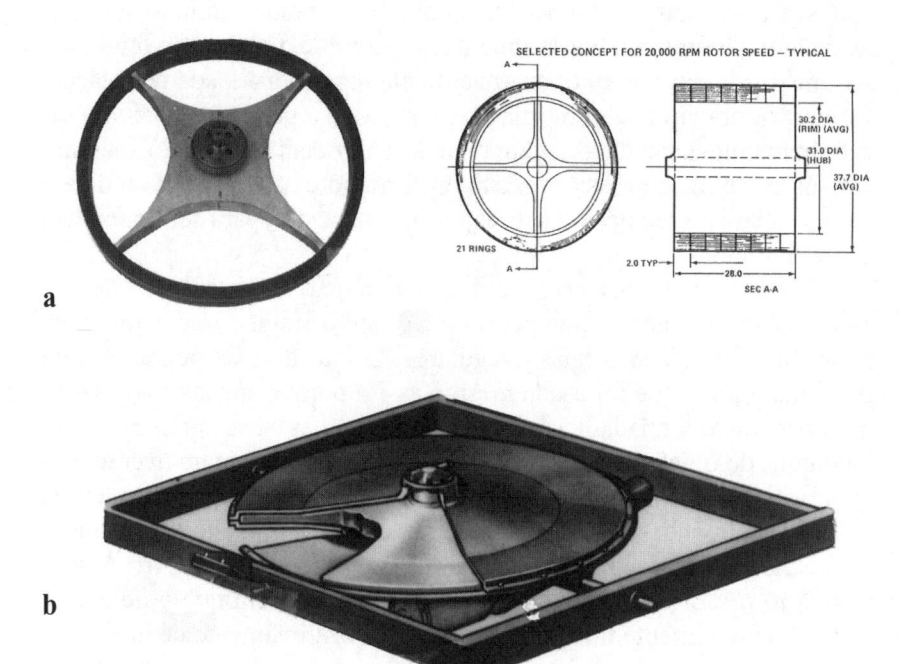

Figura 52

parecido com uma roda, fixado ao eixo de rotação de uma máquina ou de um motor, a fim de regular a velocidade de rotação do equipamento – ou armazenar energia para sobrecargas (como em prensas de metal, veículos como trens e ônibus, ou na aviação).

O volante está em uso há mais de dois séculos; sua propriedade mecânica básica tem sido a habilidade de armazenar, na circunferência do volante, a energia obtida no centro – por essa razão, a circunferência tem de ser firmemente espessa e pesada. Porém, nos anos 1970, os engenheiros da Lockheed Missile & Space Company desenvolveram um modelo oposto – com uma roda com borda leve (fig. 52a). A pesquisa deles foi continuada pela Airesearch Manufacturing Company, que desenvolveu um volante com a borda leve, hermeticamente fechado, para poder ser usado imerso em uma estrutura *cheia de líquido lubrificante*. Atendendo à minha solicitação, a Airesearch me enviou fotografias de seu volante (fig. 52b) com um portfólio de informações técnicas, o que reforçou minha hipótese de que o objeto antigo era um tipo de volante de modelo avançado – que armazenava a energia em uma borda fina e rodava em um líquido lubrificante.

Como os egípcios de 3100 a.C. (ou antes) não tinham a tecnologia para fabricar o objeto, ou o equipamento sofisticado no qual ele poderia ser usado, o "Volante" era nitidamente um artefato fora de lugar. No entanto, as autoridades do museu não o esconderam no canto de um porão; eles de fato o colocaram em exibição – até onde me recordo, na Sala 43, entre outros pequenos achados das dinastias mais antigas. A lógica por trás da decisão de expor esse objeto, suponho, era que se os faraós antigos podiam construir as Pirâmides de Gizé, por que eles não possuiriam outras habilidades complexas? Diferentemente da Estela do Inventário, isso – de acordo com essa lógica – afirmava, e não contradizia, a postura de que "nossos ancestrais podiam fazer isso!".

Mas, é claro, se você *duvida* de um, não é possível não duvidar do outro...

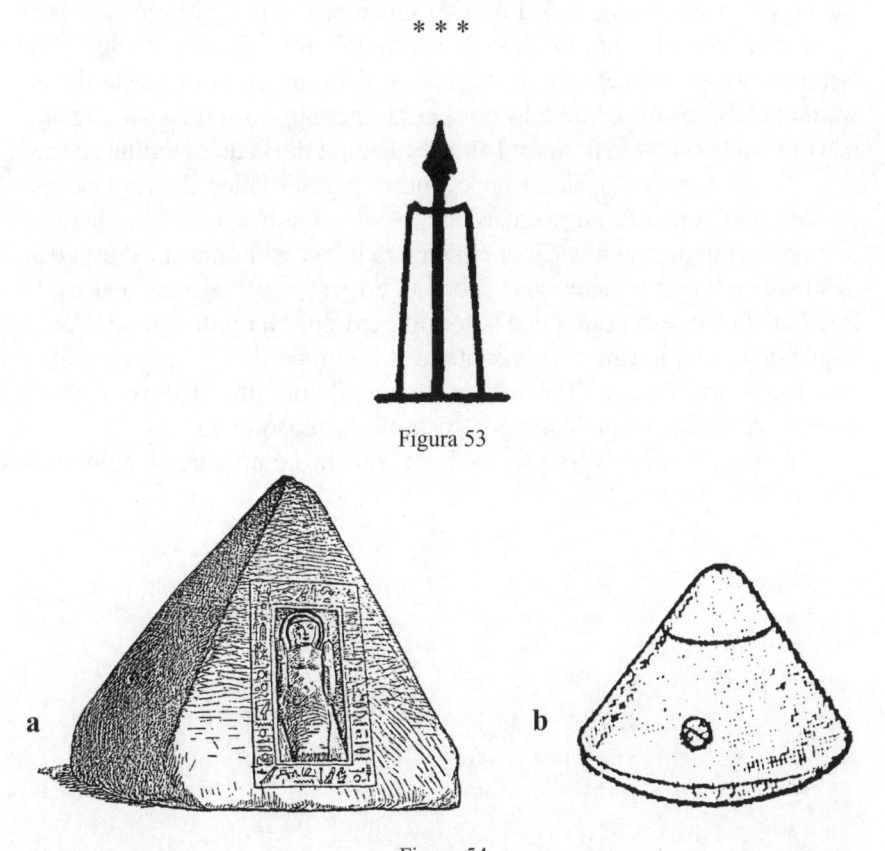

* * *

Figura 53

a   b

Figura 54

Como o "Volante" existe inquestionavelmente, e como ele deve ser datado de 3100 a.C. ou antes, as perguntas fundamentais permanecem: quem poderia tê-lo produzido, em que tipo de equipamento tecnológico avançado ele era fixado, e quem produziu e utilizou esse equipamento avançado?

Eu me aventuro a dar uma resposta para essas três perguntas: os deuses.

Em *O Caminho para o Céu*, forneci informações sobre o centro de adoração mais antigo do Antigo Egito, a cidade de **An** (a bíblica On), conhecida posteriormente como Heliópolis. Em seu grande templo, uma das "Câmaras Celestiais" nas quais os deuses chegaram à Terra, foi guardado um objeto chamado *Ben-Ben*. Podemos supor como o templo, chamado de Het Ben-Ben ("Casa Sagrada de Ben-Ben"), aparentava ser a partir de sua pictografia hieroglífica, que na época também servia como o sinal hieroglífico para o nome da cidade: uma torre de lançamento de foguetes (fig. 53). Também sabemos como o próprio Ben-Ben aparentava ser, pois um modelo de pedra dele foi encontrado (fig. 54a). Semelhante a uma cápsula de comando moderna de um foguete de astronauta (fig. 54b), o modelo em pedra encontrado retrata até mesmo seu ocupante olhando para fora através de uma porta de escotilha aberta.

Nesse templo, o Ben-Ben e outras parafernálias de viagens espaciais não somente eram guardados – eles eram expostos e ficavam disponíveis para visualização, pelo rei, em uma cerimônia anual especial destinada a lembrar as pessoas sobre as origens espaciais dos deuses. O *Het Ben-Ben* e seus conteúdos já foram perdidos há muito tempo. Como e quando o templo ruiu e seus conteúdos foram perdidos, ninguém sabe; mas me ocorreu que o "Volante" pode ter sido um dos objetos originalmente guardados naquele antigo "Instituto Smithsoniano".

Pense a respeito disso se você for ao Cairo e procure os enigmáticos artefatos fora de lugar.

6

ENIGMAS FEITOS DE PEDRA

Por que os habitantes da Terra são fascinados pelo céu? Eu fiz essa pergunta, e dei uma resposta a ela, em meu livro de 1993, *O Começo do Tempo*. Fiz isso no contexto dos computadores astronômicos feitos de pedra – dos quais o mais conhecido é o Stonehenge, na Inglaterra. Encontrados na Europa, no Oriente Próximo, nas Américas (e possivelmente também no Extremo Oriente), todos eles relacionavam, inexplicavelmente, observações do Sol e da Lua a uma divisão artificial do céu em 12 partes chamada de Zodíaco. Eu indiquei que a chave para destrancar os segredos e os enigmas que eles representavam está em reconhecer que eram um produto das tecnologias dos deuses, e não dos homens – que eles foram produzidos por um Divino Arquiteto.

Os registros da fascinação dos habitantes da Terra pelo céu permeiam as paredes do Museu Britânico em Londres, um moderno Templo do Conhecimento dedicado à história da humanidade, às civilizações e (inevitavelmente) aos deuses. Durante as décadas de pesquisa para minhas obras, houve muitas vezes em que passei duas semanas seguidas de estadia em Londres (minha *alma mater* era a London School of Economics and Political Science), dedicando longas horas por dia às peças do Museu Britânico e à sua famosa biblioteca ao redor.

Foi lá que pude estudar na biblioteca sobre o Épico da Criação mesopotâmico, e então ver as verdadeiras sete tábuas de argila de *Enuma elish* – um texto tratado pelos estudiosos como um conto alegórico sobre os deuses celestiais, mas que na verdade constitui uma complexa cosmogonia que descreve cientificamente nosso sistema solar e as origens da Terra e da vida presente nela. Foi lá que pude ler (na biblioteca) sobre os deuses anunnakis e sua vinda para a Terra, e então ver (entre as peças expostas) uma incrível tábua circular (ver capítulo 10), cujos oito segmentos tratam das viagens espaciais dos deuses, partindo de seu planeta (Nibiru) para a Terra.

Foi no Museu Britânico que pude ler sobre uma tábua astronômica e depois observá-la, dividida em colunas e preenchida com números que, quando convertidos em caracteres modernos, revelaram simular uma impressão de computador de dados *prevendo eclipses lunares com 50 anos de antecedência*. E foi lá que pude ver por mim mesmo, e depois estudar atentamente em obras extensas, as evidências a respeito do *conhecimento antigo sobre o Zodíaco* – conhecimento sobre um fenômeno que faz com que um grupo de estrelas substitua outro, no nascer do sol, uma vez a cada cerca de 2.100 anos. Em um artefato mesopotâmico após o outro, referências a essas 12 constelações (fig. 55) e suas representações (fig. 56) estavam onipresentes.

Mas foi quando eu fui visitar Stonehenge pela primeira vez, e fiquei lá dentro do círculo de pedras que foram trazidas de muito longe (como foi o caso com as estruturas megalíticas em todo o mundo), que a pergunta surgiu na minha cabeça: POR QUE a humanidade, por que os habitantes da Terra, são tão fascinados pelo céu – e percorreram imensas distâncias para observá-lo?

A visão conhecida de Stonehenge com suas colunas (fig. 57) é apenas o estágio atual de suas várias fases, remontando ao terceiro milênio a.C. Stonehenge, como todos os pesquisadores concordam, funcionou, durante seus vários estágios (fig. 58), como um *instrumento para determinar a Era Zodiacal* observando o nascer do sol no Dia do Solstício de Verão, a linha de visão se reestendendo pela chamada **Pedra do Altar**

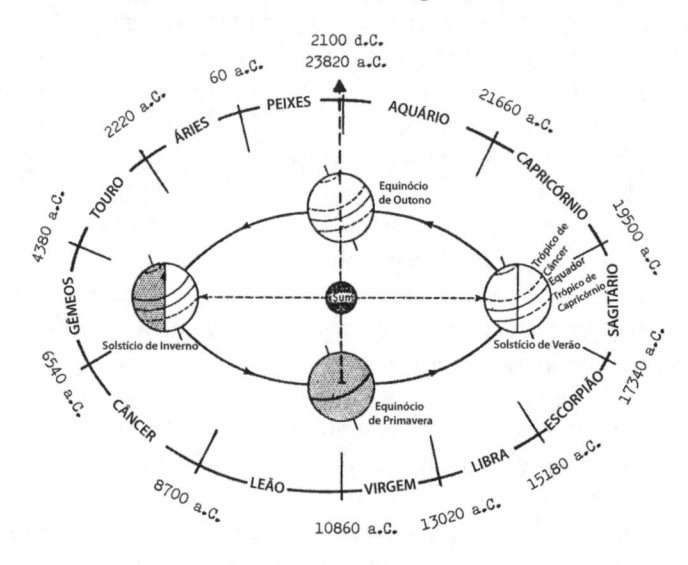

Figura 55

Figura 56

no centro, por dois pilares determinantes, através da **Avenida**, para a chamada **Pedra do Calcanhar,** mais afastada (fig. 59a).

Sir Norman Lockyer, o pai da Arqueoastronomia, usou Stonehenge (*Stonehenge and Other British Stone Monuments*) para ilustrar como a linha de visão do solstício ajuda a determinar quando a estrutura foi construída. Isso porque o ponto do solstício é determinado pelo ângulo de inclinação da Terra relativo ao plano de órbita ("a Eclíptica"). Essa inclinação muda com o passar dos tempos, conforme a Terra oscila levemente – por exemplo, de 24,11° em 4000 a.C. para 23,92° em 2000 a.C. e para cerca de 23,5° atualmente. A linha de visão original para a Pedra do Calcanhar correspondia à inclinação em cerca de 2100 a.C., quando a Era Zodiacal estava mudando de Touro para Áries.

Figura 57

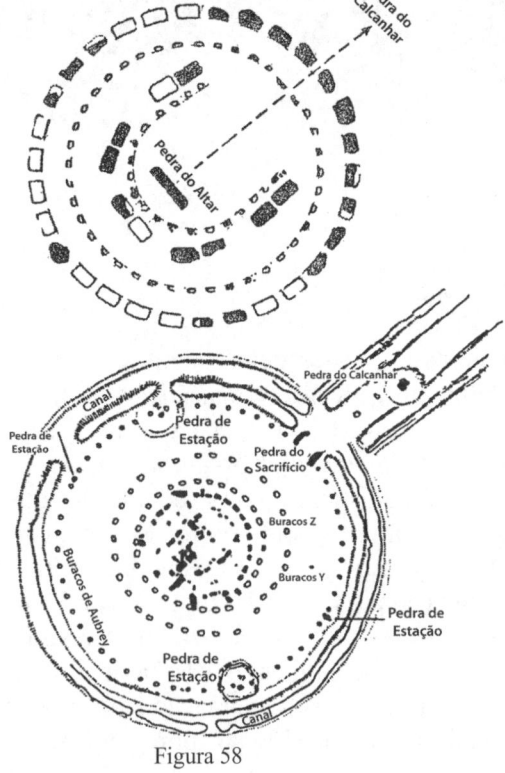

Figura 58

a b

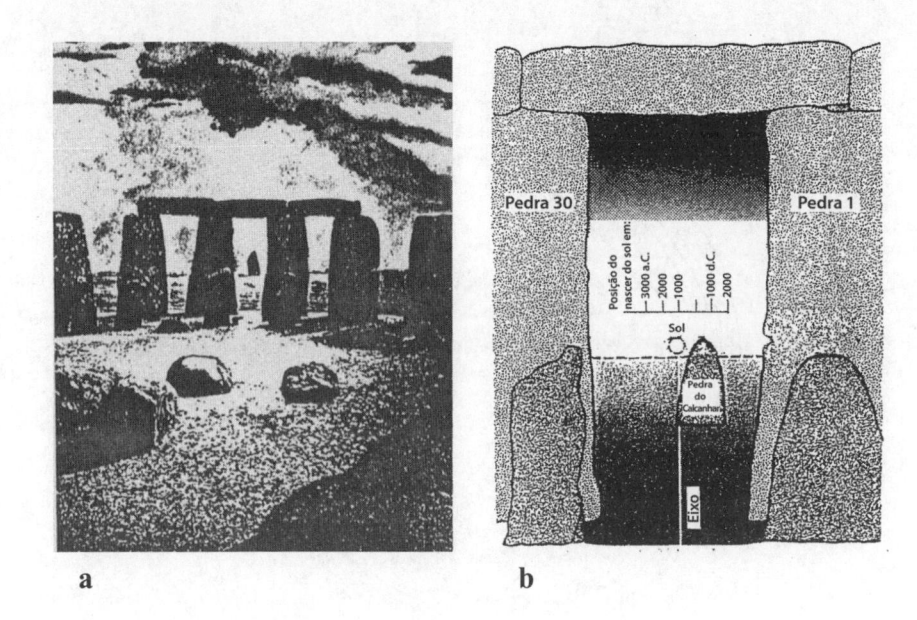

Figura 59

Nos 4 mil anos desde então, essa linha de visão não aponta mais corretamente para as constelações do Zodíaco então vigentes; é possível de fato ver que o eixo está atualmente desalinhado mesmo com a Pedra do Calcanhar tendo sido movida (fig. 59b). No entanto, o Dia do Solstício de Verão – 21 de junho – é muito importante em Stonehenge. Adeptos vestidos de sacerdotes druidas realizam danças rituais, e multidões se reúnem lá para ver, no amanhecer, o Sol nascer entre os dois pilares condutores, independentemente de qual constelação estelar está sendo vista no horizonte parcialmente escuro.

Algumas pessoas concluíram que, em seu apogeu, Stonehenge também serviu como um instrumento de previsão de *fenômenos lunares*, como sugerem as marcações no chão com uma disposição retangular (fig. 60). O matemático e astrônomo Gerald Hawkins (*Stonehenge Decoded*), da Universidade de Boston, que descreveu Stonehenge como um instrumento de previsão astronômico, era fascinado pelo número 19 que as pedras e os locais de buracos nos diversos círculos expressavam, e o considerava uma aplicação inequívoca do **Ciclo Metônico** (o ciclo dos 235 meses lunares nas relações orbitais entre Lua, Terra e Sol).

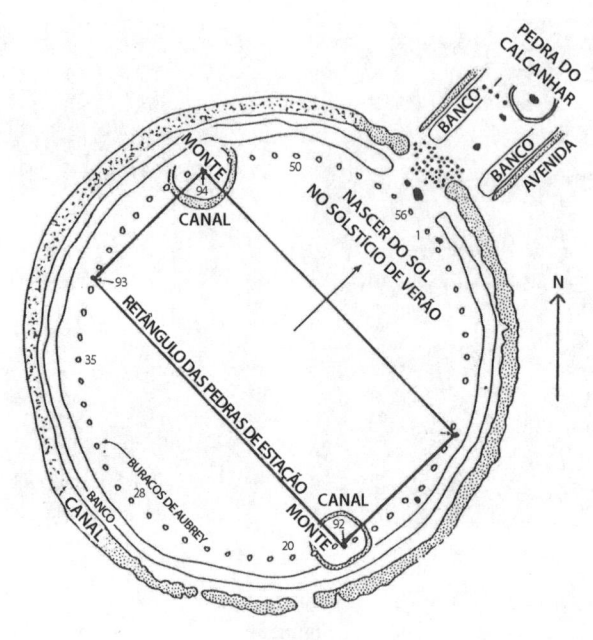

Figura 60

Esse aspecto de Stonehenge, embora relacionado ao ciclo de apenas 19 anos (comparado aos 2.100 anos da mudança no Zodíaco), é, no entanto, indicação de uma alta sofisticação astronômica, pois a relação complexa entre Terra, Sol e Lua sustenta os fenômenos não somente dos eclipses lunares, mas também dos *eclipses solares*; e prevê-los era de uma imensa importância religiosa e política.

A Expedição das Crônicas da Terra de junho de 1999 (para a Inglaterra e Malta) começou em Londres com visitas repetidas ao Museu Britânico (facilitadas pela estadia em um hotel praticamente ao lado dele). Senti que era um prelúdio necessário para a visita posterior a Stonehenge – uma visita programada com o Dia do Solstício em mente. Com uma organização especial, nosso grupo recebeu permissão para entrar no círculo de pedra do monumento bem cedo de manhã, antes do horário de visitação normal, para termos uma hora sozinhos (prancha 17). Caminhamos por lá, procuramos as várias marcas, verificamos as linhas de visão. Muitos se deitaram no chão entre os monólitos, tentando captar alguma sensação, inspiração, vibração ou qualquer outra coisa pelo contato direto com a terra. Fomos embora com uma sensação de admiração e surpresa: aqui, sem dúvida, estava um grande monumento do passado – construído pelos homens, mas concebido por uma mente muito mais sábia.

A viagem também incluiu outros locais astronomicamente significantes do Neolítico ("Nova Idade da Pedra") na região, como Silbury Hill e o grande Círculo de Avebury (fig. 61); um bônus foi uma observação imprevista de um círculo na plantação que apareceu por perto na noite anterior, juntando-se a outros feitos previamente na mesma vizinhança (fig. 62).

Mas isso tudo ocorreu dois dias antes do Dia do Solstício, para evitar a multidão de pessoas; eu escolhi deixar meu grupo testemunhar o verdadeiro fenômeno celestial eterno na relativamente pouco amontoada Ilha de Malta, o destino seguinte da expedição.

Figura 61

Figura 62

* * *

O Mar Mediterrâneo é delimitado por três continentes – Europa, Ásia e África. A Ilha de Malta, junto com a Ilha da Sicília e ilhas menores por perto, sem dúvida já formaram uma ponte terrestre geográfica natural conectando os continentes. Depois que as águas surgiram (foi o Grande Dilúvio da Bíblia?) e o nível do mar aumentou, Malta – agora uma ilha – continuou a servir como uma ponte cultural não apenas entre o Norte e o Sul, mas também entre o Oriente e o Ocidente. Migrantes, colonizadores, navegadores, conquistadores – dos períodos mais antigos, por meio dos fenícios e romanos, muçulmanos e cruzados (os famosos Cavaleiros de Malta), e guerreiros da Segunda Guerra Mundial –, todos deixaram sua marca ali.

No entanto – ou talvez por causa disso –, os enigmas de Malta permanecem um quebra-cabeça não solucionado. Todos esses colonizadores, visitantes e conquistadores de terras distantes mais extensas (Malta e suas duas pequenas ilhas-satélite, Gozo e Comino, representam uma área de apenas 316 quilômetros quadrados!) e suas civilizações não conseguem explicar os dois mistérios principais de Malta: *seus "Templos" de pedra e seus "sulcos"*.

"Templos" é um termo aplicado por habitantes locais e estudiosos a estruturas quando seu real propósito é desconhecido; e, de uma maneira estranha, fiquei sabendo dos templos de Malta muito antes de ter ido para lá. Uma razão foi um senhor chamado Joseph Ellul, que começou a escrever para mim após ter lido *O 12º Planeta*. Ele afirmou que sua família morou na ilha por 500 anos e tinha posse da terra onde estava situado um dos templos mais bem preservados; portanto, ele sabia tudo sobre os templos desde a infância e escreveu livros nos quais identificou descendentes do bíblico Noé como os construtores dos templos de Malta. Outra razão era a Society for the Research and Investigation of Phenomena, estabelecida na capital de Malta, Valeta, que me convidou a ir até lá dar uma palestra e descobrir a "conexão maltesa" para apoiar minhas obras.

Em 1999, finalmente fui para Malta. Essa sociedade não funcionava mais, mas o sr. Ellul ainda estava lá, aguardando ansiosamente minha chegada. Entre as muitas recomendações que ele nos deu, uma delas era a mais prática: onde era o melhor lugar para observar o nascer do sol no Dia do Solstício e como chegar aos templos e conseguir entrar neles antes da multidão esperada...

* * *

Os templos e seus locais pontuam as duas ilhas principais, Malta e Gozo (fig. 63). Eles são construídos com blocos de pedras megalíticas, e sua característica mais marcante ou evidente é sua forma (fig. 64). Em todos eles, a forma segue um padrão incomum, porém marcante, que sugere um conceito (ou propósito) arquitetônico preconcebido. Eles não são nem quadrados nem retangulares – como são os templos em todos os outros lugares –, mas consistem em uma série de câmaras ("absides") ovais ou elípticas, dispostas como "trevos", dentro de um perímetro maior delineado por uma parede externa que também forma uma elipse. Eles ocupam áreas de tamanho considerável, e algumas vezes foram construídos como gêmeos – dois templos em forma de "trevo" erguidos lado a

Figura 63

lado –, uma característica que levou algumas pessoas a enxergarem nisso um conceito religioso implícito de Dualidade.

Com as formas ovais típicas, a configuração em trevo e a "dualidade" de templos gêmeos, está o maior templo de todos, o de Ggantija (pronunciado como Jeguntiya), na Ilha de Gozo (prancha 18). Impressionantemente situado em um promontório com vista para a baía, suas duas partes ou templos gêmeos têm suas entradas separadas, com uma câmara ou anexo oval conectado por uma pequena passagem a outro anexo "lobulado" em forma de trevo; mas não existem corredores de ligação ou outras passagens entre as duas partes gêmeas; então, por que os dois são contíguos?

No povoado próximo de Xaghra, em Gozo, a "dualidade" em forma de trevo também prevalece; assim como nas ruínas do templo de Mnajdra (pronunciado como Mnaidra), na própria Ilha de Malta. Mas, no povoado chamado Tarxien (pronunciado como Tarshen), as ruínas do templo incluem – além dos trevos gêmeos – uma série de anexos ovais e estruturas indefinidas que devem ter sido câmaras em forma de trevo. E

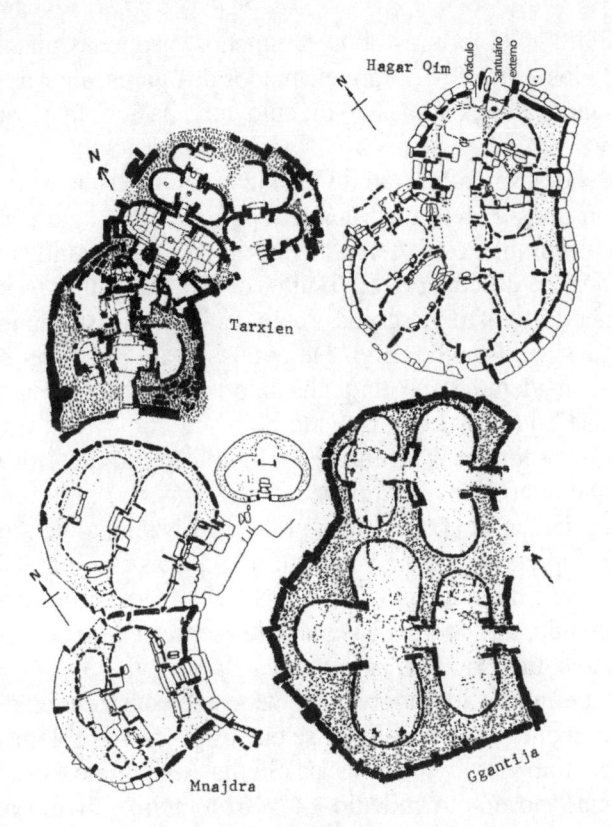

Figura 64

no lugar mais bem preservado de Malta, Hagar Qim (pronunciado como Hajar Im), existe uma sequência de quatro câmaras ovais dispostas em um semicírculo além dos reconhecidos trevos.

O número de câmaras em forma de trevo, como poderia assim parecer, não sustenta a "dualidade" ou outras teorias religiosas. Ainda assim, os proponentes das noções de que "eles eram templos" incluem que as configurações internas dessas estruturas confirmam suas funções religiosas. O formato côncavo das paredes nas entradas principais, eles dizem, criava um átrio para congregação e execução de sacrifício de animais; a câmara "lobulada" convexa ou semioval na extremidade interna, eles explicam, era um tipo de refúgio sagrado, um Santo dos Santos. Pelo menos em um local que visitamos, duas colunas de pedra flanqueando o acesso a essa parte mais profunda tinham buracos atravessados nelas, o que, com toda a probabilidade (nós realmente testamos isso!), possibilitava que cordas sustentassem uma divisória que poderia ser levantada e abaixada; portanto, talvez o anexo fosse de fato uma área especialmente sagrada. Portais, ombreiras de porta, nichos, pequenas plataformas salientes – todos de pedra – foram chamados de altares, alcovas para rezas, mesas de sacrifícios, colunas do oráculo, etc., de acordo com o conceito de "templo".

Se isso for verdade, qual divindade foi cultuada lá, e por quem?

Um propósito religioso nessas configurações, que são repetidas em todos os complexos de templos que ainda estão erguidos, parece ser confirmado pela descoberta (em muitos deles) de esculturas em pedra de uma mulher gorda – muito gorda – com características femininas exageradas (alguns até usam o termo "elefantinas" para descrever o tamanho) (fig. 65). Considera-se que ela tenha sido uma deusa – uma imagem da "Deusa Mãe" que foi supostamente cultuada como uma divindade da fertilidade. A semelhança entre a configuração arquitetônica dos templos e as características arredondadas dela (fig. 66) impressiona assim que essas estátuas são observadas no Museu Nacional de Arqueologia, em Valeta, capital de Malta. A suposição é que as estruturas foram configuradas conforme a imagem da deusa e serviram como templos onde ela era cultuada; mas, com a ausência de escritos de qualquer tipo, nada é conhecido sobre ela ou sobre o culto a ela.

Quem eram os adoradores – os supostos construtores desses templos? De maneira geral, considera-se que os primeiros colonizadores em Malta chegaram da vizinha Ilha da Sicília (menos de 96 quilômetros de distância), no quinto milênio a.C. No terceiro milênio a.C., novos colonizadores – dessa vez fazendeiros – vieram das ilhas consideravelmente mais distantes da Sardenha e Córsega, trazendo com eles animais domésticos. Algum deles construiu os templos? Essa é uma pergunta complicada, porque a resposta depende da datação dessas estruturas.

Apesar das semelhanças dos vários templos, até um visitante normal pode discernir as grandes diferenças entre eles. Aqueles considerados mais antigos, na Ilha de Gozo, são construídos com rochas que podiam ser encontradas na região local. Pedras megalíticas, apenas algumas delas lisas e moldadas (como no templo de Ggantija), foram seletivamente colocadas como portais; por outro lado, pedras não trabalhadas eram apenas empilhadas para formar paredes e divisórias. Em comparação, o templo de Hagar Qim (fig. 67), na própria Ilha de Malta, tem longos segmentos de paredes construídas com imensas rochas naturais (prancha 19) que fizeram nosso grupo parecer pequeno (prancha 20), outras paredes somente com blocos de pedras talhadas, mais outras com uma combinação de rochas naturais e blocos de pedras talhados e moldados, e divisórias feitas com grandes blocos de pedras

Enigmas Feitos de Pedra 107

Figura 65

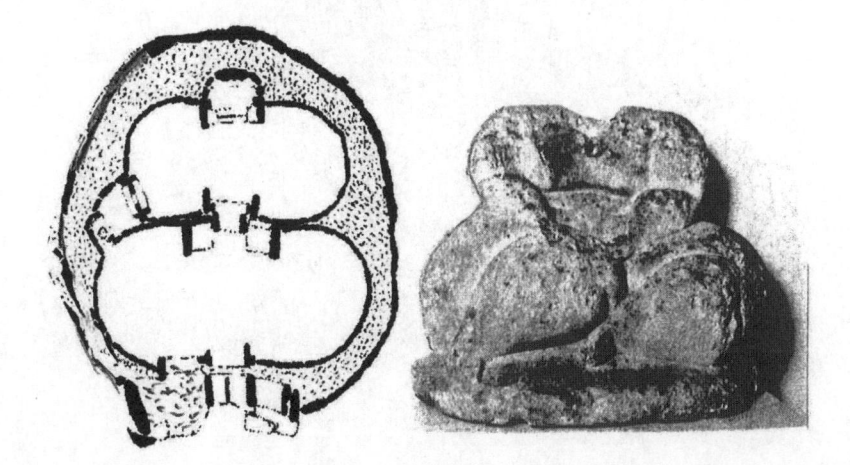

Figura 66

intencionalmente moldados com entalhes atravessados neles. E o complexo templo de Tarxien – considerado o último na sequência – tem seções com aparência quase moderna e decorações com desenhos geométricos (prancha 21).

Os diversos templos começaram a ser escavados nos anos 1820; e, por mais de um século desde então, os arqueólogos consideraram que o Período de Construção dos Templos se estendeu de cerca de 2800 a.C. (Ggantija) a 2400 a.C. (Tarxien). Estudos posteriores, dependendo da disponibilidade da datação por carbono, reduziram a antiguidade para cerca de 2450 e 2100 a.C., respectivamente – a data de 2100 a.C. sendo a mais segura, já que algo desconhecido causou uma interrupção súbita na habitação da ilha após então.

A construção desses templos, mesmo nessas datas – estima-se que existiram cerca de 40 deles –, é um grande avanço tecnológico. Embora o pequeno tamanho das ilhas excluísse o transporte de rochas grandes e pesadas de distâncias muito longas (como foi o caso em muitos outros lugares tanto no Velho Mundo quanto no Novo Mundo), somente o fato de obter as rochas, transportá-las para o local, talhá-las, moldar e decorar muitas delas, erguê-las e colocá-las em posições planejadas requeria esforços consideráveis, uma sociedade organizada, conhecimento arquitetônico e estrutural, e algum tipo de tecnologia que ninguém conseguiu ser capaz de realmente compreender. Apesar de as datas citadas corresponderem não apenas à Idade do Cobre, mas já à Idade do Bronze no Mediterrâneo Oriental, não foram descobertos instrumentos de metal

Figura 67

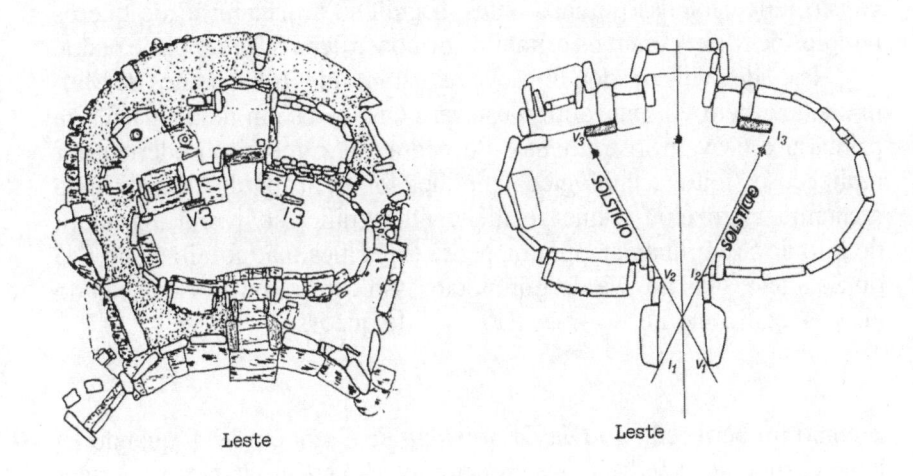

Figura 68

desses tipos nas localidades de Malta; apenas facas de pedra e instrumentos de obsidiana foram encontrados nos templos.

O enigma foi então ampliado pelas novas declarações de que alguns dos templos já estavam erguidos e funcionando antes de 3800 a.C.

As afirmações, que com o tempo acabaram na maioria dos livros sobre Malta, que iniciam sua descrição dizendo que "seus templos de pedra antecedem Stonehenge e até mesmo as pirâmides do Egito", começaram nos anos 1970, quando o arqueólogo J. D. Evans (*The Prehistoric Antiquities of the Maltese Islands*) indicou que o templo em Mnajdra, mais abaixo ou mais ao sul, parece ter um eixo orientado para o leste, o que faria dele um templo solar. A isso se seguiu a aplicação, nos anos 1980, dos métodos arqueoastronômicos de Lockyer aos templos de Malta – principalmente ao de Mnajdra – por dois especialistas malteses, Paul Micaleff e Alfred Xuereb. Micaleff relatou suas descobertas em seu livro de 1989, *Mnajdra Prehistoric Temple*. Eles concluíram que o templo de Mnajdra, mais ao sul, era "um calendário em pedra", construído precisamente para observar os equinócios e os solstícios (fig. 68).

Baseados na posição geográfica, na elevação do local e no Azimute que indica o verdadeiro norte, eles calcularam que o portal para os raios do Sol foi construído quando o Ângulo de Declinação da Terra estava um pouco abaixo de 24,1°. Usando o sistema de Lockyer para determinar a data da construção pelo ângulo de declinação, eles chegaram à data de 3710 a.C. Uma vez que os outros templos, como o de Ggantija, foram construídos centenas de anos antes, seguiu-se a declaração de que os templos de Malta foram os primeiros na construção de templos de pedra.

Isso, devo dizer, soou improvável para mim. Os habitantes de Malta naquele período mais antigo estavam engajados em uma agricultura primária e usavam instrumentos de pedra; será que eles poderiam ter realizado os feitos tecnológicos que lhes foram atribuídos? Analisando atentamente, revelou-se que a evidência fotográfica no livro de Micaleff, do raio do Sol brilhando em uma pedra específica, não foi tirada no Dia do Solstício, mas no Dia do Equinócio; isso confirmou a orientação do eixo específico ao Leste – mas não mais do que isso.

* * *

E então foi bem cedo no **Dia do Solstício de Verão** em 1999 quando eu e meu grupo de expedição nos preparamos não apenas para ver o nascer do sol, mas também para verificar a possibilidade das datas do quarto milênio a.C.

Nosso primeiro destino era o templo de Mnajdra, mais ao sul; nosso instrumento de medição era o próprio sol. Disseram para nós que o nascer do sol estava previsto para 6h7min45s no horário local de verão. Nós estávamos lá adiantados, espreitando e preparando nossas câmeras... Conforme os minutos se passaram, o céu escuro a és-nordeste começou a clarear. Nossos olhos estavam concentrados na abertura indicada no portal de pedra (fig. 69). O momento do Nascer Helíaco, quando o globo avermelhado do Sol aparece contra o fundo do céu ainda escuro e estrelado, estava chegando. E então um raio dourado do sol irrompeu pelo portal, projetando um raio de luz no marcador de pedra, e conseguimos comemorar o momento com nossas câmeras (prancha 22).

Essa estrutura de Mnajdra era definitivamente um "templo" solar – mas quando ela foi construída?

Os membros do meu grupo estavam repletos de orgulho pelo feito, mas acenei com a cabeça em dúvida: o raio do sol teria incidido no marcador de pedra (ver V3 na fig. 68, página 109) *após a passagem de 5.689 anos*, como Micaleff calculou em 1979?

Quando nos sentamos do lado de fora do templo para tomar o café da manhã para viagem que o hotel providenciou para nós, lembrei meu grupo do que tínhamos visto em Stonehenge. Lá, apesar de o marcador de pedra, chamado de Pedra do Calcanhar, ter sido movido, pelo menos uma vez ou provavelmente duas vezes, a linha de visão se deslocou

Figura 69

dela (ver fig. 59, página 99). Se o templo de Mnajdra é *mais antigo* do que Stonehenge por mais de mil anos, o alinhamento antigo ainda deveria funcionar nele? No Egito, conforme mencionei, a orientação de um templo em relação ao solstício deveria ser modificada em intervalos de poucos séculos; portanto, o fato de termos visto os raios do sol incidirem no marcador de pedra pode indicar que esse templo é muito mais recente do que se professa. Com muitos fatores necessários para se chegar ao ângulo de declinação, a leve mudança nos cálculos causou uma diferença de séculos. Senti que a Idade Muito Antiga do templo permaneceu em dúvida.

Depois caminhamos até o vizinho Hagar Qim. Situado na costa sul da ilha, ele oferece uma vista espetacular do Mar Mediterrâneo e de uma pequena ilha inabitada longe da costa. É, depois de Ggantija, o maior complexo de templos – situado, como ele, na beira do mar, mas completamente diferente dele. Além das enormes rochas naturais como em Ggantija, nele muitas placas de pedras foram talhadas e moldadas, niveladas e esculpidas, com passagens e entradas desobstruídas, cujas colunas de pedra e pedras do lintel criam trílitos. Sem dúvida, Hagar Qim foi construído por pedreiros talentosos, com um tom artístico expressado nas pedras engenhosamente moldadas e decoradas que alguns chamam de "altares". Foi em Hagar Qim que duas das estátuas da Deusa Gorda foram encontradas.

A configuração do templo sugere fortemente que a entrada principal para a parte em forma de trevo, com o "Santo dos Santos" em sua extremidade, também era intencionalmente orientada em relação ao Sol – nesse caso, para o sul, que significava o Solstício de Inverno. Com alguns de nós posicionados nos pontos estratégicos e usando cordas que trouxemos conosco, tentamos estabelecer linhas de visão astronômicas. Acabamos convencidos de que Hagar Qim também era um templo solar; e sua data *originalmente sugerida* – entre 2400 a 2200 a.C. – fez sentido para nós.

Nossa excursão investigativa aos templos de Malta terminou com o que todos consideram ser o último templo de todos eles – o de Tarxien. Atualmente cercado por casas residenciais não muito longe de Valeta, ele tem a aparência de um museu ao ar livre, com sua alvenaria belamente moldada, dando a impressão de que os artífices foram embora recentemente. Os blocos de pedras são parecidos com silhares, precisamente talhados e angulados; a parede por trás do suposto Santo dos Santos é perfeitamente semicircular; blocos de pedra são decorados com relevos e frisos em que predominam o motivo de espiral, e são feitos de maneira precisa. Uma grande estátua da Deusa Gorda, da qual resta apenas a parte inferior, fica em um pátio aberto, bem na entrada principal, como se tivesse sido colocada ali por um curador de museu. *A data estabelecida arqueologicamente* para o templo de Tarxien, 2200/2100 a.C., fez mais sentido para nós do que as exageradas declarações arqueoastronômicas.

Portanto, quando exatamente foram construídos todos esses templos? Mesmo nas datas menos distantes, esse feito era extraordinário; então, quem eram os construtores, e qual era o propósito deles?

As Nações Unidas, quando declararam, no final dos anos 1980, sete desses templos como um Patrimônio Mundial, consideraram que eles foram construídos entre 3000 e 2500 a.C. Em minhas diversas obras, sugeri que, em cerca de 2200 a.C., um Divino Arquiteto – o deus chamado pelos sumérios de Ningishzidda, pelos egípcios de Thoth e pelos mesoamericanos de Quetzalcoatl – perambulou pela Terra e ensinou aos homens como construir calendários em pedra com os quais era possível determinar a Era Zodiacal. Isso foi feito no contexto de um conflito crescente entre os clãs de Enki e Enlil, um conflito que levou ao uso de armas nucleares em 2024 a.C.

Eu ainda acredito que seja nisso que a explicação para os Mistérios dos Templos de Malta será encontrada.

* * *

Enigmas Feitos de Pedra

Figura 70

Antes de irmos embora de Malta, ainda precisávamos ver seu outro enigma intrigante – *os sulcos*. O dicionário define *sulco* como "um canal ou ranhura estreito em alguma coisa, principalmente feito pelas rodas de um veículo". A definição do dicionário descreve apropriadamente o que vimos: ranhuras paralelas escavadas no solo. O mistério é que essas ranhuras paralelas foram *escavadas em pedra sólida*, e não poderiam ter sido feitas pelas rodas de um veículo – *porque nem rodas nem veículos existiam no Período Neolítico*; e mesmo se eles tivessem existido, nenhuma ranhura poderia ser feita passando as rodas em cima do solo rochoso e duro.

As ranhuras que geralmente são mencionadas em Malta como "sulcos de rodas" já estiveram visíveis em muitos locais de Malta, mas principalmente na região oeste e até mesmo em Gozo. Mas a urbanização encobriu os sulcos em muitos lugares, e no local em que passamos um tempo considerável foi mantida uma área desocupada, separada de seus arredores e das construções que avançaram (fig. 70) – uma relíquia surpreendente de uma época desconhecida, pois não existe uma maneira de verificar a data de uma ranhura em uma superfície rochosa.

Os sulcos se estendem principalmente, mas não de maneira exclusiva, como um par de ranhuras paralelas – como se de fato as rodas paralelas de uma carroça tivessem deixado um rastro de lama (prancha 23); exceto que, como foi mencionado, o terreno não é de forma alguma lamacento ou macio, mas sim de rocha sólida e dura; estranhamente, onde o solo é de terra mais macia em vez de calcário duro, nenhum sulco de rodas foi encontrado. Algumas vezes as ranhuras são de um único par, outras vezes são múltiplas. Sua largura varia – muito consideravelmente, de cerca de dez centímetros a mais de 50 centímetros. Sua profundidade também varia – de meras marcas na superfície até cerca de 60 centímetros de profundidade, e as variações aparecem mesmo na extensão de ranhura de um mesmo sulco. A distância entre os pares paralelos, apesar de ter uma média de cerca de 1,40 metro, também varia – não somente de par para par, mas também no percurso de um mesmo par de ranhuras.

Caso alguém levantasse a suposição de que descobrir de onde para onde os sulcos levam (ou levavam) ofereceria uma resposta para o enigma dos sulcos, essa pessoa ficaria decepcionada: algumas vezes eles seguem para a mesma direção, mas, com muita frequência, desviam-se, viram, cruzam-se – como em um lugar apelidado de "Clapham Junction", por causa de uma estação ferroviária movimentada na Inglaterra (prancha 24). Eles sobem por penhascos e descem por ladeiras, como se o terreno não importasse. Eles tinham alguma relação com os templos ou foram, de alguma maneira, feitos pelos construtores dos templos? As direções dos sulcos não levam para nenhum local de templo. Algumas vezes eles se estendem por uma curta distância e são interrompidos subitamente – ou parecem se estender sem limites; em alguns casos, por todo o caminho até a costa e debaixo da água no fundo do mar – uma indicação, conforme alguns acreditam, de que os sulcos foram feitos antes de o nível do mar subir.

De todas as perguntas não respondidas de Quem, Quando, Por Quem, Por quê, e assim por diante, a que parece desafiar todo o raciocínio é COMO. *Independentemente de elas terem sido feitas por rodas de carroças ou de outra maneira, pelo povo neolítico ou por homens da Idade do Bronze, para esse ou aquele propósito – como é possível que essas ranhuras tenham sido escavadas tão profundamente na rocha sólida?*

Partimos de Malta sem uma resposta.

7

O HOMEM DO GELO DOS ALPES

Existe mais um sítio arqueológico interessante em Malta, chamado de o Hipogeu. Trata-se de um labirinto de câmaras subterrâneas, talhadas no solo rochoso, que serviu como uma Cidade dos Mortos debaixo da terra. Os ossos de milhares de pessoas foram encontrados lá; e eu e meu grupo pulamos essa oportunidade prazerosa. Mas como eu gostaria que pudéssemos nos comunicar com uma pessoa de verdade daqueles milênios passados e descobrir mais!

Esse desejo, por assim dizer, foi realizado um ano depois.

As imagens femininas extremamente rechonchudas – as estátuas e estatuetas da "Deusa Mãe" – que foram encontradas em Malta não eram únicas. Chamadas pelos arqueólogos (sem dúvida ironicamente) de "estatuetas de Vênus", elas foram encontradas em outros locais da Europa neolítica; na realidade, por todo o caminho do Mediterrâneo Oriental. Isso, e a suposição provavelmente correta de que os antigos colonizadores de Malta vieram da Itália pela Sicília, aumentou minha curiosidade para ver por mim mesmo **o Homem do Gelo dos Alpes**.

No alto das montanhas dos Alpes da região de Tirol, onde a Itália e a Áustria se encontram, milhões de pessoas cortam os picos extremamente altos usando o passo do Brennero, uma fenda natural no terreno de outra forma intransitável. Elas fazem isso atualmente de carro ou de trem; mas, há milhares de anos, um viajante solitário fez esse caminho a pé. Uma tempestade, uma avalanche ou alguma outra coisa o derrubou – para nunca mais acordar.

Foi em 19 de setembro de 1991 que dois alpinistas descobriram o corpo congelado em uma geleira em derretimento, cerca de 3.200 metros acima do nível do mar. A descoberta foi notificada à polícia austríaca, que supôs ser o corpo de um excursionista que tinha se perdido recentemente: era um verão particularmente quente naquele ano, e o gelo que estava derretendo já havia exposto muitos outros cadáveres de alpinistas desaparecidos. Porém, quando eles olharam atentamente o corpo masculino, ficaram em choque: ele estava completamente mumificado; deveria ter ficado congelado por muitas décadas.

Os especialistas da polícia forense, chegando de helicóptero, observaram que aquilo que restou das roupas do homem parecia muito estranho. Ele vestia um tipo de casaco de couro ou pele *forrado com palha*, e usava em seu pescoço um colar feito de pedras. Eles ficaram imaginando se o homem tinha permanecido enterrado no gelo por séculos em vez de décadas.

Antropólogos da vizinha Universidade de Innsbruck foram chamados. Eles verificaram as roupas e os implementos do homem. Ele tinha um tipo de mochila feita de madeira; uma pequena bolsa de couro pendurada em seu cinto continha *pederneiras* e uma faca com uma *lâmina de pedra*. Ele era uma relíquia da Idade da Pedra? O homem morto segurava em sua mão um machado bruto, e um dos cientistas – o professor Konrad Spindler – percebeu que a lâmina era feita de *bronze*; era um machado como os que eram usados pelas pessoas na Idade do Bronze. O homem poderia ter morrido 40 séculos antes?

Baseados na evidência diante deles, os cientistas austríacos anunciaram que o corpo era **de um homem da Idade do Bronze que viveu havia 4 mil anos!**

A notícia e as fotografias que a polícia tirou logo deram origem a manchetes ao redor do mundo (como a seguinte na imprensa norte-americana, fig. 71): **Um corpo encontrado em uma geleira alpina tinha 4 mil anos**.

A descoberta foi "de uma importância extraordinariamente científica", o professor Spindler disse à imprensa quando deu detalhes das providências tomadas para preservar o corpo em uma câmara de baixa temperatura para análise posterior. Mas o que foi então apresentado como uma questão de apenas algumas semanas de análise e estudo se tornou uma série de descobertas no decorrer dos anos seguintes – sim, *anos*, não apenas semanas e meses –, com inesperados meandros.

* * *

Quando foi percebida a importância do achado (o erro ao lidar com o corpo durante os diversos primeiros dias é em si uma história triste), ele foi transferido para a Universidade de Innsbruck, na Áustria, onde foi

O Homem do Gelo dos Alpes

THE NEW YORK TIMES **INTERNATIONAL** *THURSDAY, SEPTEMBER 26, 1991*

On Ice 4,000 Years, Bronze Age Man Is Found

VIENNA, Sept. 25 (Reuters) — Climbers on an Alpine glacier have found the fozen corpse of a Bronze Age man believed to have died 2,000 years before the birth of Christ.

Professor Konrad Spindler, who dat- ed ancient equipment or clothing belonging to the dark-brown man, who appears to have been between 20 and 40 years old and measured 5 feet.

Scientists from Mainz University in Germany were to join the investiga-

"The man wore weatherproof clothing of leather and fur, lined with hay. The fine leather is tanned, the pieces stitched together with fine thongs.

"His equipment consisted of a sort of wooden backpack, a leather pouch hanging from his belt with a fire-flint, probably a bow, a stone necklace, a knife with a stone blade.

"But the most important discovery is an axe with a bronze head attached to a cleft shaft."

Mr. Spindler said the corpse's teeth were well worn, as would be consistent with a Bronze Age man.

The exact age of the body will be pinpointed using the carbon-14 dating technique.

Scientists, worried that their find might rot before detailed examinations can begin, were busy today preserving the remains with special chemicals, for storage in a low-temperature container.

Their tests over the next few months

Figura 71

colocado em uma sala especial, com um ambiente controlado com temperatura e umidade semelhantes à sua tumba de gelo nos Alpes.

Em um ano, surgiu um retrato do Homem do Gelo. Ele estava no fim dos seus 20 anos ou no começo dos seus 30 anos quando morreu, e tinha um pouco mais de 1,52 metro. Supostamente um indivíduo que passava um tempo considerável ao ar livre, ele estava vestido conforme o clima nos Alpes. Seu casaco era feito de remendos de peles de animais, atados de uma maneira mosaica com fibras de tendões de animais e emendados com fibras de plantas. Por cima, ele vestia, para aquecimento e proteção adicionais, uma capa feita de tecido de palha. Nos pés ele usava calçados feitos de couro e preenchidos com feno, e na cabeça usava um gorro de pele.

Ele segurava em sua mão direita um longo bastão de madeira pontiagudo na extremidade, como uma lança, e tinha outras armas. Elas incluíam um arco sem corda e flechas em uma aljava de couro. O arco era feito de teixo – madeira mais apropriada para essa finalidade. As flechas, equipadas com pontas de pedra, eram emplumadas, revelando um conhecimento sobre aerodinâmica. A aljava também continha um tendão bruto que poderia ser transformado em corda para o arco, um novelo de fio fibroso, um espinho afiado do chifre de um cervo que poderia ser usado para raspar, e quatro pontas de chifre. Havia também a faca de pedra com um cabo de madeira e o machado de bronze mencionado anteriormente; exceto que o "bronze" – liga de cobre com estanho feita por um processo elaborado – se revelou, em uma análise posterior, ser apenas puro *cobre*.

O Homem do Gelo não era da Idade do Bronze – ele era da mais antiga Idade do Cobre. Sua idade retrocedeu de 4 mil anos para 4.400 anos, depois para 4.800 anos. A datação por radiocarbono dos objetos de madeira e couro estabeleceu uma data ainda mais antiga: 5.300 anos atrás. A singularidade desse achado era surpreendente: **aqui estava o corpo intacto de um homem europeu totalmente vestido e equipado de 3300 a.C.!**

Isso era mais do que meio milênio *após* o início da civilização suméria, mas uma época que *antecedia* em dois séculos o início da civilização faraônica no Egito. No contexto do estudo sobre o crescimento e o desenvolvimento das civilizações humanas, esse era um achado que aumentou minha curiosidade; ele foi incluído como um objetivo de uma Expedição das Crônicas da Terra após a de Malta.

No entanto, a expedição não era para a Áustria, mas sim para a Itália...

À qual país o achado singular pertencia era uma questão que teve suas origens nos acontecimentos da primeira semana da descoberta. É uma história que leva a se pensar a respeito do assunto inteiro sobre o tratamento dado aos artefatos fora de lugar e o destino de outros achados significantes.

O casal que se deparou com o cadáver no gelo, o sr. Helmut Simon e sua esposa, eram turistas alemães que estavam em um pequeno vilarejo próximo nos Alpes. Eles se apressaram para voltar e relatar o achado, e o proprietário do local – incerto sobre a jurisdição – chamou a polícia dos dois lados da fronteira. Um policial austríaco apareceu no dia seguinte; os italianos nunca apareceram. Ele tentou liberar o corpo congelado usando uma britadeira, mas desistiu e foi embora. No decorrer do fim de semana que seguiu, observadores curiosos se aglomeraram no local, fazendo o máximo para quebrar o gelo e puxar pedaços do corpo e de suas vestimentas. Na segunda-feira, uma equipe de investigadores da polícia chegou da Áustria. Usando picaretas, eles conseguiram liberar o cadáver e o levaram para Innsbruck, onde foi depositado em um necrotério local. Disposto sem proteção, o corpo foi apresentado aos repórteres locais.

Foi somente então que o dr. Spindler, diretor do Instituto de Pré-História de Innsbruck, chegou ao necrotério (o relato de que ele voou para o local da descoberta de helicóptero parece ter sido uma versão posterior exagerada; mas foi ele quem percebeu a singularidade do achado).

O cadáver exposto, até então quase uma semana fora de sua tumba protetora de gelo, estava começando a apresentar uma infecção fúngica em sua pele. A equipe de Spindler tratou do corpo com fungicidas, envolveu-o em plásticos, cobriu-o com gelo picado e o transferiu para uma sala refrigerada na universidade. Dessa maneira o Homem do Gelo foi salvo da decomposição.

Foi então que a imprensa internacional, despertada pelas declarações do dr. Spindler de que um corpo intacto da Idade do Bronze tinha sido descoberto, ficou imensamente curiosa; e foi somente então que os italianos perceberam o potencial científico e turístico do achado. Eles solicitaram uma determinação de em qual lado da fronteira entre a Itália e a Áustria o corpo foi realmente encontrado. Quando um grupo de pesquisadores determinou que o local estava a cerca de 91 metros da fronteira – *do lado italiano* –, os italianos solicitaram a transferência imediata do cadáver para a Itália. Os austríacos disseram que, na prática, "achado não é roubado".

O acordo que foi realizado permitiu que os austríacos ficassem com o Homem do Gelo – denominado por eles de Oetzi, por causa do nome da geleira – e conduzissem testes por três anos; depois ele seria entregue para as autoridades italianas do Tirol do Sul. Na realidade, a transferência ocorreu apenas em 1998, quando os italianos estavam prontos para guardar o corpo e seus acessórios no antigo prédio de um banco, convertido em um museu especialmente equipado – o Museu de Arqueologia do Tirol do Sul, em Bolzano, a capital regional.

Foi para lá que eu e meu grupo das Expedições das Crônicas da Terra fomos em março do ano 2000.

* * *

Partimos de Milão de manhã com chuva e chegamos a Bolzano, de trem, à tarde, com um clima seco e frio. Os quartos de nosso hotel (Hotel Alpi) tinham pequenas varandas, possibilitando a apreciação da vista dos Alpes – montanhas elevadas que pareciam competir entre si em altitude. O museu solicitou que os grupos entrassem apenas com horário agendado previamente, e o nosso era às 10 horas da manhã do dia seguinte.

Chegamos um pouco adiantados e tivemos de esperar até as portas serem abertas. Mas as gravações em língua inglesa (dos dispositivos eletrônicos que dão explicações perto de cada exibição), que também foram reservadas previamente, estavam ali para nós; e ficamos livres para passear pelo museu durante nosso horário designado.

A principal "atração" do museu é, sem dúvida, o cadáver mumificado do Homem do Gelo. Ele é mantido em uma sala especial fechada, onde a temperatura é sempre -6°C e a umidade também é controlada. Uma janela é disponibilizada, pela qual os visitantes podem ver o corpo. O Homem do Gelo, com sua pele ressecada agora marrom-escura, está retorcido de maneira estranha, segurando seu bastão de madeira com as duas mãos (prancha 25). Ele tropeçou e caiu assim ou ele estava se defendendo quando morreu congelado?

Ao ficar parado observando o corpo humano intacto mais antigo que já foi descoberto, surgem essas e outras perguntas, tanto práticas quanto filosóficas; mas não é dado muito tempo para que isso aconteça, pois a fila de visitantes curiosos atrás de você começa a apressá-lo e não o deixa se demorar na janela de observação.

Em outro lugar no museu, telas de vídeo contam a história do Homem do Gelo, e os objetos físicos encontrados com o cadáver estão expostos. As vestimentas que ele usava estão dispostas na ordem que ele as teria colocado; a figura 72 é a ideia do museu de como seria sua aparência completamente vestido. Suas armas e instrumentos também são exibidos. Legendas identificam cada objeto, e as gravações dão explicações conforme as pessoas param em cada exibição.

O visitante fica inevitavelmente impressionado pela qualidade e praticidade – alguns dizem "sofisticação" – dos objetos físicos de uma época que geralmente é considerada uma primitiva "Idade da Pedra" atrasada. As vestimentas eram feitas, e usadas, para providenciar o máximo de aquecimento. Os calçados eram desenvolvidos e ajustados para se caminhar na neve (fig. 73a). O arco era feito de teixo – a melhor madeira para arcos longos; as flechas eram "emplumadas"; a pequena bolsa de couro, pendurada em sua vestimenta, continha restos de ervas, o que sugeria que era um *kit* medicinal; e assim em diante. Fiéis ao propósito anunciado pelo Museu, as exibições se estendem para além do Homem do Gelo e tratam da região em geral – seu clima, seu povo e sua cultura na Antiguidade, colocando assim o Homem do Gelo no contexto de seu ambiente e de seu tempo –, sem deixar dúvidas de que ele era do período neolítico, a fase final da Idade da Pedra.

Antes de ir embora, cumprimentei a diretora do museu, dra. Angelika Fleckinger, com quem eu já havia me correspondido antes da visita. Sugeri a ela que seria interessante se também houvesse uma tela

Figura 72

comparativa, ou pelo menos um painel, mostrando a condição da civilização em outros lugares – na Mesopotâmia, no Oriente Próximo, no Egito, na bacia do Mediterrâneo – na época do Homem do Gelo. Admiti que esse era meu interesse principal: como a cultura e a tecnologia do Homem do Gelo se comparavam às dos sumérios ou dos egípcios de 3300 a.C. Como característica da necessidade de especialização em um segmento arqueológico ou antropológico para se realizar um avanço na função acadêmica, ela era evidentemente uma especialista sobre a Europa na Idade da Pedra, embora pouco familiarizada com a arqueologia do Oriente Próximo; mas ela concordou que um "Mapa da Cultura Mundial" seria um acréscimo futuro importante nas exibições. Se algum já foi providenciado, eu realmente não sei.

* * *

Ninguém sai do museu sem dar mais uma última olhada no Homem do Gelo, e ninguém deixa de se perguntar: o que ele estava fazendo tão alto nos Alpes? Provavelmente, viveu em uma das vilas no vale das colinas na base das montanhas; então, por que ele foi ao local onde o encontraram? Quem ele realmente era?

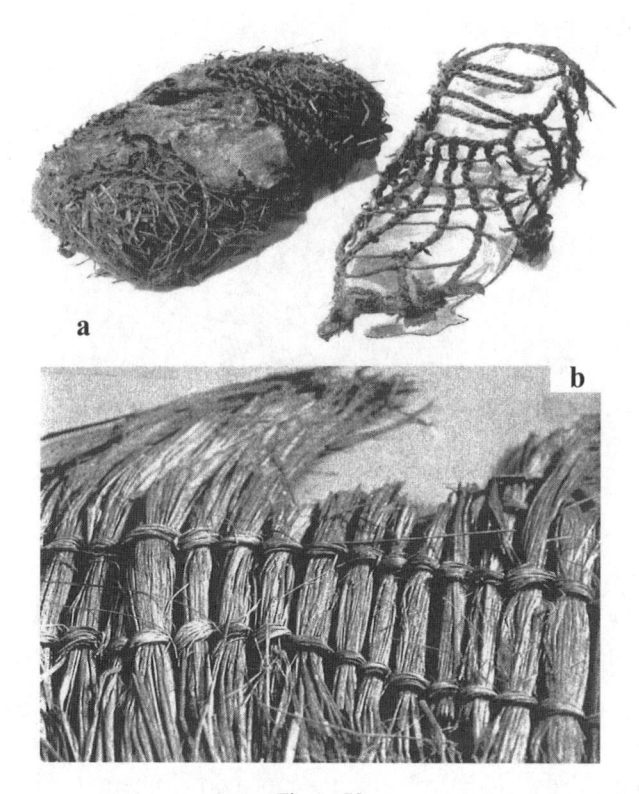

Figura 73

Essas perguntas inquietaram legiões de cientistas e pesquisadores que analisaram esse achado de todas as maneiras imagináveis nos anos seguintes. As séries de testes, incluindo raios X e tomografia computadorizada, começaram em Innsbruck, com especialistas e cientistas de Viena, da Alemanha e da Suíça convocados logo durante as primeiras semanas; a lista então se estendeu para cientistas e especialistas da Itália, e depois da Grã-Bretanha, dos Estados Unidos, da Austrália e de outras partes do mundo.

Com o passar dos anos, o Homem do Gelo, seu corpo, sua pele, seu interior, suas roupas, seus instrumentos, suas armas – ele e tudo sobre ele, nele e com ele – foram examinados de todas as maneiras imagináveis da tecnologia avançada. Foram realizados vários testes de DNA; o estômago de Oetzi foi sondado para se descobrir sua última refeição não digerida; o conteúdo bacteriano de suas vísceras foi estudado; seu cólon foi examinado para restos fecais (eles continham vermes parasitas). Seus ossos foram analisados (ele sofria de artrite). O esmalte de seus dentes foi examinado para se verificar as proporções de estrôncio para chumbo (a fim de revelar sua dieta e suas condições climáticas). O manto de palha, que ele vestia sobre o casaco de pele, foi analisado não apenas para se obter sua idade e procedência, mas também foi estudado pelo método de entrelaçamento (fig. 73b). O metal de seu machado foi examinado e analisado; os sangues nas pontas de suas flechas foram examinados. Os resultados revelaram que a descoberta fortuita era uma verdadeira cápsula do tempo, apresentando informações ricas sobre o homem e seu povo naquela parte do mundo há 5.300 anos. As conclusões e teorias resultantes também foram variadas, diversificadas e até mesmo contraditórias.

Sua idade, originalmente presumida como sendo entre 25 a 35 anos, foi aumentada – por alguns, para no mínimo 45 anos; ele tinha por volta de 1,65 metro e pesava cerca de 65 quilos. Seu esqueleto e DNA eram semelhantes aos daqueles que vivem na região até os dias de hoje. A noção anterior de que ele seria um pastor foi descartada após os exames de DNA nos sangues em sua faca e nas pontas das flechas indicarem que eles vieram de outras pessoas também. Novos exames de raios X revelaram uma ponta de flecha alojada em seu ombro esquerdo; portanto, atualmente se supõe que ele tenha se envolvido em uma luta, que um companheiro estava com ele quando ele deitou ou caiu. Marcas tatuadas – linhas e pontos – foram encontradas em sua pele; elas significavam uma posição, um *status* social ou (como alguns sugerem) um aspecto religioso?

A última sugestão foi reforçada pelo que algumas pessoas consideram ser o objeto mais enigmático na "mochila": um pequeno disco de pedra polida, furado no centro, pelo qual ele era amarrado a uma borla com cordões. Isso era uma peça de joia ou algum tipo de talismã, algo para afastar o "mau-olhado", e, portanto, uma indicação de uma religião primitiva?

Nos vales das colinas na base dos Alpes, onde atualmente se supõe que o Homem do Gelo viveu até sua incursão pelas montanhas, apenas instrumentos mudos de pedra foram encontrados de sua época; não havia nenhuma arte rupestre, nem petróglifos, nem mesmo Mulheres Gordas... Portanto, todas as suposições além dos objetos físicos descobertos são pura especulação.

* * *

Deixamos Bolzano e seu Homem do Gelo com muitas perguntas persistentes. Por que, por exemplo, os sumérios, naquele período, escreviam em tábuas de argila, tinham templos altos, processavam metais em fornalhas, fermentavam cevada para fazer cerveja, usavam vestimentas com tecidos coloridos, enquanto o Homem de Gelo precisava de pederneiras para produzir fogo? Tudo a respeito dele – suas roupas, seus instrumentos, suas armas – indicava uma grande inteligência e a capacidade de utilizar o máximo daquilo que estava disponível; mas o que chamamos de "tecnologia" estava bastante atrasado se comparado aos sumérios do mesmo período. Então, o que explica essa diferença?

Para mim, era uma pergunta como aquela feita em meu primeiro livro, *O 12º Planeta*: por que os aborígenes na Austrália permanecem aborígenes até o dia de sua descoberta nos tempos modernos? "Tudo o que sabemos foram os anunnakis que nos ensinaram", afirmava uma inscrição suméria; a intervenção dos "deuses" anunnakis era novamente a única resposta plausível; foram eles, como declaravam repetidamente os textos antigos, que deram à humanidade suas três primeiras civilizações (da Mesopotâmia, do Egito e do Vale do Indo). Onde eles não intervieram, os homens usavam calçados de palha nos Alpes e saias de palha na África dos povos boxímanes.

Outra pergunta diz respeito à questão da evidência física de quem estava aqui e quem sabia o que no período pré-histórico: será que esse achado singular estaria disponível para o estudo científico se não fosse Spindler ter percebido o machado de "*bronze*"? Essa pergunta foi levantada de forma semelhante em outras circunstâncias. Importantes tábuas de pedra inscritas foram encontradas incrustadas nas paredes de moradias de vila perto de locais antigos no Oriente Próximo, descobertas porque um arqueólogo com olhar treinado percebeu a tábua por acaso. Uma tigela de pedra singular, com marcas que emulavam a escrita cuneiforme dos sumérios, foi usada por um fazendeiro na Bolívia, que a havia encontrado, como uma tina de água para seus porcos, até que alguém qualificado percebeu a escrita. E se estudiosos com um olhar apurado nunca tivessem a chance de se deparar com esses objetos? E se os moradores das vilas não tivessem encontrado uma função para eles e simplesmente os tivessem jogado fora?

Sabemos que o que foi encontrado é uma fração do que existia – perdido por causa da deterioração pela passagem do tempo, pelas calamidades naturais e pelas guerras incessantes. Quanto do que se conservou foi encontrado, quanto foi descartado e quanto do que restou acabou sendo relatado, estudado – e exposto?

8

VISÕES SOBRE A HISTÓRIA

O segundo museu mais importante de antiguidades egípcias, após o do Cairo, não fica nem no Egito nem em uma das grandes capitais do mundo. Ele é o **Museu Egípcio** em Turim – uma cidade industrial no norte da Itália, a qual está longe do circuito de turismo italiano. Quando visitantes vão para Turim, quase nenhum vai para lá por causa de seus artefatos egípcios; eles vão até lá a fim de ver o reverenciado **Sudário de Turim** – a suposta mortalha na qual o corpo de Jesus foi envolvido após ter morrido na cruz. Meu grupo de expedição à Itália foi a Turim para ver as duas coisas.

Turim fica a uma curta distância de trem de nosso local de encontro, Milão – a segunda maior cidade da Itália. Logo que chegamos a Milão, recebemos uma boa notícia: a restauração de uma das pinturas mais famosas do mundo havia sido completada a tempo para o Ano Santo de 2000, e ela poderia ser vista novamente, após ter ficado inacessível por um longo período. Portanto, muitos anos antes de a pintura se tornar o foco do fenômeno de um livro *best-seller*, nós estivemos entre as primeiras pessoas a verem *A Última Ceia*, de **Leonardo da Vinci**, restaurada em uma das igrejas mais antigas de Milão.

Apesar de os objetos nos três locais serem tão diversos e diferentes, tinham muito em comum: eles relacionavam crenças recentes com crenças mais antigas, a.C. com d.C., o Passado com o Presente. Quando vi todos os três quase de uma vez – no decorrer de apenas dois dias –, **surgiram visões de repente, como se um código secreto tivesse sido divulgado, relacionando o Passado com o Futuro.**

* * *

O *Museo Egizio,* em Turim, localizado apropriadamente na rua da Accademia della Scienze, no que é considerado o prédio abobadado mais característico da cidade, tem mais de 30 mil artefatos do Antigo Egito, alguns datando de 3500 a.C. Sua fundação em 1824 foi resultado do interesse crescente da Europa pela "arte egípcia" após a expedição de Napoleão ao Egito, em 1799. Ele levou consigo ao Egito um grande número de cientistas, engenheiros, desenhistas, historiadores, pintores e estudiosos de várias áreas de ensino, em um esforço concentrado para descobrir, reunir e registrar as glórias do Antigo Egito. Os templos, monumentos, estátuas e outros artefatos encontrados foram meticulosamente descritos e representados pictoricamente na série de publicações em muitos volumes conhecida como *Description de l'Égypte* – livros que ainda servem como base da Egiptologia.

Acontece que o cônsul-geral francês no Cairo durante os anos de 1803 a 1820, Bernardino Drovetti, era nativo da região de Piemonte, no norte da Itália, da qual Turim é a capital regional. Um ávido colecionador de artefatos egípcios, ele enviou para Turim tudo o que conseguiu pegar. Sua coleção de mais de 8 mil objetos – grandes estátuas, outras esculturas, estelas, sarcófagos, múmias, amuletos e um tesouro de papiros inscritos – formou a base da coleção do museu e é uma parte importante das peças expostas até os dias de hoje.

O museu ostenta como destaque de suas atrações turísticas a Tumba de Kha, que foi o arquiteto-chefe do faraó Amenhotep II, da 18ª Dinastia. Os arqueólogos italianos, que descobriram a tumba em 1906, desmontaram-na com todas as suas pinturas de paredes e decorações e a reconstruíram, com todo o seu conteúdo, no Museu de Turim; e lá é possível ver o falecido envolto em uma mortalha, seu sarcófago, suas vestimentas e seus enfeites, assim como quando ele foi sepultado 3.500 anos antes. Outro achado em exibição é de fato datado de 3500 a.C.; é um pedaço de pano único que contém pinturas de barcos e de cenas de caça. Há também um templo reconstruído da Núbia. O conjunto de estátuas é grandioso. Mas foi um papiro desgastado, parte da coleção original de Drovetti, que se tornou o centro da minha atenção.

Quando Drovetti estava enviando a "arte egípcia" para Turim, a escrita egípcia antiga – hieroglífica – ainda não tinha sido decifrada. Foi um dos oficiais de Napoleão que encontrou, em uma vila chamada Roseta, uma tábua de pedra na qual um decreto do rei Ptolomeu V foi inscrito em três línguas – escrita hieroglífica antiga, egípcio demótico tardio e grego; foi essa **Pedra de Roseta** (fig. 74, agora no Museu Britânico) que permitiu que um jovem linguista francês, Jean-François Champollion, decifrasse os hieróglifos egípcios em 1822. Após o Museu de Turim ser

Figura 74

fundado, dois anos depois, Champollion foi convidado para examinar sua coleção de objetos inscritos; foi ele quem reconheceu primeiro a imensa importância do papiro, que desde então ficou conhecido como ***Lista de Reis de Turim***.

Os estudantes de história egípcia – e os leitores de meus livros – estão familiarizados com o nome *Mâneton*. Ele foi um sacerdote egípcio do século III a.C. contratado por Ptolomeu I (o primeiro soberano grego do Egito após a morte de Alexandre, o Grande) para escrever, em grego, a história completa do Egito. A obra resultante, que listou os faraós por dinastias, afirmou que antes dos reis humanos o Egito foi governado por semideuses; e, antes deles, sete deuses – começando pelo deus ***Ptah*** – reinaram na região por 12.300 anos.

Com o tempo, os arqueólogos modernos descobriram listas de reis egípcios que corroboram a lista de Mâneton. Uma, do século XIV a.C., está descrita nas paredes do ***templo de Seti I***, em Abidos (fig. 75); ela apresenta esse rei da 19º Dinastia com o filho dele, o futuro famoso Ramsés II, diante dos nomes inscritos dos faraós dinásticos que reinaram antes deles. Outra, conhecida como a **Pedra de Palermo** por estar no Museu de Palermo, na Ilha da Sicília, começa a lista com os deuses que reinaram antes dos semideuses e dos reis humanos. Embora o que ainda existe seja um fragmento de uma estela maior (e até mesmo o fragmento foi danificado, sendo usado como soleira de porta de um camponês antes que sua importância fosse percebida), é certo que a lista corresponde exatamente à de Mâneton desde o início divino até o fim da Quinta Dinastia – que data esse documento em pedra em cerca de 2400 a.C. E então existe o Papiro de Turim, que também começa com a lista divina – iniciando com o deus **Ptah**, seguido pelos outros deuses, depois pelos semideuses, e depois pelos faraós. É datado de cerca de 1250 a.C.

Portanto, não há dúvida de que aquilo que Mâneton escreveu sobre Ptah e os outros soberanos divinos das Terras do Nilo era baseado em uma documentação canônica anterior no Egito – tradições de milênios que corroboram minhas declarações (ver especialmente *As Guerras dos Deuses e dos Homens*) de que os deuses do Egito e da Mesopotâmia eram os próprios anunnakis: **Ptah** no Egito era o mesmo deus chamado de **Enki** pelos sumérios; seu primeiro filho, **Marduk** na Mesopotâmia, era **Rá** no Egito; seu outro filho, **Ningishzidda**, era o deus **Thoth** no Egito, e assim por diante. *Nas duas civilizações, acreditava-se que Ptah era quem tinha dado forma aos homens por meio da engenharia genética.* Conforme escrevi em meus livros, era ele quem tinha sugerido aos outros líderes anunnakis aquilo que a Bíblia afirma: "Façamos o homem à nossa imagem e semelhança" (Gênesis 1:26).

Portanto, imagine meu contentamento quando ficamos diante de uma bela estátua de um Ptah barbado – incomum no sentido de que a superfície de pedra tem um brilho metálico, dando ao cetro do deus um tom dourado (prancha 26) –, com seu nome hieroglífico notavelmente entalhado nela, parecendo um fio entrelaçado (fig. 76). Ele é, como expliquei para meu grupo, uma estilização do símbolo mais elaborado das *Serpentes Entrelaçadas*, o que, por sua vez, representava (agora sabemos) a *dupla hélice do DNA* – o emblema da Medicina e da cura nos dias de hoje. Segurando em suas mãos o sinal *Ankh* de Vida, a estátua representava Ptah/Enki como o deus da engenharia genética.

As descobertas egípcias, os textos e descrições mesopotâmicos e as histórias de *Gênesis*, na Bíblia, estavam se juntando.

Prancha 1. A Grande Pirâmide

Prancha 2. A Esfinge com as duas pirâmides ao fundo

Prancha 3. O Nicho limpo na Câmara da Rainha da Grande Pirâmide, mostrando também a abertura do poço ao sul

Prancha 4. A abertura do Nicho coberta com uma estrutura de grade metálica

Prancha 5. A abertura do Nicho diferente, em fevereiro de 1995

Prancha 6. A abertura do Nicho: proteção retirada, visão de dentro

Prancha 8. Cogswell surgindo da passagem

Prancha 7. A lanterna de Cogswell iluminada na parte de dentro
da passagem secreta

Prancha 9. Fotografia da parte de dentro da passagem, visão de trás, na direção da entrada

Prancha 10. Fotografia tirada perto da entrada para a câmara secreta (observe a pedra do lintel escurecida)

Prancha 12. A parte de cima da câmara e seu teto escurecido

Prancha 11. Visão do interior da câmara secreta

Prancha 13. As paredes da câmara e algumas das pedras do teto

Prancha 14. A alvenaria do túnel, ao se aproximar da saída

Prancha 15. A máscara de ouro de Tutancâmon

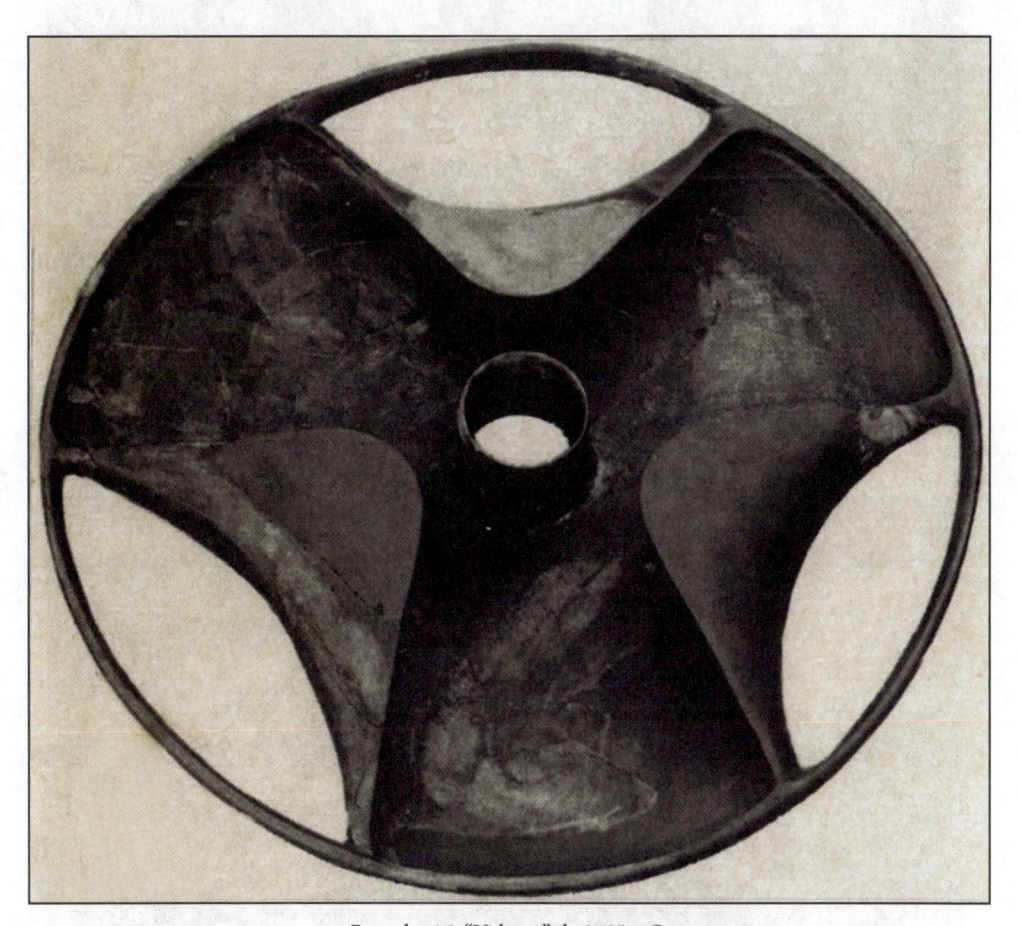

Prancha 16. "Volante" de 3100 a.C.

Prancha 17. O grupo da Expedição das Crônicas da Terra em Stonehenge

Prancha 18. Ggantija, o maior templo da Ilha de Gozo

Prancha 19. Vista do templo de Hagar Qim, em Malta

Prancha 20. O grupo da Expedição das Crônicas da Terra parecendo pequeno em comparação às rochas de Hagar Qim

Prancha 21. O templo de Tarxien

Prancha 22. Foto tirada pelo grupo de expedição dos raios do Sol no marcador de pedra no templo de Mnajdra, mais ao sul, no Solstício de Verão

Prancha 23. Sulcos em Malta

Prancha 24. Sulcos em Malta em "Clapham Junction"

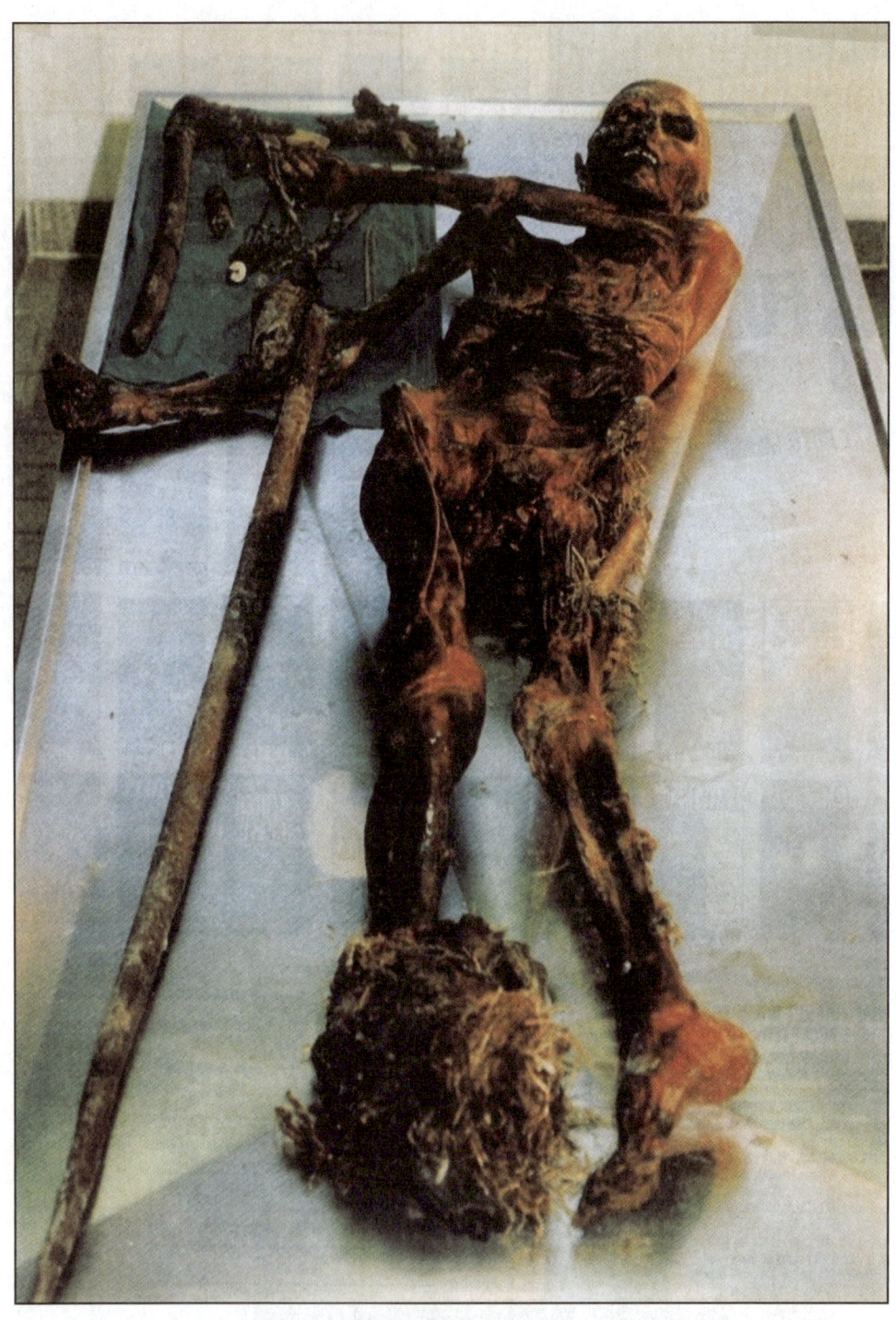

Prancha 25. O Homem do Gelo dos Alpes, no Museu de Arqueologia do Tirol do Sul, em Bolzano, Itália

Prancha 26. Estátua de Ptah

Prancha 27. O Sudário de Turim exposto

Prancha 28. *A Última Ceia*, de Leonardo da Vinci

Prancha 29. O autor com o monsenhor Balducci

Prancha 30. *A Criação de Adão*, Capela Sistina

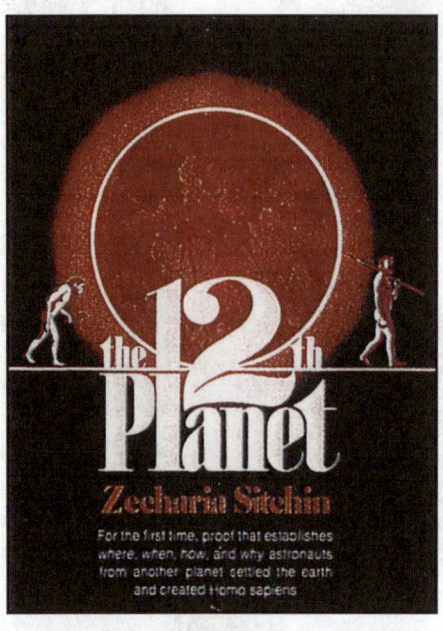

Prancha 31. A capa original de *O 12º Planeta* 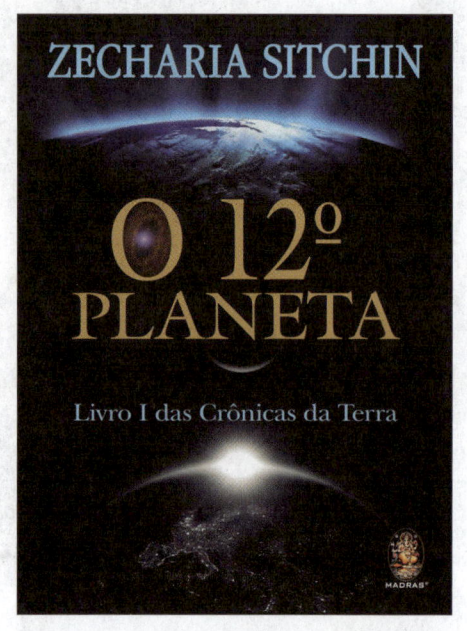   Capa da obra publicada pela Madras Editora

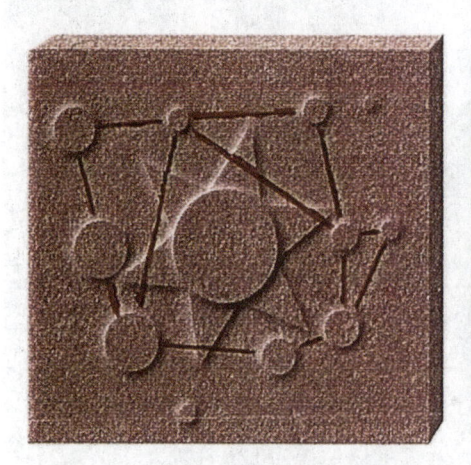

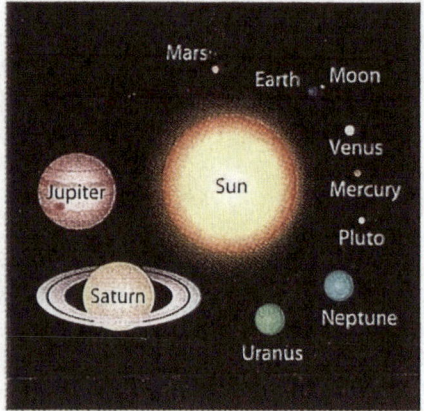

Prancha 32. As duas ilustrações da parte complementar do artigo da *Sky & Telescope*

Prancha 33. A parte principal da Máquina de Anticítera

Prancha 34. Ruínas dos muros de proteção medievais de Harã

Prancha 35. O poço de Jacó, em Harã

Prancha 36. As ruínas do templo, em Harã

Prancha 37. O autor com a estela de Nabuna'id

Prancha 38. O "Candelabro" entalhado em uma encosta de montanha na Baía de Paracas, na costa do Peru, a noroeste de Tiahuanacu

Prancha 39. Vista de Puma Punku

Prancha 40. Pedras precisamente talhadas, em Puma Punku

Prancha 41. Ranhuras de pregos de ouro para as paredes com placas de ouro, Puma Punku

Prancha 42. Pedras talhadas complexas, em Puma Punku

Prancha 43. Pedras talhadas complexas, em Puma Punku

Prancha 44. As Linhas de Nazca com a figura de um animal

Prancha 45. As Linhas de Nazca com a figura de um animal

Prancha 46. As Linhas de Nazca retas

Prancha 47. Marcas circulares intrigantes nas montanhas, não muito longe das Linhas de Nazca, no Peru

Prancha 48. Marcas circulares intrigantes nas montanhas, não muito longe das Linhas de Nazca

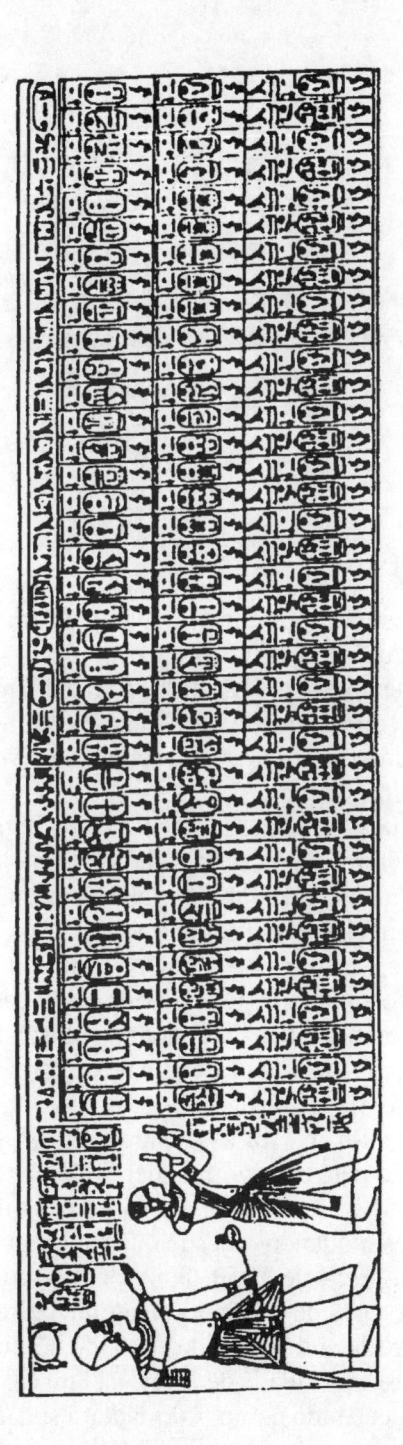

Figura 75

"Ptah"

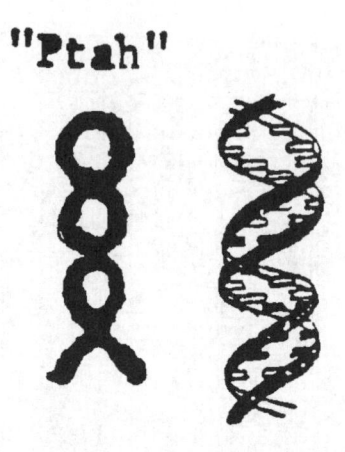

Figura 76

* * *

Para milhões de pessoas ao redor do mundo, Turim é conhecida como o lar do **Sudário de Turim** – um pedaço de pano, com cerca de 4,30 metros de comprimento e menos de 1,20 metro de largura, supostamente o sudário no qual (como relatado no Evangelho de Marcos 15:44-46) o corpo de Jesus foi envolto após ter sido retirado da cruz e carregado para uma tumba talhada nas rochas.

Quando o pedaço de pano de linho é estendido, parece conservar marcas como as de um corpo crucificado, de frente e de costas, de um homem com suas mãos dadas abaixo. No local onde, de acordo com a descrição do evangelho da crucificação de Jesus, suas mãos e seus pés foram pregados à cruz pelos soldados romanos, feridas sangrando parecem ter deixado sua marca no sudário. A imagem é percebida melhor quando vista como um negativo, quando mostra um homem grande com barba e bigode, de meia-idade, como nessa fotografia da imagem da frente do sudário em negativo (fig. 77).

O "Sudário de Turim" foi associado a Turim somente em 1578, quando foi adquirido pelo duque Emanuel Filiberto, da Casa de Saboia, e levado para a cidade. Antes disso, era na França que ele era guardado – e exposto de vez em quando – desde que foi levado, supostamente da Ilha de Chipre, em cerca de 1350. Foi mencionado pela primeira vez na escrita em uma carta de 1389 do bispo de Troyes para o papa, reclamando que um pedaço de linho de cerca de 4,3 metros estava sendo exposto em uma igreja na cidade de Lirey, na França, e, "embora ele não seja publicamente declarado como o verdadeiro sudário de Cristo, isso é

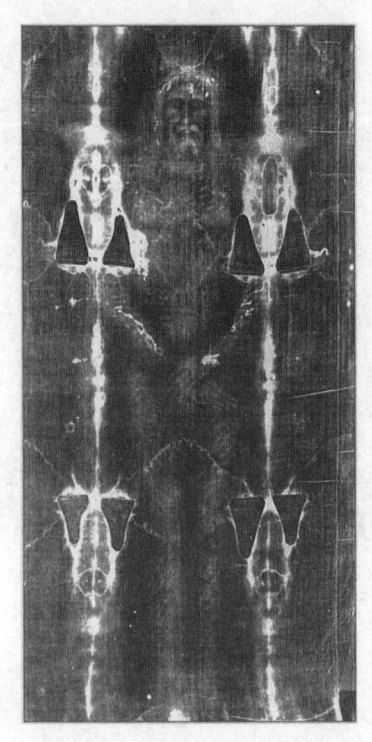

Figura 77

divulgado e revelado em particular". Além disso, o bispo relatou ao papa que seu antecessor tinha certificado que "a imagem é pintada com perspicácia... uma obra da habilidade humana, e não elaborada ou concedida milagrosamente".

Portanto, a primeira menção ao sudário registrada estava cercada de dúvida quanto à sua autenticidade – um fardo que acompanha o sudário até os dias de hoje. Mas, apesar da declaração do bispo de que o sudário não era uma relíquia da época de Jesus, o sudário atraiu multidões de fiéis, e freiras locais atribuíram a ele poderes de cura milagrosos. Em 1578, a Casa Real de Saboia adquiriu o sudário, levou-o para Turim, colocou-o em uma capela especial e contratou pintores famosos para retratar o sudário no estilo da arte religiosa; uma pintura (fig. 78) mostra até mesmo o sudário sendo restaurado.

Até a invenção da fotografia, as pinturas serviram como um recurso visual poderoso para propagar o sudário e lhe conferir uma santidade religiosa. A primeira fotografia da relíquia foi tirada em 1898, e o fato de seu negativo ser mais evidente que seu positivo deu origem a insinuações de que a imagem no sudário seria em si um tipo de impressão

Figura 78

negativa milagrosamente aplicada no pano. Como tanto a veneração quanto as dúvidas continuaram, a Igreja permitiu, em 1978, algumas análises científicas do sudário; foi informado que elas confirmaram sua autenticidade. Uma década depois, foi permitido que se cortasse um pedaço do pano, do tamanho de um selo, para ser feita uma datação por carbono; ele foi datado de "1260 a 1390 d.C.". O resultado desapontador foi devidamente contestado; e em 1993 uma nova análise indicou que bactérias, mofo ou um incêndio em 1532 afetaram o resultado da datação por carbono em cerca de 1.300 anos – retrocedendo a idade do pano para a época de Jesus. Outros diversos testes e análises que seguiram continuaram resultando em datas para a frente e para trás no tempo – e a controvérsia continua...

A relíquia está guardada, envolta em um relicário de prata, na Capela do Santo Sudário da Catedral de São João Batista e é estendida para ser exposta somente em ocasiões especiais; o Ano Santo de 2000 foi um desses raros momentos – e fomos vê-la durante nosso dia em Turim. Entrando na capela levemente iluminada e chegando à parte abobadada da catedral, o relicário podia ser visto em um imponente altar de mármore; sobre ele, o próprio sudário, emoldurado e protegido por lâminas de vidro, podia ser visto completamente desenrolado (prancha 27). A imagem, em uma cor amarelo-amarronzada desbotada, era exatamente como a tínhamos visto em fotografias, *e parecia autêntica*. Mas, se ela realmente era, tornou-se duplamente duvidoso: primeiro por causa da controvérsia existente, e segundo porque, para nossa consternação, ouvimos posteriormente que o que vimos exposto era uma réplica e não o original – o original seria exposto somente mais tarde naquele ano...

Então, o pedaço de pano teria 2 mil anos? Ele é uma mortalha? A imagem é uma marca de um homem crucificado ou apenas uma pintura feita com perspicácia? E se as respostas forem Sim, Sim, Sim, essa é a mortalha *de Jesus*? Ninguém pode afirmar com certeza. O Vaticano, com determinação, não confirmou nem negou a autenticidade da relíquia. O papa João Paulo II, que foi para Turim (alguns meses depois de nós) como parte das cerimônias do Ano Santo e conseguiu ver o sudário original, falou sobre seu significado *espiritual*: uma afirmação de Jesus como o Cristo.

Para mim, o Sudário de Turim era um passo para o caminho do mistério da Última Ceia.

* * *

Antes de partirmos de Milão, fomos ver a obra-prima de Leonardo da Vinci – *A Última Ceia*.

Ela é um mural que ele pintou, em 1495-1498, para seu patrão, o duque Ludovico Sforza, em uma parede no convento da igreja Santa Maria delle Grazie, em Milão, que agora é um Patrimônio Mundial da UNESCO. A igreja foi danificada durante a Segunda Guerra Mundial em um ataque aéreo dos Aliados a Milão em 1943, mas o mural permaneceu intacto – um milagre que aumentou sua fama e importância. A pintura passou por muitas restaurações, começando em 1726; a última restauração, com o objetivo de retirar sujeiras e outras poluições e de estabilizar a pintura contra descamação e deterioração, utilizou métodos científicos avançados para determinar elementos da pintura original; portanto, alguns consideram que ela resultou em uma versão mais autêntica – enquanto outros especialistas não ficaram contentes com as cores mais brilhantes e fortes, preferindo a versão mais antiga como tendo uma sensação mais autêntica. Esse demorado trabalho de restauração durou de 1978 a 1999; foi finalizado a tempo para o Ano Santo de 2000 – e nós estivemos, conforme mencionado anteriormente, entre as primeiras pessoas a verem a pintura restaurada naquele ano (fig. 79).

Com 4,5 metros de comprimento, a pintura (prancha 28, após a restauração) retrata Jesus e seus 12 discípulos em sua "última ceia" antes de ele ser preso e crucificado, conforme é contado no Novo Testamento. Eles estão sentados em uma mesa longa, na qual pratos de comida e pães redondos podem ser vistos. Jesus está no centro, flanqueado pelos seus discípulos em grupos de três, seis de cada lado do seu Mestre. Cada pessoa representada, começando por Jesus, é um retrato magistral pintado por Da Vinci para expressar personalidade, emoção, intenção. O rosto, o gesto, as vestimentas, o que cada um segura ou aponta, criam uma cena vívida e realista, como se fosse uma fotografia; e, de fato, desde o início até a notoriedade mais recente da pintura, ela tem sido tratada como se fosse isso – uma "fotografia", se não real, então certamente em sua interpretação aprovada pela Igreja dos acontecimentos daquela noite de acordo com o Novo Testamento.

Os especialistas identificaram os 12 discípulos pelos seus nomes no Novo Testamento, começando com Bartolomeu, Tiago Menor e André à extrema direita de Jesus, e Mateus, Judas e Simão à sua extrema esquerda. Judas Iscariotes (quarto a partir da esquerda), acusado de trair Jesus, aparece vestindo verde e azul, as cores da traição de acordo com os especialistas.

A qualidade fotográfica da obra-prima de Da Vinci parece ter captado o grupo em um momento de grande agitação. Interpretadores da pintura sugeriram que era o momento, descrito em João, capítulo 13, em que Jesus anunciou a seus discípulos que um deles o iria trair; mas isso aconteceu após a refeição ter acabado e Jesus, tendo tirado suas vestimentas, ter lavado os pés dos discípulos. Havia algo mais – durante a refeição – que agitou o grupo.

Não foi possível discutir esses pontos diante da pintura, já que os 20 minutos de visita destinados ao grupo tinham acabado. De volta ao hotel, na última sessão informativa do grupo antes de partirmos de Milão, indiquei que, em dois dias, tínhamos percorrido 5 mil anos de história. Mas a discussão ficou centrada nas "peças expostas sobre Jesus" – o Sudário, a pintura de Da Vinci. Os membros do grupo expressaram suas reações a respeito do que havíamos visitado, do que havíamos visto. O discípulo à direita de Jesus parecia despertar a maior curiosidade; uma pessoa se lembrou de um livro que sugeria que ele era uma mulher, Maria Madalena. Outros imaginavam por qual motivo os discípulos estavam agitados.

Eu disse que, na minha opinião, não se trata tanto do que a pintura mostra, mas sim *do que ela não mostra*. Acrescentei que, para

Figura 79

compreender minha perplexidade, é necessário perceber que a "Última Ceia" que Jesus e seus discípulos estavam tendo era um tradicional e ritualmente prescrito *Seder* judaico – a refeição da noite do *Pessach* (a Páscoa judaica), o feriado que comemora o Êxodo dos israelitas do Egito.

Uma função importante na refeição do *Seder* do *Pessach* é desempenhada pelo *Profeta Elias*, que foi levado por um redemoinho para estar com Deus e que iria reaparecer, na época do *Pessach*, como o Arauto do Messias. O costume requer que uma taça especial, um cálice cheio de vinho, seja colocada na mesa para Elias, e um hino é cantado pedindo para ele aparecer, sorver de sua taça e anunciar a era messiânica. Eu disse que esse costume era seguido por Jesus, para quem a aparição do Arauto era essencial; ele levantou a taça de vinho e fez a bênção, de acordo com o Novo Testamento; **no entanto, na pintura não há nenhuma taça, nenhum cálice onde Jesus está sentado**. Por quê?

Esse é o mistério do Santo Graal?

Anos depois, quando estava escrevendo *Fim dos Tempos*, percebi que eu havia de fato encontrado a resposta nessa pintura de *A Última Ceia*.

9

Encontros no Vaticano

É possível visitar a Itália, o destino da Expedição das Crônicas da Terra do ano 2000, inúmeras vezes sem esgotar os locais de interesse desse país; o Vaticano, em Roma, é justamente mais um deles. As costumeiras Notas Informativas preparadas por mim para essa expedição começaram com um mapa da Itália, no qual circulei cinco destinos (fig. 80); com exceção de Bolzano e seu Homem do Gelo, todas elas tinham relação – de uma maneira ou de outra – com o Vaticano, o coração e a mente da Igreja Católica e seu 1,5 bilhão de seguidores ao redor do mundo.

Existiam razões específicas para irmos a cada um dos lugares marcados; mas, implícita nisso tudo, estava a curiosidade que se originava de rumores persistentes de que "O Vaticano" – como um depositário do conhecimento oculto e de artefatos secretos reunidos ao longo dos milênios – *sabe mais do que ele divulga a respeito do que existiu e do que existirá; de que ele até mesmo sabe a respeito dos "meus" anunnakis e do planeta deles, o Nibiru*. E descobrir o máximo possível sobre isso era um propósito pessoal adicional dessa viagem.

Na verdade, a razão genuína para ir à Itália naquele momento específico estava diretamente relacionada ao Vaticano: ter um encontro e um diálogo público com um de seus porta-vozes *sobre o assunto dos extraterrestres*.

Naquela época, já tinham se passado dois ou três anos desde que fiquei sabendo que um certo membro da hierarquia do Vaticano – nada menos que um monsenhor –, que estava falando sobre o assunto dos óvnis e dos extraterrestres na televisão italiana e em entrevistas para a imprensa, havia mencionado os meus livros.

O leitor deve ficar sabendo que essa não foi a primeira vez que minhas obras foram notadas pelos clérigos cristãos. Em 1978, dois anos

Figura 80

após a publicação de *O 12º Planeta*, participei de uma entrevista em um programa de rádio cristão em Chicago com um pastor presbiteriano, o reverendo Jack Jennings, do Christus Collegium, em Montana, que tinha isto a dizer sobre o meu livro: "*A possibilidade de que a humanidade não seja a única vida inteligente no universo e de que os astronautas do espaço sideral pudessem estar envolvidos na origem e no desenvolvimento da humanidade é sustentada com evidências suficientes para merecer uma séria consideração*". Muitos anos depois, descobri que um padre católico, o padre Charles Moore, na Califórnia, estava mencionando citações de meus livros em seu programa de rádio semanal; posteriormente, aparecemos juntos na televisão e ele foi um dos palestrantes do seminário "Sitchin Studies", Day, em 1996, em Denver. Outros clérigos estiveram presentes e se manifestaram em meus vários seminários.

Mas agora o clérigo que se manifestou era de um calibre diferente... Seu nome era Corrado Balducci, um teólogo respeitado com uma posição alta na hierarquia do Vaticano, membro da Cúria da Igreja Católica Romana, prelado da Congregação para a Evangelização dos Povos e a Propagação da Fé, membro do Comitê de Beatificação do Vaticano que reconhece os santos, autor de diversos livros. Disseram-me que ele tinha realmente sido designado pelo Vaticano para falar sobre os assuntos dos óvnis e extraterrestres; e as pessoas na Itália queriam saber se eu tinha planos de ir para lá e encontrá-lo.

Em uma ocasião, foi planejado que eu fizesse uma palestra em uma conferência na Sardenha, na qual ele também iria palestrar; mas ele cancelou sua participação no último minuto, e nosso encontro não aconteceu. Então, no começo do ano 2000, os organizadores de uma conferência internacional intitulada *Il Mistero dell'Esistenza Umana* me convidaram para ir à Itália em março, prometendo que o monsenhor também estaria lá, e pronto para ter um diálogo comigo – um diálogo *público*.

E foi assim que, em 31 de março de 2000, uma sexta-feira, eu, minha esposa e 20 dos meus fãs norte-americanos pegamos o trem em Bolzano e chegamos a Rimini, uma cidade turística no Mar Adriático, para a conferência *Mistério da Existência Humana*. O local era o enorme Centro Congressi Europeo na vizinha cidade de Bellaria; minha palestra estava programada para o dia seguinte, a do monsenhor seria no domingo de manhã, e nosso diálogo iria acontecer no domingo à tarde. Porém, no sábado de manhã, Balducci não estava em nenhum lugar...

Fui para o local da conferência certo de que o monsenhor havia desistido de ir de novo; mas, quando cheguei lá e fui levado para a sala dos palestrantes, um padre católico alto, com suas vestes religiosas, recebeu-me com os braços abertos; ele colocou minhas duas mãos entre as suas e disse: "Eu sou o monsenhor Corrado Balducci, e tenho uma grande estima pelos seus estudos; dirigi a noite toda de Roma para ouvir sua palestra!". Foi Amizade à Primeira Vista, comemorada por muitos fotógrafos (prancha 29).

Quando fui levado para o púlpito, fiquei impressionado com o tamanho do público – havia mais de mil pessoas lá. Minha palestra, habilmente traduzida pelo meu editor italiano Tuvia, incluía uma apresentação de *slides* que acrescentava uma dimensão pictórica à evidência textual dos tempos antigos, reforçando minhas conclusões sobre o planeta Nibiru e os anunnakis que vieram dele para a Terra e depois usaram a engenharia genética para dar origem a Adão. Informei que essa é a explicação suméria do mistério da humanidade e de sua civilização; e, ao realizar isso, esses deuses com "d" minúsculo atuaram como mensageiros do Criador Universal – o Deus com "D" maiúsculo.

"Temos muito sobre o que conversar", disse para mim o monsenhor Balducci quando veio em minha direção a fim de me parabenizar por minha apresentação. "Podemos fazer isso na hora do almoço?", sugeri. Nós todos retornamos para o hotel, e o restaurante separou uma mesa para mim, minha esposa e o monsenhor Balducci (fig. 81); o restante do meu grupo se sentou em mesas à nossa volta em um semicírculo. Muitas pessoas de meu grupo, como em um comando subentendido, ligaram seus gravadores: *Não era todo dia que um representante do Vaticano e um descendente de Abraão estavam prestes a debater sobre os extraterrestres e a Criação da Humanidade.*

Apesar de tudo isso, no que certamente foi um começo histórico, nossas conclusões convergiam. Embora diferentes um do outro em relação a origem, criação, religião e metodologia, chegamos a essas conclusões em comum:

- Extraterrestres podem existir e existem em outros planetas.
- Eles podem ser mais avançados do que nós.

Figura 81

- Do ponto de vista material, o homem pode ter sido criado de um ser consciente preexistente.

* * *

Na sessão, que durou horas, o monsenhor Balducci descreveu as posições da Igreja que ele iria declarar em sua palestra no dia seguinte. De tempos em tempos, ele lia partes de seu texto preparado, e depois concordava em me dar uma cópia; portanto, quando suas falas são apresentadas aqui entre aspas, são citações autênticas de seu texto ou da gravação em fita.

Era evidente que, enquanto minha abordagem era baseada na evidência física disponível da Antiguidade, a dele era uma abordagem puramente teológico-filosófica católica romana. Com base na gravação em fita e em seu texto preparado, essas foram as posições expressadas pelo monsenhor Balducci:

Sobre os óvnis: "Deve haver algo nisso". Os centenas e milhares de relatos de testemunhas oculares não deixam espaço para que se possa negar que existe uma dose de verdade nisso, mesmo levando-se em conta as ilusões de óptica, os fenômenos atmosféricos, e assim por diante. Esse testemunho não pode ser desprezado por um teólogo católico: "O testemunho é uma forma de transmitir a verdade; e, no caso da religião cristã, estamos falando sobre uma Revelação Divina na qual o testemunho é fundamental para a credibilidade da nossa fé".

Sobre a vida em outros planetas: "Que possa existir vida em outros planetas, é certamente possível; a Bíblia não descarta essa possibilidade. Com base na escritura e em nosso conhecimento a respeito da onipotência de Deus, Sua sabedoria sendo ilimitada, devemos afirmar que a vida em outros planetas é possível."

Além do mais, isso não é somente possível, como também é aceitável e até provável. "O cardeal Nicolau de Cusa (1401-1464) escreveu que não existe uma única estrela no céu a respeito da qual nós podemos descartar a existência de vida, mesmo se diferente das nossas".

Sobre extraterrestres inteligentes: "Quando eu falo sobre extraterrestres, devemos pensar em seres que são como nós – muito provavelmente seres mais avançados do que nós, no sentido de que sua natureza é uma associação da parte material e da parte espiritual, um corpo e uma alma, embora em proporções diferentes dos seres humanos na Terra." Os Anjos são seres puramente espirituais, desprovidos de corpos, enquanto somos compostos por espírito e matéria e [estamos] ainda em um nível inferior.

"É completamente aceitável que, na enorme distância entre os Anjos e os humanos, seja possível encontrar um estágio intermediário; isto é, seres com um corpo como os nossos, mas mais elevados espiritualmente. Se esses seres inteligentes realmente existem em outros planetas, apenas a ciência será capaz de provar. Apesar do que algumas pessoas pensam, estaríamos em uma posição de reconciliar a existência deles com a Redenção que Cristo nos trouxe."

Essas foram declarações de longo alcance, nas quais vi a base para a sua "reconciliação" com minhas conclusões; mas seus comentários omitiram um ponto importante: a Criação da Humanidade...

"Portanto", perguntei ao monsenhor Balducci, "isso significa que minha apresentação não foi uma grande revelação para você? Nós parecemos concordar que extraterrestres mais avançados podem existir, e eu uso a ciência para evidenciar a vinda deles para a Terra; mas depois cito os textos sumérios que dizem que os *anunnakis* ('Aqueles que do Céu para a Terra vieram') melhoraram geneticamente um ser existente na Terra **para criar o ser inteligente que a Bíblia chama de Adão**. Nós temos um conflito aqui?"

O monsenhor deveria estar preparado para o desafio. "Minha conclusão sobre sua apresentação em geral", ele disse, "é que, mais do que qualquer outra coisa, toda a sua abordagem é baseada na evidência física; ela se preocupa com a matéria, não com o espírito. Essa é uma importante distinção, porque, se essa distinção é feita, posso apresentar a visão de um grande teólogo, o professor e padre Marakoff, que ainda está vivo e que é muito respeitado pela Igreja. Ele formulou a hipótese de que, quando Deus criou o homem e colocou a alma nele, talvez isso não signifique que o homem foi criado do barro ou do pó, mas *de algo preexistente, até mesmo por um ser consciente capaz de sentir e perceber.* **Portanto, a ideia de pegar um pré-homem ou hominídeo e criar alguém que é consciente de si mesmo é algo que o Cristianismo está recuperando.** A chave é a distinção entre o corpo material e a alma concedida por Deus."

Isso, percebi, era importante – mas se esquivava do papel dos anunnakis. "Sim", respondi para o teólogo do Vaticano, "nas minhas obras eu trato da evidência física; mas, logo em meu primeiro livro, *O 12º Planeta*, a última sentença do último parágrafo levanta a questão: se os extraterrestres, os anunnakis, nos 'criaram', quem os criou no planeta deles? A partir disso, meu próprio pensamento e o conteúdo de meus livros seguintes se desenvolveram em relação aos aspectos espirituais ou 'divinos'. Expliquei nos livros que os anunnakis eram apenas mensageiros, que é o que a palavra hebraica *Malachim*, traduzida para 'Anjos', significa. Eles achavam que era decisão deles virem aqui por motivos egocêntricos e nos criar porque eles precisavam de trabalhadores, mas na verdade eles apenas realizaram os planos de um Deus Todo-Poderoso."

"Se esses extraterrestres estavam então envolvidos", o monsenhor Balducci disse, "mesmo por sua própria interpretação eles estariam relacionados com a física, o corpo e a racionalidade do homem; mas Deus em si estava relacionado com a alma!"

"Bem", eu disse, "meu segundo livro, que trata das aspirações do homem em ascender ao céu, é intitulado *O Caminho para o Céu*; para mim, parece que você e eu estamos ascendendo ao mesmo caminho para o céu, mas dando passos diferentes: eu busco a evidência física, você busca a alma!" "Nós podemos concordar com essa divisão de trabalho", o monsenhor respondeu.

Já estava no fim da tarde; concordamos em continuar no dia seguinte, na frente do público. Porém, no dia seguinte a programação ficou desordenada, com palestrantes falando por muito mais tempo do que lhes foi designado, com conversas exaltadas e protestos do público. O diálogo programado foi perdido em meio à comoção.

Quando o monsenhor e eu nos despedimos, partimos como amigos, prometendo manter contato e continuar. Por um tempo fizemos isso, até mesmo considerando a possibilidade de escrevermos um livro juntos; mas depois os contatos diminuíram. Pelo que sei, o monsenhor Balducci continuou a se expressar e declarar a posição do Vaticano sobre os extraterrestres: **Eles podem existir e existem.**

* * *

O fato de a abordagem analítica do monsenhor Balducci ser uma metodologia católica tradicional – de desenvolver suas conclusões sobre o fundamento das antigas opiniões teológicas da Igreja – tornou-se evidente quando meu grupo chegou a Roma e fomos para o Vaticano – com o grupo, fomos às diversas partes acessíveis ao público, e eu também fui à sagrada Biblioteca do Vaticano para ter um encontro em particular com seu diretor.

Roma sempre evocou, para mim, uma sensação de que existe algo mais além das origens da cidade que a relaciona às terras antigas – além, *e antes*, dos capítulos conhecidos sobre as Guerras Púnicas com os fenícios de Cartago (no século II a.C.), a conquista do Oriente Próximo e do Egito no século I a.C. e os acontecimentos posteriores decisivos na Judeia e em Jerusalém que estão situados na base do Cristianismo.

Nomes, números e narrativas associados a Roma e à história romana atormentavam minha percepção das conexões históricas: de acordo com o historiador romano Virgílio, os primeiros colonizadores de Roma eram refugiados de *Troia* – ou seja, habitantes da Ásia Menor. *Doze* de seus reis reinaram lá por três séculos. O último desses reis, temendo os gêmeos Rômulo e Remo (filhos nascidos de uma filha de um rei assassinado), ordenou que as crianças fossem jogadas ao rio para morrer – uma lenda que ecoa a história suméria de *Sargão da Acádia* e a história bíblica do faraó e de *Moisés*. Quando eles cresceram (amamentados por uma loba), Rômulo matou Remo (a história de *Caim e Abel*) e, guiado por um presságio divino, arou a terra em volta do Monte Palatino e lá fundou o povoado que foi nomeado em sua homenagem, "Roma" – uma cidade

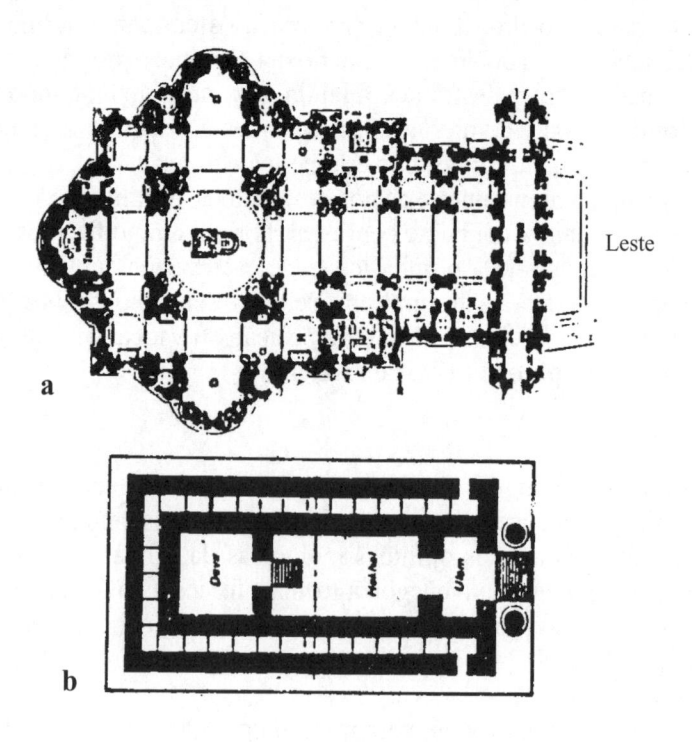

Figura 82

construída sobre *sete* colinas. Tanto o sete quanto o 12 foram números importantes na Suméria e na Bíblia.

E então temos o próprio Vaticano, com suas conexões com os *12* apóstolos; com a Basílica de São Pedro construída, conforme o antigo tempo de Salomão em Jerusalém, como um templo equinocial direcionado precisamente para o leste (fig. 82a, b); com um obelisco *egípcio* no centro da redonda Praça de São Pedro, demarcada para indicar as *12* casas do *Zodíaco*. As conexões com o passado antigo, do outro lado do Mar Mediterrâneo, estão por todo o lugar.

Os historiadores falam sobre a organização social no antigo Oriente Próximo como a das "cidades-estados". Atualmente, o Vaticano é esse tipo de entidade: é um Estado dentro de um Estado (Itália) e uma cidade dentro de uma cidade (Roma), cercado por seu próprio muro de proteção (fig. 83), um *status* obtido por meio de um tratado assinado em 1929. As pessoas não percebem isso quando os ônibus de turismo as deixam na Praça de São Pedro e elas se aglomeram, livremente, em direção à Basílica de São Pedro. Mas chegue até a entrada que leva para o Palácio Apostólico (como eu e minha esposa fizemos para alcançar a Biblioteca), e você será submetido ao Controle de Passaporte exatamente como quando chega a uma fronteira internacional...

* * *

Os Museus do Vaticano, cuja entrada pública é acessada por uma rua lateral, consistem em uma série de galerias alojadas em várias seções de edifícios que também servem como palácios papais – residências e escritórios administrativos; a figura 84 lista as principais coleções e mostra suas localizações.

A grande quantidade, variedade e profusão das peças expostas nos museus demandam no mínimo muitos dias para ser completamente vistas, apreciadas e compreendidas. Tivemos de pular uma boa parte e fomos apenas para o *Museu Egípcio* – que também inclui alguns objetos da Mesopotâmia –, passamos um tempo no *Museu Etrusco* – os misteriosos italianos pré-romanos cuja escrita emula o antigo alfabeto hebraico – e, passando pela *Pinacoteca* – uma galeria de pinturas e tapeçarias do século XI ao XIX –, caminhamos até a inigualável **Capela Sistina**.

A Capela Sistina, construída entre 1475 e 1481 e parte do Palácio Apostólico, serviu originalmente como capela para orações do papa e é onde o Sagrado Colégio Cardinalício fica isolado para ponderar e eleger um novo papa. Desde o princípio, foi construída e decorada para evocar Jerusalém e o Antigo Testamento. Com formato retangular, a capela mede 40,93 metros de comprimento e 13,41 metros de largura – duplicando, conforme foi afirmado, a medida exata do Templo de Salomão em Jerusalém. As paredes e o teto da capela são cobertos com afrescos de temas religiosos pintados pelos maiores pintores renascentistas do fim do século XV e início do século XVI. Enquanto os afrescos das paredes são devotados a cenas da vida de Moisés e de Jesus, os mais famosos são aqueles no teto arqueado feitos por *Michelangelo*, que retratam cenas do livro bíblico de *Gênesis*.

Nós tivemos sorte, pois essa famosa capela esteve fechada por muito tempo para a restauração de seus afrescos conhecidos mundialmente, e foi reaberta para a entrada do público pelo papa João Paulo II, a tempo para o Ano do Milênio 2000, alguns meses antes de nossa expedição para a Itália. Portanto, pudemos entrar e ver as famosas pinturas em suas cores originais restauradas.

Figura 83

Os Museus do Vaticano

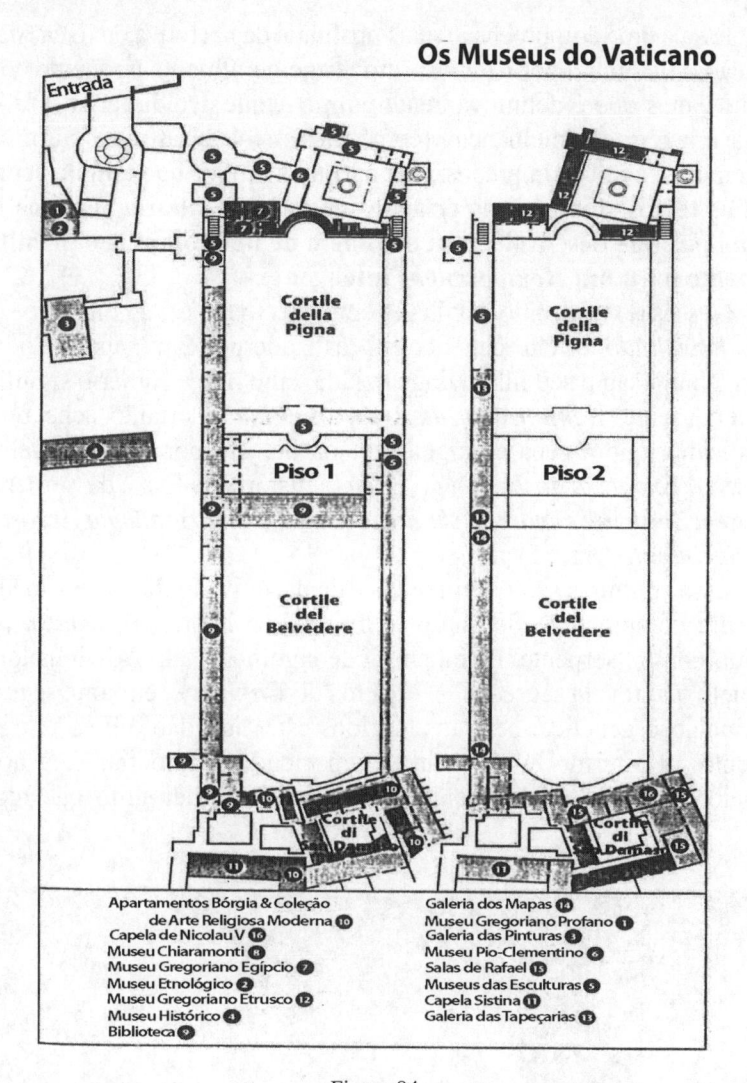

Figura 84

Os afrescos mais famosos, copiados e reveladores são as cenas de *Gênesis* feitas por Michelangelo – incluindo o majestoso afresco *A Criação de Adão* (prancha 30). Pintado por ele para ficar localizado precisamente acima do altar, **retrata o Criador – Deus – em uma aparência completamente antropomórfica**, esticando sua mão direita para conceder, **ao habitante já existente da Terra** (que é o que "*Adão*" significa literalmente em hebraico), o elemento divino que diferencia o *Homo sapiens* de outras criaturas (incluindo os hominídeos anteriores).

Essa é uma compreensão mais profunda da narrativa em *Gênesis* da Criação do Homem por *Elohim* – um termo geralmente traduzido como "Deus", mas que é definitivamente *plural* –, que decidiu criar Adão "à nossa imagem e semelhança" (como *Gênesis* 1:26 afirma). Surpreendentemente, é uma compreensão da narrativa bíblica que **está de acordo com os textos sumérios da criação sobre a engenharia genética dos *anunnakis* que desenvolveram o homem de um hominídeo primitivo existente para um *Homo sapiens* inteligente**.

Nesses textos, como detalhado em meus livros *O 12º Planeta* e *Gênesis Revisitado*, o feito genético foi realizado por Enki, auxiliado pela deusa Ninharsag e seu filho Ningishzidda, cujo nome sumério significava literalmente ***"Senhor/deus da Árvore da Vida"***. Portanto, achei muito significante que a cena contígua pintada no teto por Michelangelo, o afresco *A Expulsão do Jardim do Éden* (a história de Eva e da Serpente), ***retrate a Serpente como um ser antropomórfico surgindo da Árvore do Conhecimento*** (fig. 85).

Essas pinturas são interpretações da narrativa bíblica que vão além da mera compreensão de que o termo bíblico hebraico *Nachash* (traduzido como "serpente") também pode significar "um Adivinhador" e "Aquele que revela segredos" – epítetos de ***Enki***, que, em uma segunda manipulação genética, deu, aos híbridos estéreis Adão e Eva, "Conhecimento" – o termo bíblico para a capacidade de procriar. Seu nome egípcio, ***Ptah***, foi precisamente escrito com um hieróglifo que repre-

Figura 85

senta Serpentes Entrelaçadas – a dupla hélice do DNA, conforme vimos anteriormente no Museu de Turim (ver fig. 76, página 130).

Tudo isso não ecoa do dogma vinculado à Bíblia, mas sim das fontes sumérias antigas!

Diferentemente das pinturas na Pinacoteca, que podem ser trocadas, penduradas em um lugar ou outro ou ser todas retiradas, esses afrescos (murais pintados diretamente em argamassa fresca) são pinturas permanentes. De maneira nenhuma os papas daqueles tempos teriam permitido pinturas que não estivessem de acordo com a teologia da Igreja; portanto, elas representavam as doutrinas oficiais do Vaticano em relação a esses temas. O fato de as percepções profundas expressadas nesses afrescos se estenderem por todo o caminho de volta às *fontes* – as fontes sumérias – da Bíblia Hebraica é realmente impressionante; isso também pode explicar por que o monsenhor Balducci baseava suas declarações nas palavras de um cardeal do século XV – a mesma época das pinturas da Capela Sistina.

Conforme descobri em meus Encontros no Vaticano, existem outras "coincidências" de épocas que são surpreendentes.

* * *

Foi por causa das incríveis "percepções sumérias" na Capela Sistina (a qual eu já havia visitado duas vezes antes) que pedi a meu editor italiano que usasse seus contatos pessoais para que eu conseguisse entrar na Biblioteca do Vaticano. Era parte do meu esforço – crédulo como era – conseguir vislumbrar algo, qualquer coisa que fosse possível, sobre o que se dizia em rumores persistentes serem os vastos tesouros secretos no Vaticano – não apenas tesouros no sentido de joias em ouro e prata, mas uma riqueza de artefatos e documentos de valor arqueológico, histórico e até mesmo pré-histórico.

Por dois milênios, generais e imperadores romanos, emissários da Igreja, patronos poderosos que prestaram homenagem e gerações de peregrinos levaram para o Vaticano preciosas obras de arte, artefatos raros e coleções de livros e manuscritos do mundo todo – incluindo das terras antigas. Alguns eram presentes, outros eram espólios – com muita frequência retirados de locais sagrados e templos de outros povos, como o candelabro sagrado e outros objetos rituais do Templo de Jerusalém (que estão retratados no Arco de Tito, fig. 86).

Onde estão todas essas relíquias e documentos inestimáveis? Apesar de alguns estarem expostos nas áreas públicas e privadas do Vaticano, onde está o restante deles? A Biblioteca e os Museus do Vaticano são parte

Figura 86

da resposta; mas a maior quantidade acabou guardada nos porões, nas câmaras subterrâneas e nos corredores abaixo dos prédios do Vaticano; e alguns desses objetos e documentos – segundo os rumores persistentes – atestam os segredos mais explosivos...

Será que eles poderiam incluir segredos em relação aos extraterrestres sobre os quais o monsenhor Balducci – e as autoridades anteriores que ele citou – falou, e sobre os anunnakis e o planeta deles, sobre os quais escrevi?

A Biblioteca Apostólica do Vaticano foi fundada em 1448 pelo papa Nicolau V, quando ele combinou coleções papais antigas de códices gregos, latinos e hebraicos com sua própria coleção de manuscritos, incluindo manuscritos antigos da biblioteca da Igreja na rival Constantinopla; era um retorno a algumas das fontes mais antigas da religião e das crenças... Com o tempo, outras coleções foram acrescentadas de diversas maneiras, e atualmente a biblioteca detém cerca de 80 mil manuscritos (livros escritos à mão) e mais de 1 milhão de livros impressos, além de centenas de papiros e rolos de pergaminhos.

A biblioteca fica em uma ala do conjunto de prédios que também abriga os Museus do Vaticano e a Capela Sistina, mas é acessada por dentro do Vaticano (após o Controle de Passaporte). Meu encontro lá foi com o dr. Ambrogio Piazzoni, um diretor laico da instituição. Ele convidou a mim e minha esposa para irmos ao seu escritório e nos deu uma explicação geral sobre a biblioteca e como ela funciona. "Você foi muito bem recomendado", ele disse, "então emitiremos, com satisfação, uma Permissão de Pesquisa para você vir e trabalhar aqui quando quiser."

Agradeci a ele e pedi para ver algumas das coisas que eles guardavam, e ele me levou para ver as estantes, com suas fileiras de prateleiras repletas de livros e documentos; havia também caixas fechadas empilhadas. "De que época são os mais antigos que vocês possuem?", perguntei. "Do século IV, aproximadamente", ele respondeu. "Século IV d.C.?", perguntei para ter certeza. "Sim, claro", ele disse. "Isso é do início oficial do Cristianismo Romano", eu disse, "o imperador Constantino, o Concílio de Niceia; mas ouvi falar que vocês também possuem evangelhos e manuscritos do começo do Cristianismo." "Ah, sim", ele respondeu, "mas eles não estão incluídos no catálogo; portanto, não estão disponíveis para pesquisadores externos..."

"E quanto aos manuscritos hebraicos? Eu deduzo que alguns deles estivessem na primeira coleção", perguntei. "Sim", ele respondeu, "nós realmente colaboramos com a Universidade Hebraica de Jerusalém, estudando e publicando alguns deles." "Quando estava em Praga", eu disse, "fiquei surpreso em ver livros da Idade Média em hebraico, alguns manuscritos, outros impressos, *falando sobre astronomia*; vocês possuem algum aqui?" "Precisaremos verificar a seção de astronomia", ele respondeu, "nós temos definitivamente uma coleção, incluindo os verdadeiros registros mais antigos do Observatório do Vaticano." "Será que os manuscritos hebraicos originais que vocês possuem falam sobre astronomia?", perguntei. Ele não tinha certeza.

Nós, então, falamos sobre outros tipos de documentos da Antiguidade – tábuas, objetos inscritos, representações. Como um exemplo de meu interesse, contei a ele sobre o Pontifício Instituto Bíblico em Jerusalém e a grande cooperação que recebi dos padres jesuítas de lá em minha pesquisa pelos artefatos do local da Jordânia relacionado ao profeta Elias. "Quando a Igreja está envolvida, onde vão parar todos esses achados?", perguntei. Ele explicou que eles ficam sob a jurisdição das pessoas do departamento arqueológico do museu. "Estou aguardando uma resposta de quando poderei me encontrar com elas também", eu disse. "Bom, talvez *elas* possam mostrar a você algumas coisas que não estão expostas", ele disse com um sorriso.

Esse outro encontro nunca aconteceu, e não vi razão para ir de novo à Biblioteca do Vaticano, sem ter a chance de ver o que está propositalmente mantido oculto. Mas, antes de partir de Roma, voltei à Capela

Sistina e observei novamente seus afrescos, estudando-os lenta e cuidadosamente; senti que a resposta tinha de estar ali. As paredes estavam cobertas de pinturas devotadas a Moisés e Jesus – o primeiro, aquele que recebeu os Dez Mandamentos de Deus; o outro, quem os cristãos acreditam que foi levado para o Céu e que retornará; anjos voavam por todos os lados. O teto contava as histórias da Criação de Gênesis, mostrando Deus em uma nuvem celestial estendendo Sua mão para Adão.

Ali parecia estar uma mensagem poderosa para os cardeais quando eles se reúnem para eleger um novo papa: **Deus e Seus anjos são extraterrestres.**

* * *

Minha conversa com o diretor da Biblioteca do Vaticano me lembrou de que ainda resta outro mistério lá – **o Observatório do Vaticano**.

Que o Vaticano tinha um observatório astronômico, não é segredo; que ele opera uma série de telescópios sofisticados nos Estados Unidos – em Tucson, Arizona –, é um fato pouco conhecido, mas não é um segredo. O fato de o observatório ter sido operado pelos jesuítas – padres da mesma ordem que administra o arqueologicamente orientado Pontifício Instituto Bíblico, em Jerusalém – apenas aprofundou a aura de mistério e minha curiosidade.

A fundação do observatório é atribuída ao papa Gregório XIII (1572-1585), que ordenou que uma torre de observação fosse construída. Chamada de Torre dos Ventos e localizada perto da Biblioteca do Vaticano, a torre ainda erguida tem em seu centro uma placa de mármore cercada com os 12 signos do Zodíaco. Uma abertura no teto ao sul permite que os raios do Sol incidam uma linha meridional no chão; padres jesuítas instruídos, reunidos pelo papa, ao traçarem os movimentos do Sol dentro do círculo do Zodíaco, calcularam quanto o então utilizado calendário juliano – chamado assim porque foi introduzido em épocas romanas por Júlio César – se desviava da realidade astronômica. O resultado foi a eliminação de dez dias em outubro de 1582 e a introdução de um novo (e atual) Calendário Gregoriano. Os padres jesuítas têm estado no controle do observatório desde então.

Em 1780, o então chefe da Biblioteca do Vaticano converteu a parte superior da torre em um observatório, equipou-o com os melhores instrumentos da época e apontou o padre Filippo Luigi Gilil, *um cientista versado em arqueologia e hebraico*, para ser seu diretor. Foi ele quem replicou a linha meridional e o círculo do Zodíaco em uma escala maior

> **Corriere della Sera**   CRONACHE   MARTEDÌ 13 GIUGNO 2000 **19**
>
> Il gesuita José Funes in un convegno dell'Università Gregoriana: «Ma le civiltà evolute sono lontane dal nostro sistema solare»
>
> ## L'astrofisico del Vaticano: «Gli extraterrestri esistono e sono nostri fratelli»
>
> ROMA — Dalle galassie alle civiltà extraterrestri il passo è breve. «In una tipica galassia, un ammasso di almeno cento miliardi di stelle, ci potrebbero essere moltitudini di pianeti gemelli della Terra, con esseri viventi come noi. Se, come io credo, essi esistono, possono essere considerati fratelli della creazione». Detta da uno scienziato, una frase del genere non stupirebbe più. Ma quando a sostenere la «pluralità dei mondi» è un gesuita con due lauree, in astrofisica e in teologia, allora sì ha una misura del cambiamento della Chiesa rispetto a idee fino a qualche secolo fa considerate eretiche. Padre José Funes, un gesuita argentino di 35 anni, è uno dei più giovani partecipanti al convegno internazionale sui «dischi galattici», organizzato dalla Specola Vaticana nella Pontificia Università Gregoriana. Per cinque giorni, 250 astrofisici discutono come sono nate e si sono evolute queste isole stellari che popolano l'universo visibile. Ma, al di là del tema specifico del convegno, le discussioni spaziano dal Big Bang alle civiltà extraterrestri.
>
> Dove potrebbero albergare le forme di vita evolute? «Io penso che negli altri pianeti del sistema solare esistono solo forme molto primitive, come batteri o virus. Le civiltà evolute sono lontane, per ora invisibili e irraggiungibili, come gli angeli, anche essi fratelli della creazione».
>
> Sul fronte dei progressi della ricerca scientifica, il professor Francesco Bertola, dell'università di Padova, organizzatore del convegno e maestro di padre Funes, riferisce come stia cambiando la geografia dell'universo grazie ai risultati del telescopio spaziale. «Prima potevamo osservare solo galassie fino a un miliardo di anni luce. Ora ci possiamo spingere fino a 12 miliardi di anni luce e studiare quindi quelle più giovani, che si sono formate poco dopo il Big Bang. Questo ci aiuterà a capire come evolvono queste fondamentali strutture dell'universo e a risolvere alcuni problemi ancora aperti come quello della materia oscura».
>
> Franco Foresta Martin

Figura 87

na Praça de São Pedro, usando o obelisco egípcio lá para uma sombra do gnômon.

Nos anos 1930, o observatório foi transferido para sua localização oficial atualmente, Castel Gandolfo, a residência de verão do papa, nas montanhas a sudeste de Roma. Em 1993, o Vaticano construiu seu principal telescópio no Monte Graham, no Arizona, em colaboração com a Universidade do Arizona, em Tucson. Ele é equipado com o telescópico mais sofisticado. E a pergunta que me intrigou tem sido esta: *Por que o Vaticano teria seu próprio observatório astronômico? Por que a Igreja precisa observar o céu?*

Uma resposta em termos foi dada em uma reunião internacional de astrônomos e astrofísicos no Vaticano em maio de 2000, realizada como parte das celebrações do Ano Santo de 2000. Ao receber os cientistas na Basílica de São Pedro, o papa João Paulo II apresentou suas visões sobre religião e ciência, ao afirmar que a pesquisa científica é "uma maneira genuína de se chegar à fonte de toda a verdade revelada para nós nas Escrituras".

As reportagens na imprensa foram mais informativas: "Por cinco dias, 250 astrofísicos irão discutir o nascimento e o desenvolvimento das 'ilhas de estrelas' que parecem povoar o universo visível; paralelas ao tema oficial, discussões informais abrangem desde o *Big Bang* até *civilizações extraterrestres*". Mas um astrônomo importante do Vaticano foi ainda mais específico, como as manchetes de imprensa relataram: "EXTRATERRESTRES EXISTEM E SÃO NOSSOS IRMÃOS" (fig. 87).

Essa fala se parecia muito com a do monsenhor Balducci... Mas foi informado que a declaração que virou manchete foi feita pelo padre José Funes, jesuíta graduado em astrofísica e um dos especialistas do Observatório do Vaticano. Consegui localizá-lo no endereço do observatório em Arizona, contei resumidamente para ele que "a parte central de minhas obras tem sido uma conclusão de que um planeta chamado de Nibiru pelos sumérios é um planeta depois de Plutão que pertence ao nosso Sistema Solar", e pedi informações sobre o trabalho e os propósitos do observatório.

O padre Funes, que na época estava indo para a Argentina por um ano, foi muito cortês, e nós trocamos muitas cartas; mas a única informação que recebi dele foi o "Relatório Anual de 2000", oficial e impresso, do observatório. Não havia nada nele que estivesse diretamente relacionado às declarações bombásticas na conferência internacional, na medida em que as observações telescópicas foram relatadas; mas as pesquisas do grupo de jesuítas pertencentes à "Evolução da Vida" e ao "Destino Cósmico e Destino Humano" pareciam intrigantes. Em uma lista de obras e palestras públicas do diretor do observatório, o padre George V. Coyne, o foco de seus esforços ficou evidente: *"A evolução da Vida Inteligente na Terra e possivelmente em outros lugares"*.

Isso, unido à declaração do padre Funes na manchete, sugeria que as afirmações do monsenhor Balducci tinham origem em uma abordagem estabelecida no Vaticano, submetida ao papa João Paulo II. Mas tudo isso ainda deixava sem resposta a pergunta específica:

O que exatamente o observatório estava procurando por interesse do Vaticano?

10

Astrônomos
e Mapas Celestes

Muito tempo antes de o Vaticano possuir um observatório operado por padres jesuítas, os sumérios tinham os deles – zigurates operados por sacerdotes astrônomos (fig. 88); e muito tempo antes de Copérnico (desafiando o Vaticano!) ter determinado, no século XVI d.C., que a Terra faz parte do sistema planetário com o Sol em seu centro, os sumérios já sabiam disso. Eles até mesmo representaram isso há 4.500 anos.

Os sumérios, cuja civilização se desenvolveu na Mesopotâmia há aproximadamente 6 mil anos, recebem o crédito por terem inventado muitas coisas que se tornaram essenciais para uma sociedade avançada. A roda, o tijolo, as construções altas, a fornalha, a matemática, a astronomia, os códigos de lei, os contratos (incluindo de casamento e de divórcio), a monarquia, a religião, a escrita – essas são apenas algumas das centenas de invenções na lista. Sua escrita cuneiforme (fig. 89) permaneceu em uso quase até a época de Jesus; e o que eles descreveram em palavras era geralmente representado pictoricamente em *selos cilíndricos* (fig. 90). Talhados em pedras e medindo, em média, cerca de 2,5 centímetros de altura, os cilindros gravados serviram como precursores das modernas impressoras de rolo: o artista entalhava na pedra a representação desejada invertida, como um negativo, o que produzia uma imagem positiva quando o cilindro era rolado na argila fresca. Eles são chamados de *selos* cilíndricos porque esse era seu propósito primário: servir como selo pessoal de reis e pessoas importantes, com o qual eram marcados documentos ou recipientes de argila.

Milhares de selos cilíndricos ou suas marcas foram encontrados por todo o antigo Oriente Próximo; todo museu ostenta algum; eles são

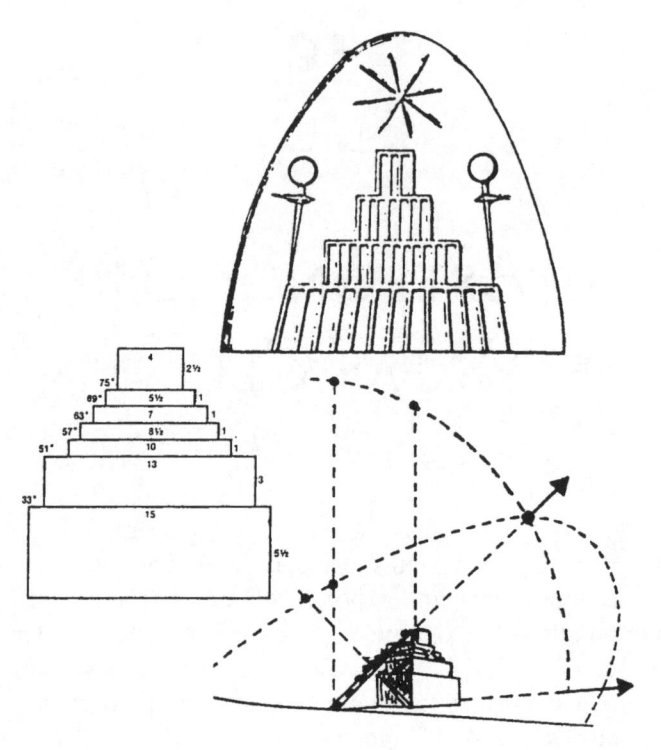

Figura 88

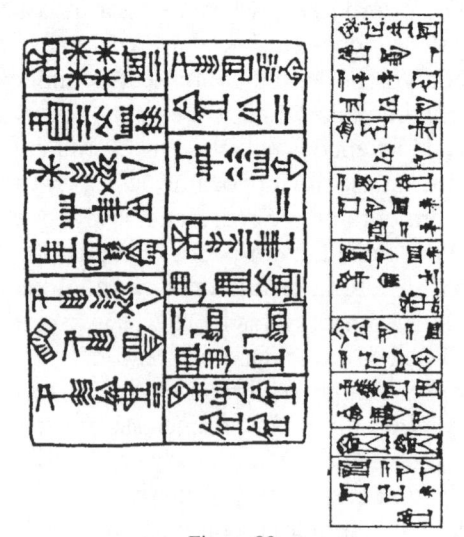

Figura 89

Figura 90

listados, copiados e representados em um grande número de livros e catálogos especializados. No decorrer de minhas pesquisas, estudei e examinei cerca de 3 mil deles; de interesse especial para mim estavam os selos adornados com cenas celestiais ou símbolos divinos. Um dia me deparei com um desenho de selo que me deixou impressionado: era do selo cilíndrico VA/243 no Museu do Antigo Oriente Próximo, em Berlim. Os estudiosos disseram que a cena nele era "mitológica" – retratando a concessão do arado para a humanidade pelo deus da agricultura. ***Mas a cena celestial com a qual ele foi adornado*** (fig. 91) ***mostrava uma estrela cercada por planetas* – um sistema solar!**

O ano era 1971. O Museu do Antigo Oriente Próximo ficava no que era então a Berlim Oriental, atrás da "Cortina de Ferro". Escrevi uma carta ao museu, pedindo uma fotografia e qualquer informação disponível, e incluí dez dólares para cobrir as despesas e taxas. Para a minha surpresa, recebi uma resposta – uma carta incluindo uma fotografia reluzente à qual uma legenda ("Selo cilíndrico sumério, c. 2500 a.C.") foi anexada (fig. 92). A carta, assinada pelo diretor do museu, listava uma breve bibliografia sobre a informação publicada. Uma pesquisa baseada nisso não deixou dúvidas:

Aproximadamente 4.500 anos atrás – milhares de anos antes da invenção do telescópio – um artista sumério retratou o nosso Sistema Solar completo, com sua estrela – o Sol – no centro.

Figura 91

Figura 92

Anos depois, após a publicação de *O 12º Planeta*, um grupo de *chat* da internet que discutia o livro buscou a opinião de um astrônomo famoso em relação ao selo VA/243. "É, sem dúvida, uma representação do Sistema Solar", ele postou como resposta, "mas, como não havia uma maneira de os sumérios saberem disso há 6 mil anos, deve ser uma representação de outro sistema solar".

Quando recebi uma cópia dessas conversas, escrevi de volta como comentário: "Epa! Epa! Epa! Ele percebeu o que acabou de dizer? Que não havia uma maneira de os sumérios saberem sobre nosso Sistema Solar, mas eles sabiam sobre a constituição de outro sistema solar – um que ainda temos de descobrir!".

Não, era óbvio desde o princípio que essa era uma representação do *nosso* Sistema Solar. Mas como os sumérios, que não possuíam telescópios, ficaram sabendo de tudo isso? A única resposta plausível era: por intermédio de seus professores anunnakis. Uma comparação da antiga representação (fig. 93a) com um desenho que fiz do Sistema Solar como conhecido por nós (mostrando os planetas em torno do Sol em vez de se estendendo a partir dele – fig. 93b) indicou imediatamente uma diferença importante: os antigos incluíram um planeta de um tamanho considerável entre Marte e Júpiter – onde não temos nenhum. O que apresentamos nesse espaço entre Marte e Júpiter é o *Cinturão de Asteroides* – uma faixa de fragmentos, *os restos de um planeta despedaçado*.

Essa diferença evidente indica a fonte do conhecimento celestial antigo, pois o planeta "extra" era Nibiru, o Planeta Natal dos anunnakis.

E então, de uma só vez, ao encontrar o selo VA/243, uma confirmação "pictórica" foi proporcionada para a história do Épico da Criação mesopotâmico. O texto, inscrito em sete tábuas, havia sido tratado pelos estudiosos como um conto alegórico; eu o tratei, em *O 12º Planeta*, como uma cosmogonia complexa da formação do nosso Sistema Solar e da "batalha celestial" entre um planeta invasor ("Nibiru") que colidiu com o planeta "Tiamat" e o despedaçou para formar a partir dela a Terra e o "Bracelete Partido" (o Cinturão de Asteroides). Conforme ilustrado em meu livro, a sequência de eventos acabou com o aprisionamento de Nibiru na órbita solar (fig. 94), resultando em seu retorno – uma vez a cada cerca de 3.600 anos terrestres – para o Ponto de Passagem, entre Marte e Júpiter.

Portanto, a representação de 4.500 anos demonstrava nosso Sistema Solar completo – o Sol, a Terra e a Lua, os outros oito planetas conhecidos (incluindo Plutão!!!) e Nibiru, totalizando 12 (por isso o título do primeiro livro).

Visitei Berlim enquanto ela estava dividida entre Berlim Ocidental e Berlim Oriental, época em que o ônibus de turismo mantinha uma distância respeitável do notório Muro de Berlim no lendário Checkpoint Charlie. Mas, logo após a queda do muro, eu estava de volta, passando apressadamente em um táxi da Berlim "Ocidental" pela parte oriental desconhecida do museu. Após algumas indagações, fui direcionado para a seção onde, dentro de uma vitrine consagrada aos selos cilíndricos, o selo cilíndrico de grande importância estava exposto. O VA/243 era real!

Em 1991, retornei a Berlim com uma equipe de filmagem, gravando uma cena no Museu do Antigo Oriente Próximo para um documentário baseado em meu livro *Gênesis Revisitado* e intitulado *Are We Alone?* A autorização negociada pelos produtores da Suíça com o museu permitia que, durante uma semana, entrássemos todos os dias duas horas antes da abertura para o público e fôssemos embora perto do horário de abertura. A cada dia, a diretora – Frau Doktor Jakob-Prost – ficava muito irritada porque não íamos embora na hora certa; a cada dia seguinte, ela

a

b

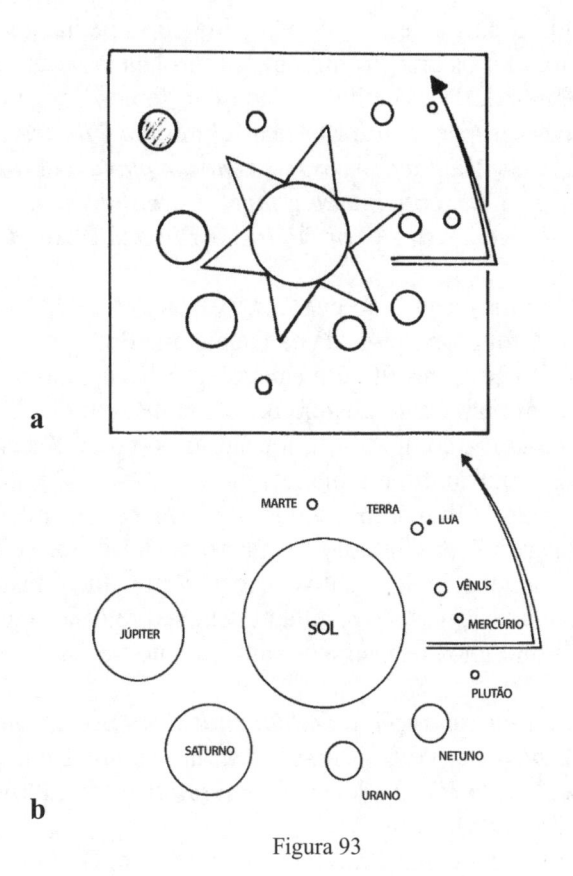

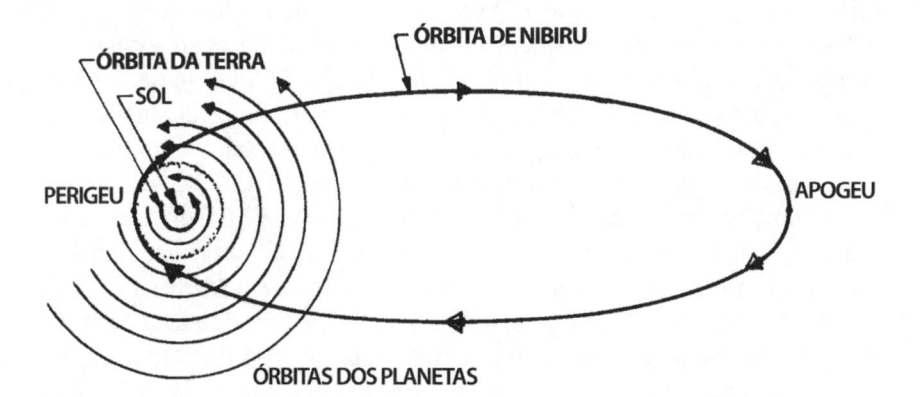

Figura 93

Figura 94

concordava com nossas solicitações para filmar alguma coisa ou fazer algo. Uma dessas solicitações específicas era para filmar uma demonstração de como um selo cilíndrico é realmente rolado pela argila fresca para deixar uma marca positiva. Sugeri que usássemos o selo VA/243 na demonstração; mas, quando tudo estava pronto para isso, um funcionário do museu apareceu com outro selo; foi explicado que o VA/243 era muito importante para ser colocado em risco.

Com o passar dos anos, o museu foi visitado por centenas de meus leitores ansiosos para ver o selo, e sua imagem foi usada e mostrada em inúmeros artigos e programas de televisão em todo o mundo. Mas, quanto ao meu "contato imediato" com ele, a filmagem em Berlim em 1991 foi a última vez – até um contato inesperado em maio do ano 2000.

* * *

Logo após retornar para casa depois da visita importante à Itália durante o Ano Santo de 2000 no Vaticano, encontrei em minhas correspondências um grande envelope de uma de minhas fãs de longa data, Joanne N. "Você vai se divertir com isso", ela escreveu em uma nota fixada a diversas páginas reunidas da *Sky & Telescope*, uma revista mensal dedicada à Astronomia. Uma fotografia colorida chamou minha atenção imediatamente: era uma fotografia da capa original de 1976 de meu primeiro livro, *O 12º Planeta* (prancha 31)!

Conforme descrevi posteriormente em meu *website*, foi "um encontro com um velho amigo" e uma grande surpresa: o que isso estava fazendo, após 24 anos, na *Sky & Telescope*?

Uma análise detalhada das páginas revelou que a foto foi disponibilizada por um astrônomo, E. C. Krupp, para seu artigo "Lost Worlds" na revista. Seu assunto eram as previsões equivocadas sobre as catástrofes planetárias, como a confusão sobre o Fim do Mundo em 5 de maio de 2000. Apesar de eu não ter absolutamente nenhuma relação com essas previsões, o dr. Krupp encontrou uma oportunidade para – após um quarto de século! – versar sobre "um equívoco astronômico diferente" – minha interpretação do selo cilíndrico VA/243...

"Os livros de Zecharia Sitchin", o artigo explicava, são "sobre colonizadores espaciais antigos de um '12º planeta' perdido que já invadiu violentamente nosso Sistema Solar". Lamentando (ou admitindo?) que "leitores crédulos são persuadidos por Sitchin de que as tradições da antiga Suméria validam essa reconstrução heterodoxa da história do Sistema Solar", o artigo declarou que:

O argumento de Sitchin tem origem em um selo cilíndrico acadiano do terceiro milênio a.C., com uma parte que representa uma estrela de seis pontas cercada por 11 pontos de tamanhos variados. Sitchin julgou que a estrela simboliza o Sol e os elementos menores são supostamente planetas, incluindo o 12º planeta perdido.

A antiga representação e minha interpretação sobre ela têm desconcertado os astrônomos desde o início, porque simplesmente não era possível para os povos antigos terem conhecimento sobre os planetas após Saturno, isso sem dizer nada sobre mais um planeta ainda desconhecido; e minha explicação de que o conhecimento tinha sido concedido por extraterrestres que tinham vindo para a Terra tornou meu ponto de vista um anátema ainda maior para a comunidade científica. Portanto, agora, finalmente – após um quarto de século! –, um famoso astrônomo, chefe de um grande observatório na Califórnia, havia aparecido com um antídoto. Como a revista resumiu em uma parte complementar, a representação antiga de nosso Sistema Solar completo poderia ser interpretada de maneira diferente:

> Muitas outras interpretações dos símbolos podem ser consideradas. Ele poderia facilmente representar um planeta luminoso – como Júpiter – no meio de estrelas comuns. Na verdade, a organização em volta do objeto semelhante a uma estrela parece um pouco o Bule de Chá de Sagitário.

O artigo declarou que minha suposta evidência para o conhecimento impossível dos antigos não era evidência nenhuma, porque *o que o selo representa é o conhecido e luminoso **planeta Júpiter**, retratado passando dentro do Bule de Chá da bem conhecida **constelação de Sagitário***; portanto, se a "estrela" central não é o Sol, mas sim o planeta Júpiter, e os pontos em volta não são planetas, mas sim estrelas que constituem a constelação de Sagitário, não é necessário um conhecimento extraordinário, nem professores extraterrestres, nem anunnakis, nem o 12º planeta, nem os equívocos de Sitchin!

Duas ilustrações ao lado do texto da parte complementar mostraram o propósito do artigo (prancha 32). Uma com o objetivo de ilustrar o que afirmei – não de uma forma ruim, mas com certeza não da maneira exata como ela foi representada no selo cilíndrico ou em meus desenhos, e omitindo, convenientemente, o planeta misterioso entre Marte e Júpiter. O outro traçava o Bule de Chá usando a representação do selo cilíndrico para "conectar os pontos", a fim de mostrar como ela se parecia com Júpiter avistado dentro da constelação de Sagitário.

* * *

Essa crítica inesperada sobre minha interpretação do selo cilíndrico VA/243, mesmo depois de um quarto de século, foi um assunto importante. A *Sky & Telescope* é uma publicação prestigiada. O dr. Krupp, então chefe do Observatório Griffith, na Califórnia, era um astrônomo respeitado e autor de muitos livros – alguns deles de fato citados em meus livros. Sua interpretação alternativa do antigo selo não podia ser considerada de maneira superficial.

É claro que eu sabia que Sagitário é uma das 12 constelações do Zodíaco; ela era conhecida pelos sumérios, era chamada por eles de PA. BIL ("O Defensor") e representada como um Arqueiro (fig. 95) – um nome e uma representação que são mantidos até hoje em dia. Mas o que raios era seu "Bule de Chá"?

Consultei em meus livros de astronomia e descobri que alguns astrônomos modernos (enquanto estavam tomando o chá da tarde?) determinaram que a parte central de Sagitário parece um bule de chá: um "bico" formado ao se conectar as estrelas Al Nasi, Kaus Media e Kaus Australis (também denominadas Gama, Delta e Épsilon) da constelação;

Figura 95

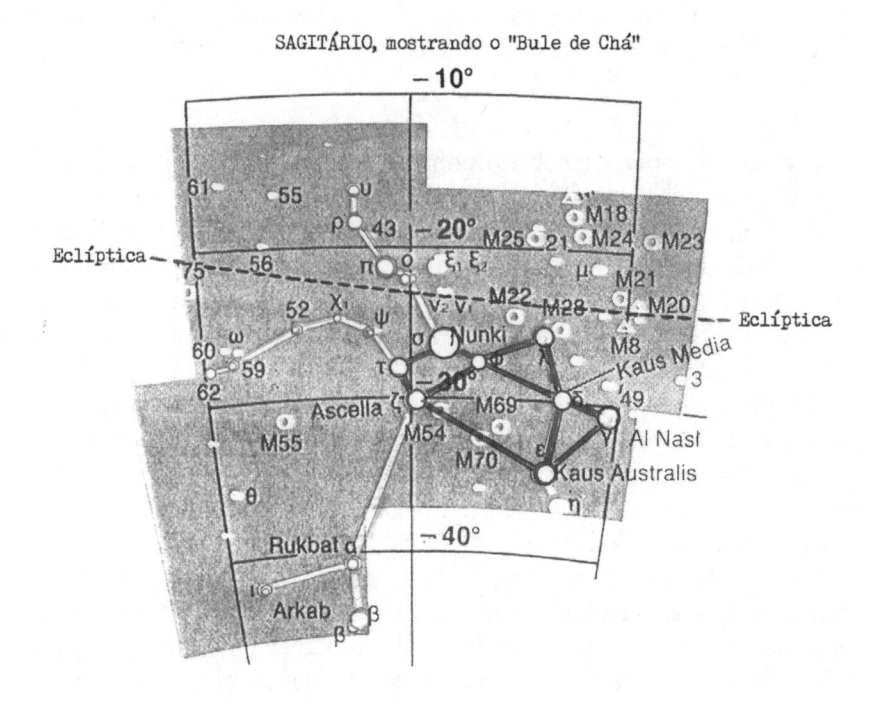

Figura 96

uma "alça" formada pelas estrelas denominadas Zeta (Ascella), Tau, Sigma (Nunki) e Fi; e uma "tampa" indicada pela Kaus Borealis (Lambda).

Fiz uma cópia de um mapa estelar de Sagitário e desenhei nele linhas para conectar as estrelas mencionadas anteriormente como pontos, da maneira como o artigo usou os planetas na antiga representação para "conectar os pontos"; então, coloquei o desenho resultante perto da ilustração com os pontos conectados na revista (fig. 96). Eles se pareciam? Sim? Não? Realmente não? Conforme continuei comparando, comecei a pensar: *onde está* **Júpiter**, supostamente passando no centro de Sagitário, dentro do Bule de Chá?

E, então, conforme observei a linha indicando a "Eclíptica" (o plano no qual os planetas giram ao redor do Sol), compreendi: *Júpiter não está lá porque nunca poderia estar lá! Júpiter gira ao redor do Sol quase exatamente na Eclíptica; NUNCA se desvia para o sul para JAMAIS ter uma conjunção com o centro de Sagitário;* **nunca poderia estar dentro do Bule de Chá!**

Verifiquei essa descoberta surpreendente com amigos que são astrônomos amadores. Verifiquei-a com o Planetário do Metropolitan

Museum, em Nova York. Verifiquei-a com o prestigiado Palmer Planetarium, em Chicago. Eles confirmaram minha conclusão – por escrito. Não havia dúvida: a solução contrária que foi proposta na *Sky & Telescope* era uma impossibilidade, e minha interpretação original permaneceu firme e incontestável.

Então, escrevi uma carta para o editor da publicação, apontando tudo isso educadamente. A carta não foi publicada. Porém, após algum tempo, recebi uma resposta – uma carta de duas páginas do próprio dr. Krupp. Escrita com o papel timbrado do observatório e datada de 4 de agosto de 2000, ela dizia:

> Fico contente em receber notícias suas. Tenho todos os seus livros, li a maior parte deles, e já o escutei no rádio algumas vezes. É claro que andei pensando sobre os argumentos que você elaborou. Apesar de seu tratamento das informações ter inspirado meu ceticismo, permita-me reconhecer a cortesia e a lógica de sua reclamação sobre a maneira como avaliei suas noções sobre o 12º Planeta em minha Coluna mensal sobre astronomia e cultura na *Sky & Telescope*.
>
> Você está correto em apontar que fui precipitado em oferecer Sagitário como uma opção para a imagem no selo cilíndrico acadiano VA/243. Certamente não podemos observar a figura como um mapa preciso do Bule de Chá com Júpiter preparado dentro dele. Se você me permitir dizer Saturno, chegamos um pouco mais próximo; mas você está certo – nenhum planeta no bule de chá. Minha explicação destaca Júpiter, posiciona-o dentro de Sagitário e sugere um mapeamento real. Sua objeção é fundamentada.

Então, se ele estava errado ("precipitado", como ele disse), eu estava certo, afinal de contas? Ainda não – conforme a carta continuava:

> É claro que existem outras candidatas entre as estrelas. Um planeta poderia estar próximo a Leão, por exemplo, cercado por Régulo, gamma Leonis, zeta Leonis, epsilon Leonis, alpha Canceri, 38 Canceri, zeta Hydrae e iota Hydra. Por conta da falta de precisão do selo cilíndrico, esse grupo de estrelas funciona muito bem. Se elas forem inaceitáveis, no entanto, podemos, de maneira alternativa, imaginar um planeta em uma delimitação maior.

Eu deveria dizer novamente "Epa! Epa! Epa!"? Deveria ficar irritado porque não havia um pedido de desculpas? Em vez disso, escrevi o seguinte para o ilustre astrônomo:

> Realmente me decepciona que alguém como você, buscando explicações para as representações do selo (você lista algumas das mais improváveis em sua carta), nem ao menos consideraria nosso Sistema Solar como uma possibilidade. Isso só pode se originar de uma recusa absoluta em aceitar a natureza extraterrestre dos anunnakis. Mas por que alguém – tenho certeza de que você se inclui nisso – que consideraria possível que o homem da Terra um dia viajasse para outro planeta consideraria totalmente inaceitável que alguém de outro planeta pudesse ter vindo para cá?

Assinei a carta com "Esperando ansiosamente para ter um diálogo com você". Mas, do ponto de vista dos outros, o assunto estava encerrado.

* * *

Em retrospecto, minha pergunta retórica para um astrônomo moderno apresentava o assunto da rejeição elitista dos "extraterrestres" em poucas palavras: se algum dia seremos capazes de enviar nossos astronautas para outro planeta, por que é inconcebível que o contrário pudesse acontecer ou realmente tivesse acontecido?

Em fevereiro de 1971, os Estados Unidos lançaram uma nave espacial não tripulada em uma jornada cujo destino final era o espaço sideral. Chamada de *Pioneer 10*, ela viajou por 21 meses, indo além de Marte e do Cinturão de Asteroides, para um encontro precisamente marcado com Júpiter. Lá, as grandes forças gravitacionais de Júpiter arrebataram a nave espacial e a impulsionaram para o espaço sideral. No 25º aniversário de partida da *Pioneer 10* da Terra, ela cruzou a fronteira mais distante do domínio do nosso Sol e ainda estava se dirigindo para destinos desconhecidos – talvez para contar a algum "extraterrestre" de lá que o pequeno planeta de um determinado Sistema Solar tem seres inteligentes que desejam dizer "Olá".

Não, essa não é uma fantasia minha. Cientistas sérios colocaram na *Pioneer 10* uma placa com essa mensagem (fig. 97). Em linguagem de sinais, informa, para quem quer que ela encontre, que ela vem de um terceiro planeta em um Sistema Solar de uma determinada galáxia, do qual seres inteligentes, masculinos e femininos, enviam saudações.

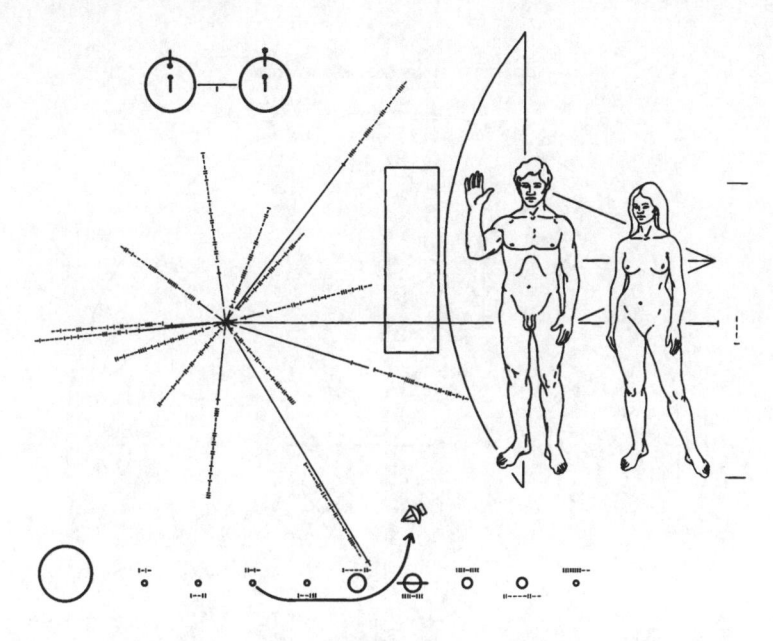

Figura 97

"Nós podemos nunca ficar sabendo se, em incontáveis anos a partir de agora, alguém em outro planeta irá encontrar e compreender a mensagem desenhada na placa colocada na *Pioneer 10*", escrevi, em 1976, em *O 12º Planeta*. **"Da mesma forma, seria considerado inútil esperar encontrar na Terra uma placa como essa ao contrário... Porém, essa evidência extraordinária realmente existe!"**

A evidência, então escrevi, é uma placa transmitindo, aos habitantes da Terra, informações sobre a localização e a rota do 12º Planeta para a Terra. É uma placa redonda que foi descoberta nas ruínas da biblioteca real de Nínive, a capital da antiga Assíria, e está exposta no Museu Britânico em Londres. Embora esteja catalogada (BM K-8538) como um disco de argila, ela tem uma coloração cinza metálica; e onde ela está danificada, parece ter sido danificada por fogo – muito incomum, pois a argila endurece com o fogo em vez de ficar flexível e entortar, como aconteceu com esse artefato.

As partes não danificadas do disco estão cobertas com símbolos cuneiformes, acompanhados de setas, triângulos, linhas de intersecção e até mesmo de uma elipse (uma forma geométrica supostamente desconhecida na Antiguidade). Em 1912, L. W. King, então curador das antiguidades assírias e babilônicas no Museu Britânico, fez uma cópia

K. 8538

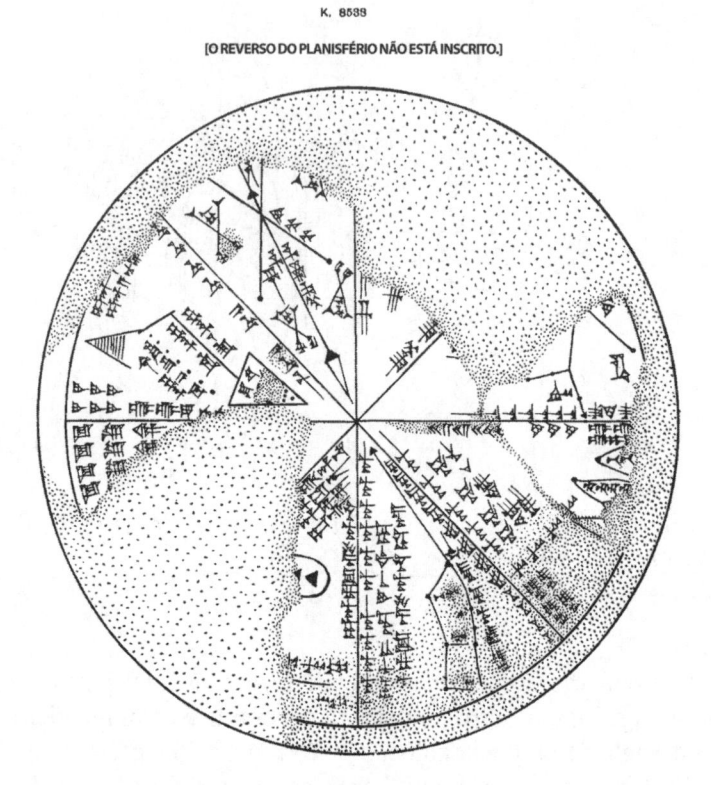

[O REVERSO DO PLANISFÉRIO NÃO ESTÁ INSCRITO.]

Figura 98

meticulosa desses símbolos, mostrando que o disco foi precisamente dividido em oito segmentos (fig. 98).

A escrita cuneiforme evidentemente incluía o nome de estrelas e planetas; portanto, não é de se admirar que o artefato incomum tenha sido discutido pela primeira vez durante reuniões da Royal Astronomical Society, do Reino Unido, que designou que ele era um Planisfério de 360° – a reprodução em uma superfície plana do céu envolvendo a Terra como uma esfera. Ainda assim, por motivos próprios, o museu expõe o artefato incomum na seção dedicada à escrita, em vez de colocá-lo como parte de sua grande coleção mesopotâmica. Isso permitiu que eu primeiro guiasse meus grupos pelas exposições sumérias, acadianas, babilônicas e assírias, que se estendem por três pisos, e gradualmente apresentasse a eles a evidência sobre os "deuses" anunnakis, e depois os levasse para ver o item conclusivo exposto separadamente – esse disco "de argila".

"Conclusivo" porque o que estava inscrito e descrito nesse documento de milênios é um mapa celeste, no qual os anunnakis mostravam e literalmente diziam à humanidade: "É assim que nós viajamos entre o nosso planeta e o seu".

Sem repetir a análise extensa do planisfério que foi apresentada em *O 12º Planeta*, é suficiente dizer aqui que o segmento mais convincente é o que possui duas formas triangulares conectadas. Sua escrita, quando traduzida (fig. 99), consiste em uma terminologia de navegação celestial com instruções topográficas para aterrissagem nas margens do segmento, e oferece no centro **um inconfundível mapa de rota de um planeta montanhoso para o nosso segmento do Sistema Solar**. A linha de ligação indica uma correção ou desvio no percurso entre dois planetas – *Kakkab DILGAN* ("Planeta Júpiter") e *Kakkab APIN* ("Planeta Marte"): **a inscrição na qual sete pontos estão representados afirma da maneira mais clara possível:** "a deidade Enlil viajou pelos planetas".

O fato de haver sete planetas não é um erro; pelo contrário, está de acordo com a referência persistente nos textos astronômicos mesopotâmicos da Terra como "o sétimo" (e com sua representação com

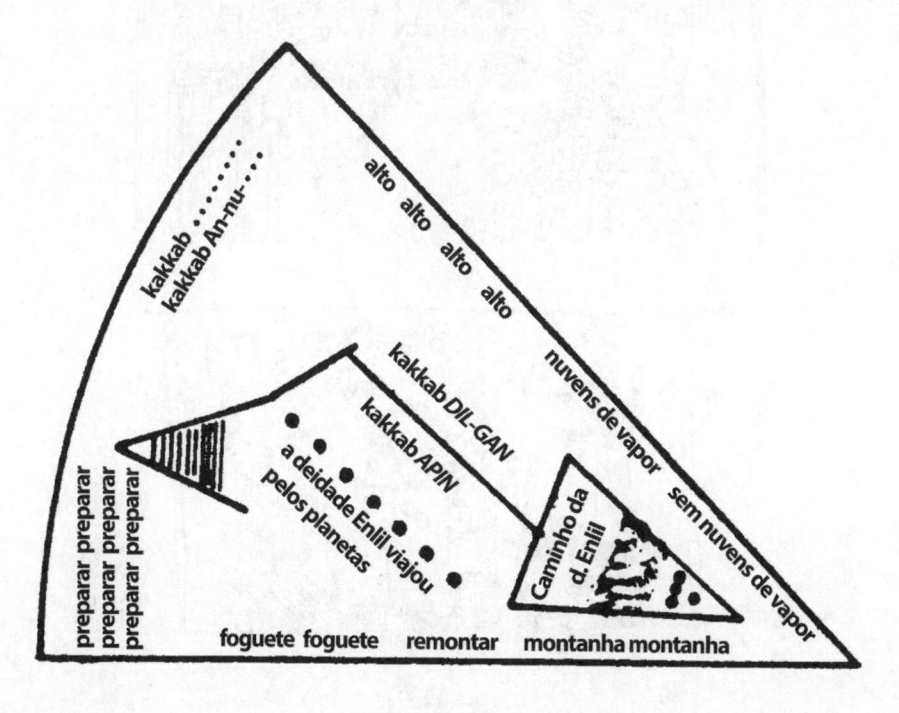

Figura 99

sete pontos quando os símbolos celestiais eram usados – fig. 100). De fato, isso poderia ser considerado como outro fragmento de evidência convincente dos anunnakis e de seu planeta distante, Nibiru – enquanto pensamos na Terra como o terceiro planeta a partir do Sol, *alguém vindo de fora para o nosso Sistema Solar primeiro encontraria Plutão (sim, Plutão!), depois Netuno e Urano, Saturno e Júpiter; Marte seria o sexto a ser encontrado, e a Terra seria o sétimo!*

    O mapa celeste antigo retrata que essa é a maneira como o deus EN.LIL ("Deus do Comando") viajou para vir à Terra. A correção ou desvio da rota entre Júpiter e Marte – onde o Cinturão de Asteroides está

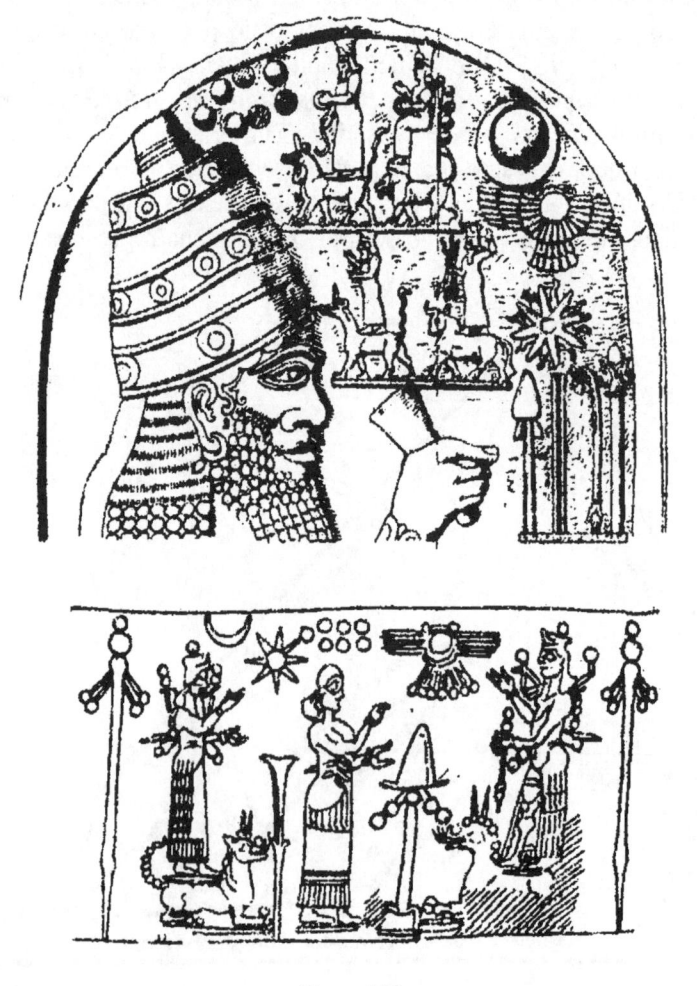

Figura 100

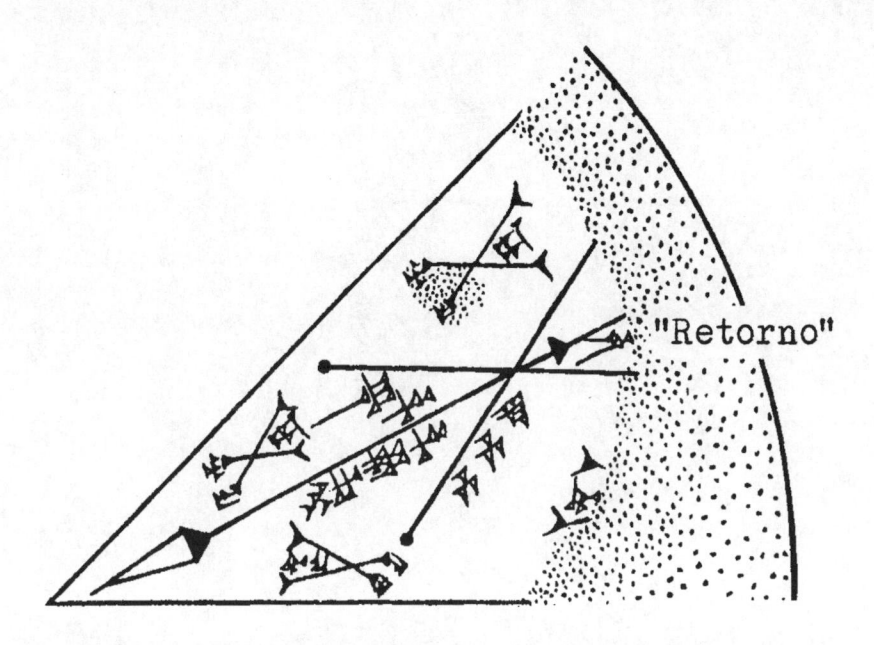

Figura 101

localizado – obedece à cosmogonia do Épico da Criação e confirma o uso de Marte pelos anunnakis como uma Estação Intermediária.

Não foi uma viagem celestial somente de ida. No oitavo segmento desse incrível mapa celeste, setas indicadoras estão acompanhadas pela palavra RETORNO (fig. 101).

E nisso se encontra a conexão entre o Passado e o Futuro.

11

Anticítera: Um Computador Pioneiro

Muitas vezes eu já disse para o meu público que "o Passado é o Futuro". Se existe um objeto físico que foi encontrado para ilustrar que o Futuro estava no Passado, sem dúvida é a "Máquina de Anticítera", no Museu Arqueológico Nacional, em Atenas, Grécia.

Pode-se dizer que ela é o artefato fora de lugar que supera todos os artefatos fora de lugar nos museus.

As circunstâncias de sua descoberta, que ajudam a determinar sua idade, são indiscutíveis; portanto, indiscutível é sua tecnologia avançada fora de lugar. Seu local de procedência (embora não necessariamente de origem) é mais ou menos uma boa suposição. Mas quem possuía a tecnologia por trás do "mecanismo", e qual era sua finalidade, permaneceu como um assunto de debate e conjectura por mais de um século. *Eu acredito que não ocorrerá um verdadeiro progresso para resolver o enigma até que seja compreendido que a Máquina de Anticítera não é um produto da tecnologia dos homens, mas sim dos deuses.*

Pouco antes da Páscoa em 1900, dois barcos de mergulhadores à procura de esponjas estavam navegando no Mediterrâneo Oriental, ao largo da ilha grega de Anticítera. Mergulhando à procura de esponjas onde na Antiguidade os barcos viajavam pela rota do Mar Mediterrâneo entre o Oriente e o Ocidente, os mergulhadores descobriram no fundo do mar, a uma profundidade de 42 metros, os destroços de um navio antigo. Eles resgataram dos destroços vários artefatos, incluindo estátuas de mármore e de bronze.

A descoberta foi relatada às autoridades, e o navio e seus conteúdos foram posteriormente analisados por arqueólogos e outros especialistas, enquanto mais objetos da carga foram resgatados. Eles dataram o navio de algum período após 200 a.C.; ânforas – vasos de cerâmica que conservavam vinho, azeite e outros produtos alimentícios – foram datadas de cerca de 75 a.C. Essas duas datas marcaram o período *do naufrágio*, nem anterior nem posterior a elas. Atualmente, todos os especialistas concordam que o navio afundou no século I a.C. – portanto, tudo o que foi encontrado nele tinha de ter, no ano de 1900 d.C., pelo menos 2 mil anos; porém, o fato de algumas das estátuas terem sido datadas, com certeza, do século IV a.C. sugere, evidentemente, que outros achados do naufrágio também poderiam ser desse período, ou ainda mais antigos.

Entre os achados que foram levados ao museu para análise estava um bloco de barro endurecido no qual pedaços de metal – supostamente pedaços de uma estátua que tinha se quebrado – estavam incrustados. Foi em maio de 1902 que um arqueólogo do museu percebeu nele um pedaço de metal arredondado que parecia uma roda. Quando o barro foi retirado, a parte resistente do bloco revelou ser um objeto de metal em forma de roda muito incrustado e corroído (prancha 33). Quando seus detalhes foram estudados (fig. 102), e outras peças de metal redondas e dentadas – rodas de engrenagem? – foram limpas e colocadas uma perto das outras, as autoridades do museu ficaram impressionadas ao ver um dispositivo mecânico feito de bronze que consistia em diversas partes circulares, incluindo rodas de engrenagem (fig. 103). Eles perceberam que estavam observando um dispositivo mecânico surpreendentemente complexo que não era possível pertencer à Antiguidade...

A Máquina de Anticítera, como foi chamada, ficava contida em uma caixa de madeira medindo 33 por 17 centímetros e meros nove centímetros de largura. Letras gregas eram visíveis nas partes de metal; mas, para saber se as letras formavam palavras, e o que elas significavam, era necessário um trabalho ainda mais delicado de limpeza e combinação dos fragmentos.

Análises e estudo posteriores mostraram que a pequena caixa continha um mecanismo feito com precisão que consistia em numerosas rodas dentadas – engrenagens – de diferentes tamanhos, integradas em diferentes planos dentro de uma estrutura circular (fig. 104), que, por sua vez, era mantida dentro da caixa de madeira.

Então, o que era isso, de onde veio, quem o produziu, quando e para qual finalidade? As primeiras pistas que os pesquisadores sobre o dispositivo seguiram estavam focadas no próprio navio. Eles concluíram, pela

Anticítera: Um Computador Pioneiro 175

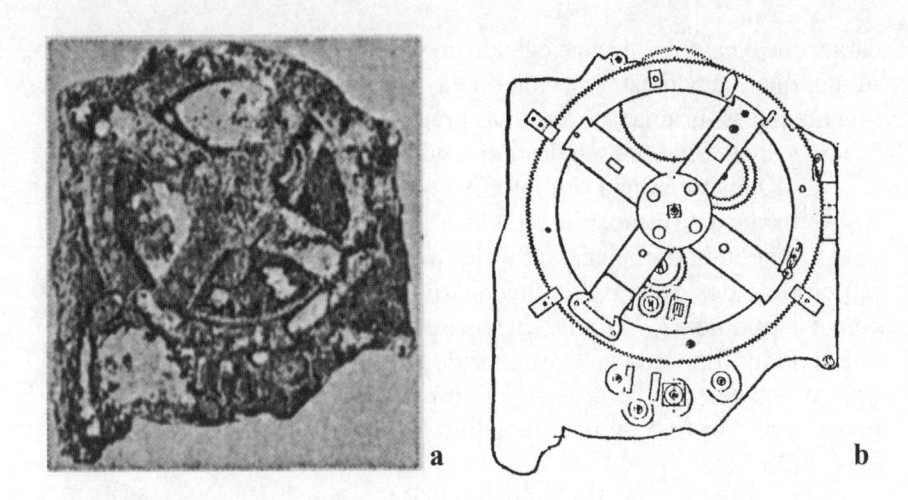

Figura 102

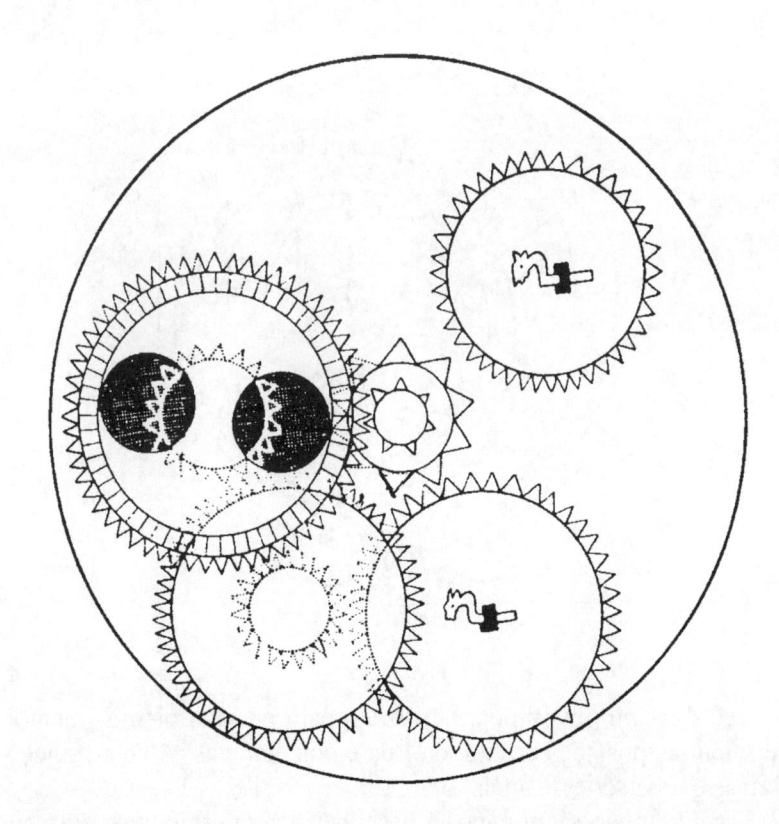

Figura 103

carga, que o navio estava navegando do Oriente para o Ocidente, e presumiram que o navio estava vindo ou das colônias gregas, na Ásia Menor (atualmente a Turquia), ou das ilhas gregas vizinhas de Rodes ou Cós, no Mediterrâneo Oriental, seu destino sendo a Itália (possivelmente Roma).

O dispositivo tinha sido originado lá? Foi apontado que na Ilha de Rodes havia uma academia, fundada pelo filósofo Posidônio, dedicada à Astronomia e à Engenharia Mecânica. Portanto, o dispositivo seria um produto dos avanços da engenharia dessa organização combinados com a astronomia? *Seria um dispositivo astronômico?* Alguns acharam que seria um tipo de planetário, usado para demonstrar os movimentos dos corpos celestes. Outros sugeriram que ele teria um propósito prático – seria um tipo de instrumento naval que usava as estrelas para a navegação.

Após muitas décadas de investigação, a conclusão que prevaleceu foi que o mecanismo era um **Astrolábio** (literalmente: "um apanhador

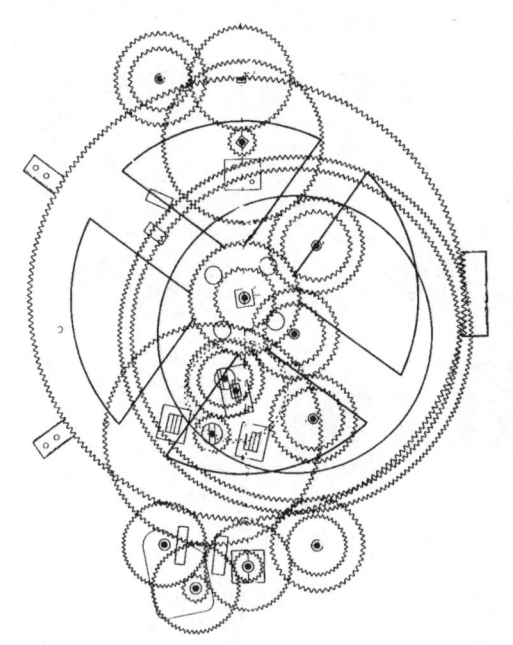

Figura 104

de estrelas") – um instrumento utilizado para projetar os movimentos e determinar as posições do Sol, da Lua e dos planetas – "com projeções esféricas e uma série de anéis".

E então, meio século após a descoberta, a questão mais ou menos adormecia.

* * *

Lendo sobre a descoberta enquanto eu trabalhava em meu primeiro livro, *O 12º Planeta*, o termo *astrolábio* despertou meu interesse. Em um capítulo dedicado ao conhecimento astronômico na Antiguidade, relatei a palestra sensacional ministrada pelo assiriólogo Theophilus G. Pinches, na Royal Asiatic Society, em Londres, Inglaterra, no mesmo ano da descoberta em Anticítera – 1900. Sua palestra era sobre um **astrolábio mesopotâmico** do *segundo milênio a.C.* Ele era circular e também tinha inscrições, em escrita cuneiforme; também foi descoberto em fragmentos (feitos de argila). Pinches conseguiu juntá-los a fim de formar um astrolábio completo (aqui com sua escrita traduzida, fig. 105).

Sua importância especial para *O 12º Planeta* era que o astrolábio mesopotâmico listava o planeta natal dos anunnakis, Nibiru, com seu nome babilônico *Mul Marduk*; mostrava que seu formato e uso eram baseados na *astronomia esférica* (e, portanto, em uma Terra esférica e não plana); e confirmava a familiaridade mesopotâmica com as constelações do Zodíaco. Os últimos assuntos faziam parte de uma exploração mais ampla em meu livro sobre as origens mesopotâmicas do conhecimento astrológico, que foi atribuído aos gregos, bem mais tardios.

Esses astrônomos/matemáticos gregos incluíam Hiparco (século II a.C.), que recebeu o crédito – erroneamente – por ter descoberto o fenômeno da Precessão que está situado na base da divisão do céu em 12 constelações do Zodíaco. Citando textos cuneiformes antigos e evidência pictórica, demonstrei que as constelações do Zodíaco eram conhecidas pelos sumérios e foram nomeadas e representadas por eles da mesma forma como ainda as chamamos e as representamos até os dias de hoje (ver fig. 56, página 97) – um conhecimento que nos remonta ao *quarto milênio a.C.* Os famosos textos astronômicos babilônicos, do segundo milênio a.C., e assírios, do primeiro milênio a.C. – que alguma vezes são reconhecidos como a fonte do conhecimento astronômico grego –, eram todos baseados nos fundamentos sumérios mais antigos.

O fato interessante nessa corrente de conhecimento e conexões é que tanto Hiparco quanto Eudoxo viveram na Ásia Menor, em povoados gregos que formavam uma ligação geográfica e cultural com o conhecimento mesopotâmico; a Ilha de Rodes, a suposta origem da carga naufragada do navio, fica bem ao largo da costa grega da Ásia Menor; e os dois sábios gregos – agora é certo – extraíram seu conhecimento da Babilônia, na Mesopotâmia, e da sua precursora, a Suméria.

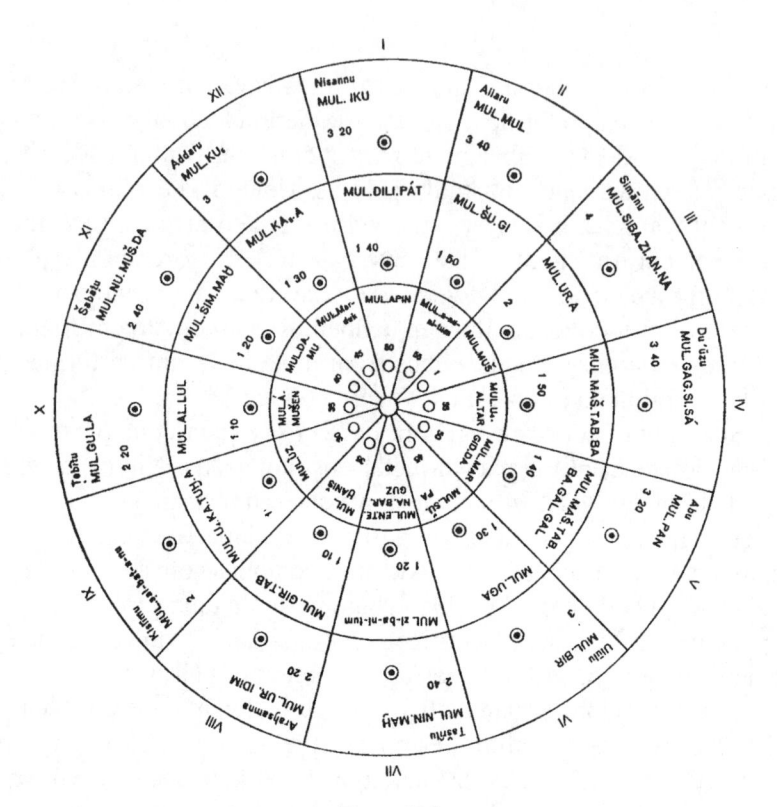

Figura 105

Consequentemente, imaginei se as semelhanças do astrolábio mesopotâmico de "Pinches" era uma pista para a verdadeira origem do "astrolábio" de Anticítera – se não sua origem física, então a origem do conhecimento necessário para criá-lo. Era preciso descobrir muito mais – principalmente o deciframento das inscrições contidas nele – para desvendar os segredos do dispositivo. Então, completei o manuscrito de *O 12º Planeta* sem me referir à Máquina de Anticítera, mas planejei prosseguir e observar o dispositivo pessoalmente, logo após o livro ter sido publicado.

Bem no ano seguinte, 1977, fui visitar a Grécia com minha esposa. Meu interesse em particular, devo admitir, era Delfos, seu famoso oráculo e sua "Pedra Sussurrante", o Omphalo, por motivos explicados em meu livro seguinte, *O Caminho para o Céu*. Mas, é claro, fui muitas vezes ao museu arqueológico em Atenas. O mecanismo estava exposto em uma sala no fundo do museu dedicada a "Bronzes", e sua legenda explicativa era bem modesta:

Nº 15087.
Mecanismo usado na Astronomia (astrolábio?).
Encontrado em 1900 no Mar de Anticítera.
Sistema de discos de engrenagem
e longas inscrições gregas do século II a.C.

Não havia muita informação ali, nem um incentivo para uma pesquisa mais além...

Mas, ainda curioso, escrevi para o museu, pedindo uma história mais completa e uma atualização sobre as tentativas de deciframento. Surpreendentemente, recebi uma resposta da diretora, B. Philippaki, que dizia:

> Em resposta à sua carta de 17 de outubro de 1978, informamos a você o seguinte:
>
> O mecanismo inv.no.X-15087 foi encontrado no mar da Ilha de Anticítera por mergulhadores à procura de esponjas, em 1900. Ele fazia parte da carga de um naufrágio que ocorreu no séc. I a.C. O mecanismo é considerado uma máquina de computador do calendário do Sol e da Lua, datada, após a última evidência, de cerca de 80 a.C.
>
> Para detalhes técnicos sobre o mecanismo e sua inscrição, você deve consultar a monografia "Gears from the Greeks, The Antikythera Mechanism", de D. de Solla Price (Science History Publications, 1975).
>
> Um artigo mais antigo sobre o assunto foi publicado na *Scientific American*, em junho de 1959.

A carta de Atenas chegou muito tarde para que pudesse seguir suas sugestões a tempo para *O Caminho para o Céu*. **Mas ela abriu uma caixa de Pandora de pesquisa, admiração e, com o tempo, visões totalmente inesperadas.**

* * *

Foi revelado que o dr. Derek de Solla Price teve interesse sobre o mecanismo já no ano de 1951, ajudando a identificar as 30 engrenagens e cerca de outras 80 partes diferentes. Em 1959, em um artigo na *Scientific American*, ele sugeriu que o mecanismo era um dispositivo para calcular os movimentos dos planetas em relação às constelações estelares e que ***ele operava como um computador mecânico***. Entusiasmado por essa proeza tecnológica dos gregos antigos, ele lhes atribuiu a invenção de um mecanismo que era o precursor – não em séculos, mas em muito mais do que um milênio – dos relógios astronômicos medievais.

Juntando-se a especialistas gregos, ele passou mais duas décadas estudando o dispositivo durante sua cuidadosa limpeza e avaliação de suas diversas peças. Por ser tecnologicamente avançado, raios X foram usados para determinar o que havia dentro do mecanismo quebrado, e epigrafistas fizeram progresso ao ler as inscrições. Na época professor de História da Ciência na Universidade de Yale, De Solla Price apresentou suas novas descobertas e conclusões em um livro de 1976 com um título e um subtítulo intrigantes:

GEARS FROM THE GREEKS
The Antikythera Mechanism
A Calendar Computer from ca. 80 B.C.*

Seguindo a sugestão que veio de Atenas, consegui obter o livro. A capa em si (fig. 106) era muito intrigante; o conteúdo era surpreendente. O "mecanismo", para se dizer o mínimo, era um artefato fora de lugar de primeira qualidade: as descobertas do professor eram que a Máquina de Anticítera *"é o mais antigo e complexo instrumento científico existente da Antiguidade – um computador do século I a.C.".*

O professor De Solla Price concluiu que os restos do mecanismo consistiam em quatro partes principais. Ele ficava guardado em uma caixa de madeira que podia ser aberta pela parte da frente e de trás; a madeira, no entanto, desintegrou-se rapidamente após o objeto ter sido retirado da água, na qual ele ficou imerso por 2 mil anos. O aspecto mais surpreendente eram as engrenagens; ele contou e identificou 28 engrenagens de tamanhos variados, e ilustrou como elas eram montadas em "camadas" em dois conjuntos, um na frente e outro atrás (fig. 107), organizados de maneira comprimida e apertados um contra o outro dentro da caixa pequena e estreita. Ele também desenhou um esquema de todas as engrenagens, mostrando como o dente de uma combinava com os das outras, de forma que, quando as duas engrenagens principais (uma na frente e outra atrás, dentro da caixa) giravam – provavelmente movidas por uma manivela –, *todas as outras rodas eram colocadas em movimento* (como parcialmente representado na capa).

---

* N.T.: *Gears from the Greeks: The Antikythera Mechanism – A Calendar Computer from ca. 80 B.C.* [Engrenagens dos Gregos: A Máquina de Anticítera – Um Computador Calendário de cerca de 80 a.C.].

Figura 106

Havia pelo menos dez tipos diferentes de componentes no mecanismo, cada um consistindo em outras partes – conexões, alavancas, eixos, e assim por diante. É impossível transmitir a dimensão da engenhosidade e complexidade do mecanismo sem seguir a análise página após página do livro. Talvez uma ideia possa ser passada ao simplesmente citar algumas palavras e terminologias do livro: "estrutura do funcionamento do mostrador"; "par concêntrico de mostradores", "perímetro externo da unidade de disco principal", "placa central coberta por anéis", "quatro anéis completos", "um conector especial com eixos", "uma lâmina fixada à placa central", "ponteiro do mostrador", "limbo fixo entalhado e inscrito", "graduações ao longo dos anéis", "saliências da placa do mostrador", "suporte conector da ranhura de encaixe", "uma série de buracos diminutos", "dente equilateral", "aro conectado a um eixo circular com quatro raios", "sistema de trem de engrenagem", "marcadores planetários", e assim por diante.

Todos esses diversos componentes do mecanismo foram feitos com um bronze especial, modelado em uma única placa lisa de metal da qual todas as partes foram precisamente cortadas. O bronze é uma liga de cobre com estanho, uma combinação que proporciona ao frágil cobre uma grande força e rigidez. Os objetos feitos de bronze são, no geral, o resultado de uma fundição em um molde, porque a liga não é maleável. Então, *como* uma placa fina e lisa – *de uma espessura de menos de seis milímetros* – foi produzida, *como* as partes poderiam ser cortadas dela com uma grande precisão, e *como* os dentes de engrenagem poderiam ser cortados para apresentar o número exato de dentes em volta da circunferência determinada de cada (e diferente) engrenagem? Um nível impressionante de geometria e matemática seria necessário para isso.

Os dentes de engrenagem (conforme mostraram estudos posteriores) foram cortados com uma precisão surpreendente (fig. 108), em um ângulo exato e uniforme de 60°, que assegurou um encaixe ideal entre as rodas da engrenagem – um encaixe preciso e perfeito que permitia que elas girassem umas entre as outras sem deslizar ou ficar presas. Outro aspecto surpreendente da montagem interna estreita é o fato de que as separações entre os vários níveis de engrenagem resultam em um minúsculo espaço de *1,35 milímetro* – um avanço tecnológico fantástico em qualquer época! Isso é quase o que a **Nanotecnologia**, uma minia-

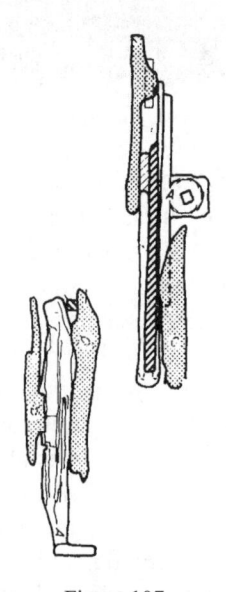

Figura 107

turização dos componentes mecânicos a tamanho microscópico, espera alcançar para nós no *futuro*!

Como isso foi realizado e por quem?

Apesar de tudo, o que parecia ter impressionado mais o professor de História da Ciência era o fato de que as rodas da engrenagem eram de tamanhos variados, cada uma com um número diferente de dentes, que fizeram de todo o sistema uma *"engrenagem diferencial"* – significando que engrenagens de diferentes tamanhos foram combinadas para girar em diferentes velocidades – as engrenagens menores giravam mais vezes (e, portanto, mais rápido) do que as engrenagens maiores com as quais os seus dentes se combinavam (e vice-versa). Os tamanhos diferentes significavam um número diferente de "dentes" de engrenagem; e essas diferenças no número de dentes de engrenagem não eram aleatórias, mas sim cuidadosamente projetadas para obter a precisão completa do mecanismo.

"A engrenagem diferencial não aparece novamente até ocorrer em um complicado relógio global feito por Eberhart Baldewin, na corte do landgrave Guilherme IV, em Kassel, em 1575", o professor Price escreveu. **Portanto, o dispositivo de Anticítera permaneceu como precursor único do Futuro no Passado por pelo menos 1.650 anos.**

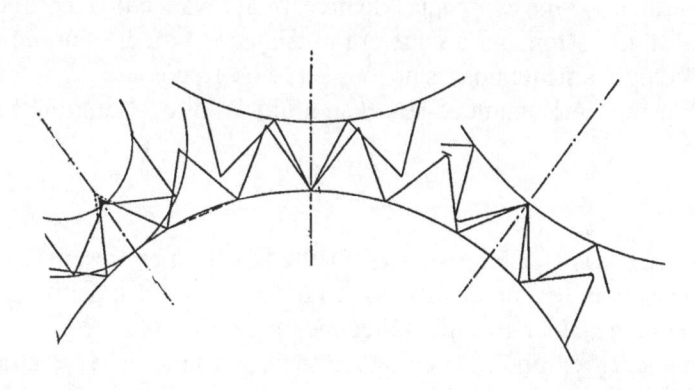

* * *

Figura 108

Qual era o propósito desse mecanismo fantástico? As pistas tinham origem em três fontes: a engrenagem, as marcas graduais e a escrita.

Onde o número de dentes nas várias engrenagens podia ser determinado, foi sugerido ao professor Price que o mecanismo tinha relação com *fenômenos lunares durante vários períodos solares*. As proporções diferenciais indicaram a ele o Ciclo Metônico da Lua (no qual um ciclo de muitos meses lunares alcança um ciclo de ano solar uma vez a cada 19 anos). Os números também sugeriam uma relação com os periódicos *eclipses da Lua* durante esse ciclo. O fato de algumas das escritas em grego especificarem os nomes dos meses reforçou suas conclusões a respeito dos aspectos da Lua e do Sol do mecanismo.

Mas as marcas graduais na circunferência das rodas maiores pareciam dividir o grande círculo em 12 seções de 30° – 30 *graus*, não 30 dias –, e a escrita nela indicava que a divisão não era em meses, mas em 12 seções *zodiacais*. Realmente, os nomes das constelações do Zodíaco, como Libra, Virgem, Gêmeos, Touro, etc., estavam inscritos na circunferência (indicando, devo apontar, uma progressão como da maneira suméria – ver fig. 55, página 96). Algumas das inscrições mais longas, que incluíam referências a **equinócios e solstícios**, evidentemente registram **fenômenos zodiacais**. Tudo isso sugere funções que, de alguma forma, se relacionam a ciclos da Lua, e não apenas do Sol, com o Zodíaco – um enigma, um mistério em si.

Embora isso pudesse sugerir uma dimensão muito mais ampla das funções do mecanismo, De Solla Price o identificou como "um mecanismo de computador do calendário do Sol e da Lua que deve ter sido criado em cerca de 87 a.C." – um mecanismo que "evoluiu como resultado das modificações de Hiparco ao planetário de Arquimedes". Ele considerou isso uma evidência "do nível [mais avançado] da proficiência mecânica greco-romana do que era imaginado... um artefato único que muda completamente nossas noções sobre os gregos".

Ele, portanto, manteve-se fiel ao título do livro – "Engrenagens dos **gregos**".

* * *

Achei que essas conclusões não somente falharam em responder como, por que e quem realmente projetou e construiu esse dispositivo incrível, mas também renderam um enaltecimento excessivo aos "gregos" pelo conhecimento astronômico cujo crédito pertencia à Suméria, através da Babilônia. Procurei, em vão, as palavras Suméria/sumério no livro; encontrei uma breve referência à "astronomia babilônica":

> O mecanismo exibe a sequência cíclica das séries de fenômenos específicos em vez de um contínuo de eventos em um período corrente. Dessa maneira, isso está mais no

American Friends Of The Haifa Maritime Museum, Inc.
18 East 74th Street, P.O. Box 616, New York, N.Y. 10021, (212) ~-4509

March 22, 1982

Dear Sir/Madam:

We are delighted to announce that Professor Derek J. de Solla Price of Yale University will be our guest speaker on Monday April 5, 1982, 7:30 P.M. at the Harvard Club of New York City, 27 West 44th Street. The subject of his lecture is:

<u>Is Computer Genius a Throwback To Ancient Babylonian Thought Styles?</u>

Dr. Price is Avalon Professor of the History of Science, Yale University. He is a renown authority in the field of physics and particularly in the field of history of science with special reference to the evolution of scientific instruments.

You and your friends will be most welcome at the meeting, and we look forward to seeing you.

Sincerely yours,

J. Berlau

Dr. A. Joseph Berlau
Secretary

The favor of a reply is requested.
R.S.V.P. Dr. A. Joseph Berlau, Secretary
(   ) 761-5299

Figura 109

espírito da astronomia babilônica e do computador moderno digital do que naquele dos modelos geométricos gregos.

Ao encontrar essa pequena reverência à Mesopotâmia, enviei ao professor Price uma cópia de *O 12º Planeta* com uma carta apontando as origens sumérias do Zodíaco, etc. Não recebi uma resposta, mas, aproximadamente um ano depois – em março de 1982 –, fui convidado para assistir a uma palestra dele no Harvard Club, em Nova York. O tema da palestra – ***Is Computer Genius a Throwback to Ancient Babylon Thought Styles?*** – parecia estar de acordo com as perguntas que eu fiz para ele.

O convite (fig. 109) veio de uma sociedade chamada American Friends of the Haifa Maritime Museum (um museu interessante e fascinante, cuja visitação recomendo muito), e é claro que compareci. Fui munido de fotocópias de ilustrações de meu livro, mostrando os artefatos mesopotâmicos que provavam as origens sumérias do conhecimento astronômico "da antiga Babilônia" – e, portanto, da Grécia.

A palestra não tinha o acompanhamento de *slides* ou outro material com representações. De acordo com palestras anteriores dele (que estavam disponíveis impressas), ele expôs em seu tema que os babilônios se dedicavam a uma aritmética desinteressante, enquanto os gregos ascendiam com uma geometria fantástica. Era tudo muito acadêmico, enfatizando "modelos de pensamento" científicos ou filosofias que levaram, com o tempo, à era do computador. Não havia menção à Suméria ou aos sumérios.

A parte de perguntas e respostas que se seguiu foi muito breve, porque a reunião também tinha de tratar sobre as eleições da diretoria da sociedade, etc., e minha mão levantada foi ignorada. Tudo o que eu consegui fazer foi dizer "oi" para o dr. Price depois da palestra, antes de ele ir embora, e lembrá-lo sobre minha carta e meu livro; ele disse: "Sim, oi", e virou para conversar com os outros que estavam à sua volta. Fiquei pensando se ele realmente se lembrou de quem eu era.

O professor Derek de Solla Price faleceu no ano seguinte, e minha possibilidade de contatos posteriores com ele então chegou a um fim repentino. No entanto, graças a dois de meus fãs devotos na Inglaterra, um deles (Keith H.) relojoeiro profissional e o outro (Martin B.) de meio expediente, fui mantido bem informado sobre importantes pesquisas posteriores a respeito do mecanismo – pesquisas que apenas aprofundaram o mistério, pois mostravam (entre outras coisas) que aquilo que o dr. Price considerava ser apenas dois conjuntos de partes que se movimentavam, apertados um contra o outro, eram, na verdade, *17 camadas de engrenagem* (fig. 110)!

Anticítera: Um Computador Pioneiro

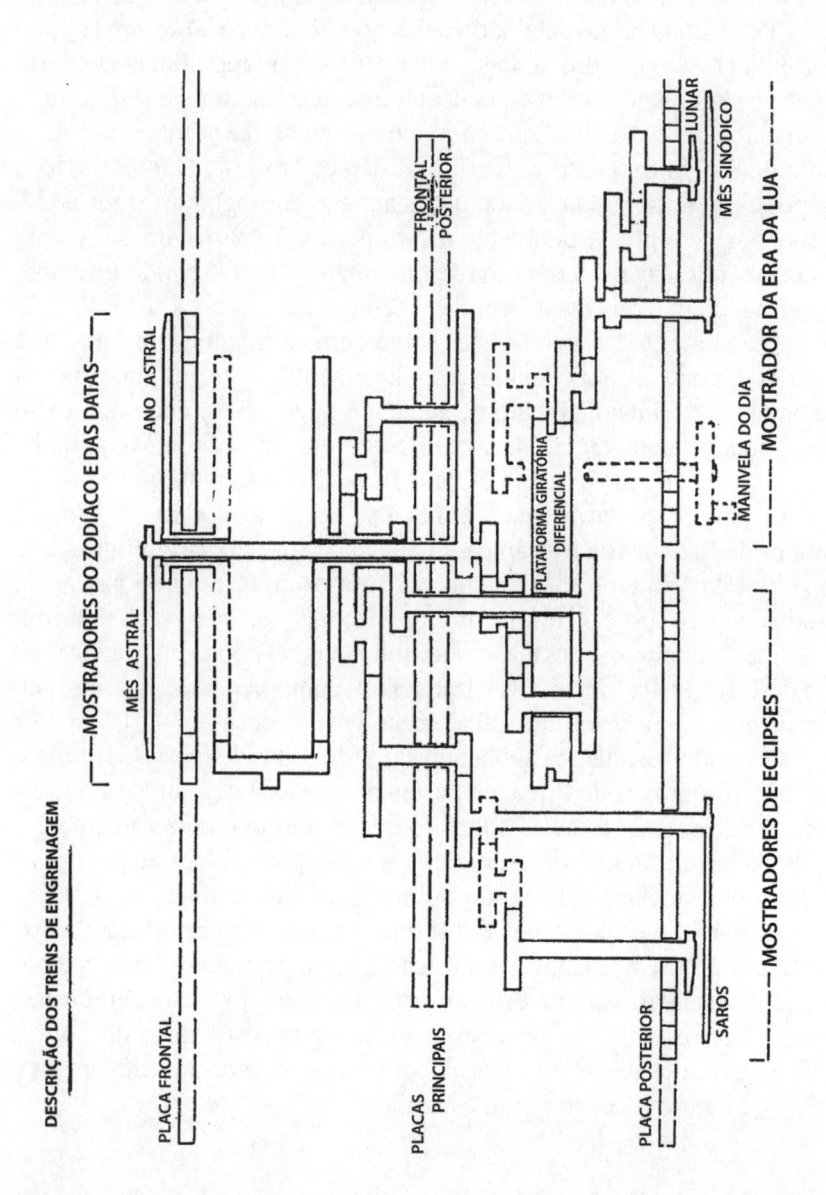

Figura 110

O primeiro estudo importante era uma "análise da reconstrução" de Alan G. Bromley, cientista da computação da Universidade de Sydney, na Austrália, em colaboração com um renomado relojoeiro australiano, Frank Percival. O relato detalhado deles no *Horological Journal* de julho de 1990 narrava suas dificuldades intermináveis ao reproduzir as engrenagens e seus dentes precisos, conectar uma parte a outra, encaixar tudo isso dentro de espaços muito pequenos e tentar fazer funcionar. Eles continuavam fracassando ao cortar os dentes em 60°. Durante todo o tempo, eles "se perguntavam como os antigos conseguiram fazer isso". Como, por exemplo, se divide um mostrador em 79 partes iguais? Como se fazem engrenagens tipo coroa se movimentarem no sentido inverso?

Frustrado, o professor Bromley escreveu isso como conclusão: "Eu não pretendo ter todas as respostas sobre como a Máquina de Anticítera foi criada, assim como concluir o conhecimento sobre sua função ou a matemática do funcionamento de sua engrenagem... O único fato certo é que, independentemente da forma como ela foi feita, a Máquina de Anticítera foi criada por artífices de mais de 2 mil anos atrás".

O esforço posterior mais minucioso foi feito por M. T. Wright, curador de Engenharia Mecânica do Science Museum, em Londres, que trabalhou em cima do mecanismo por muitos anos. Sem se basear no estudo de Price sobre os fragmentos do mecanismo, ele o reestudou com as últimas tecnologias, até mesmo levando para a Grécia um grande aparato de Tomografia Linear. Ele então tentou compreender os segredos do mecanismo ao construir uma reprodução precisa dele.

O estudo resultante, publicado no *Horological Journal*, em maio de 2002, discordava de Price em vários pontos técnicos; sugeria que algumas partes ainda estavam faltando e concluiu que o mecanismo era um Planetário – modelo mecânico de um Sistema Solar que mostra as órbitas dos planetas em torno do Sol nas velocidades relativas corretas. Mas, apesar de o estudo enfatizar bastante os *aspectos zodiacais* do dispositivo, não ofereceu uma explicação para o paradoxo evidente: por que seria necessário um mecanismo zodiacal complexo para demonstrar como Vênus e Júpiter – que são planetas – giram em torno do Sol? E qual era o propósito das relações elaboradas do mecanismo entre a Lua e o Sol (que servem de base para os fenômenos de *eclipse*)?

* * *

O fato de até mesmo as pesquisas importantes conduzidas por Bromley, Percival e Wright terem deixado perguntas essenciais sem resposta levou um grupo de cientistas britânicos e gregos, com a ajuda de especialistas em computadores e representação gráfica norte-americanos, a iniciar, sob o apoio do banco grego National Bank, o *The Antikythera Mechanism Research Project*. Usando técnicas ainda mais avançadas, e testando os resultados ao construir um modelo atualizado do mecanismo, eles apresentaram suas descobertas em uma conferência internacional realizada em Atenas, Grécia, nos dias 30 de novembro e 1º de dezembro de 2006. O relatório completo deles foi publicado na edição de 30 de novembro de 2006 da revista *Nature*.

Ao combinar a série de artefatos do navio naufragado do Museu de Atenas e utilizar a ajuda da tomografia computadorizada, esse último grupo descobriu mais alguns outros fragmentos bem pequenos do mecanismo, determinou que havia pelo menos 30 engrenagens, provavelmente 32, e talvez até 37 – algumas delas realmente em miniatura. Eles também conseguiram ler letras adicionais nas partes de madeira ou de metal, e revelaram que algumas das letras tinham um tamanho microscópico de dois milímetros.

Por mais desconcertantes que essas revelações fossem, a descoberta mais surpreendente da sofisticação tecnológica era que duas rodas de engrenagem conectadas foram levemente desalinhadas de propósito, com um engenhoso pino de uma engrenagem que move a outra engrenagem para a frente e para trás, a fim de simular a órbita elíptica irregular da Lua em volta da Terra. Isso, os cientistas apontaram, era essencial, se a finalidade era ser capaz **de *prever* os eclipses lunares e solares**. "Quando você vê isso, fica boquiaberto e pensa: 'minha nossa, isso é inteligente – é um projeto técnico brilhante'", disse o professor de astronomia Michael Edmunds, líder de um grupo da Universidade de Cardiff, no País de Gales.

Quando se chegou à questão de ***Quem tinha essa tecnologia*** séculos antes de Cristo, a melhor suposição do grupo ficou com as sugestões de Hiparco e da Ilha de Rodes, apesar de eles terem enfatizado repetidamente que não foi encontrado nada como isso em épocas anteriores ou posteriores; os únicos mecanismos com engrenagens mais simples apareceram na Europa mais de mil anos depois. Quanto a ***Quem tinha o conhecimento astronômico*** necessário para inventar o mecanismo, eles reconheceram – embora sem se aprofundar nisso – *"o legado babilônico"*. Quanto a ***Quem precisava desse mecanismo e por qual motivo***, o professor Edmunds simplesmente disse: "Nós não sabemos". Mas a resposta de outro membro do grupo foi: "Isso deve ter sido importante para determinar os festivais religiosos e da agricultura".

Essa resposta absurda é tão impressionante quanto os aspectos incrivelmente tecnológicos, científicos e astronômicos do mecanismo; sua existência em sua época é tão surpreendente quanto se dissessem que Jesus se comunicava com seus discípulos utilizando um celular...

Como o leitor descobrirá no final deste livro, só depois de eu ter finalizado minha pesquisa para *Fim dos Tempos** (o volume final de *As Crônicas da Terra*) é que **o segredo extraordinário do *Instrumento de Previsão de Anticítera* começou a ser compreendido por mim**.

---

* N.E.: Obra publicada pela Madras Editora.

12

Nazca: Onde os Deuses Partiram da Terra

Em 1997, eu estava levando uma das Expedições das Crônicas da Terra para a Turquia, e insisti – apesar das objeções do agente de turismo – para que fôssemos para a parte oriental do país. Os habitantes locais estavam preocupados com a situação da segurança, pois confrontos violentos estavam ocorrendo lá entre o exército turco e os rebeldes curdos. Mas insisti em irmos para lá – a fim de ver e estar em **Harã**. Era uma viagem que pretendia completar um circuito que tinha começado havia quase uma década antes do outro lado do mundo.

Harã, no caso de o leitor ter perdido algumas aulas da Bíblia, é onde começou a viagem de Abraão para Canaã ordenada por Deus, há mais de 4 mil anos. Ele foi para Harã com o pai dele e outros parentes, partindo de Ur, a capital suméria ao sul da Mesopotâmia. Foi em Harã que Rebeca foi escolhida para se tornar a noiva de Isaque, filho de Abraão, e onde Jacó, filho de Isaque, conheceu Raquel e se apaixonou por ela. Todos os três patriarcas hebreus e suas esposas, e, portanto, todos os seus descendentes – eu inclusive – têm um "cordão umbilical" ancestral com Harã.

Mas essa não era a única razão para querer ir para lá. *A principal razão era visitar as ruínas de um templo antigo cujo deus decolou e partiu da Terra – retornando 55 anos depois; um deus que seguiu a rota do mapa celeste!*

Atualmente, Harã é uma cidade adormecida, cercada pelas ruínas de um muro de proteção impressionante, mas desmoronado, da época islâmica e medieval (prancha 34), construído quando algumas batalhas decisivas foram travadas lá; seus poucos habitantes vivem em casas de adobe, com formato de colmeias, para oferecer um pouco de resfriamento no calor do verão. Mas, em tempos antigos, Harã era um centro comercial próspero, famoso por seu templo para o deus Sin (o "deus da Lua", cujo templo principal ficava em Ur) e por suas academias de escribas. Na parte de fora da cidade, o poço onde Jacó encontrou Raquel – conforme as tradições sustentam – ainda está lá, agora protegido por uma plataforma erguida de concreto (prancha 35), com rebanhos de ovelhas ainda pastando nos campos próximos.

Dentro dos muros, escombros, onde o antigo templo estava, dominam a paisagem (prancha 36). Foi lá que os arqueólogos encontraram quatro estelas inscritas que registram relatos testemunhais sobre a partida e o retorno divinos.

Duas das estelas foram colocadas pela sumo sacerdotisa do templo, cujo nome era Adda-Gupi, e registram os eventos contados por ela. As outras duas pertenciam ao seu filho Nabuna'id (prancha 37 e figura 111), e registram como ele foi predestinado a se tornar o último rei da Babilônia. Foi em um ano equivalente a 610 a.C., conforme escreveu Adda-Gupi, que o deus Sin "ficou irritado com o povo e subiu ao céu"; foi em 555 a.C. que, demonstrando piedade (e recebendo uma promessa de que seria reintegrado à supremacia em Ur), ele retornou. O retorno foi um evento do tipo que já era lendário em sua época, Nabuna'id escreveu em suas estelas:

> Este é o grande milagre de Sin
> que pelos deuses e deusas
> não aconteceu na Terra –
> desde tempos desconhecidos;
> Que as pessoas na Terra
> não viram nem encontraram escrito
> em tábuas desde tempos antigos;
> Que Sin, senhor dos deuses e deusas,
> residindo nos céus,
> desceu dos céus –
> perante Nabuna'id, rei da Babilônia.

A história completa é contada em mais detalhes em *Fim dos Tempos*, o sétimo livro da série *As Crônicas da Terra*, no qual uma série de outras evidências é apresentada a fim de se concluir que não somente Sin (com sua esposa e seu camareiro) partiu; com algumas exceções, **foi uma retirada em massa dos anunnakis partindo da Terra**.

De fato, a partida foi tão ampla que até mesmo em Jerusalém, de acordo com a Bíblia (Ezequiel 8:12), foi lamentado que "Yahweh não nos vê – Yahweh abandonou a Terra!".

Figura 111

Nos volumes anteriores de *As Crônicas da Terra* e anteriormente neste livro, foi contada a história sobre a chegada dos anunnakis à Terra, vindos de Nibiru, que necessitavam de ouro para salvar a atmosfera de seu planeta que estava diminuindo (ou sendo danificada), e sobre as primeiras "cidades dos deuses", estabelecidas em E.DIN – "Éden" na Mesopotâmia pré-diluviana – com um Centro de Controle da Missão, um Porto Espacial, Cidades de Torre de Comando e um Corredor de Aterrissagem para sua nave e foguete espaciais. Tudo isso foi destruído pelo Dilúvio, e foi substituído por uma estrutura semelhante nas Terras da Bíblia – um Porto Espacial na Península do Sinai, em cuja planície central o solo era firme, plano e adequado para pousos e decolagens; um Centro de Controle da Missão na futura Jerusalém; a Grande Pirâmide e suas companheiras em Gizé como Torres de Comando; e o Local de Aterrissagem pré-diluviano nas Montanhas do Líbano ("Baalbek") como uma base de lançamento.

Esses quatro locais espaciais (ver fig. 16, página 27) viriam a desempenhar um papel essencial nos assuntos entre os deuses e os homens, não somente na Antiguidade, mas também no presente e até mesmo no futuro. Em *As Guerras dos Deuses e dos Homens*, descrevi as Guerras das Pirâmides (quando foram retirados os equipamentos que funcionavam na Grande Pirâmide) e o Ataque Nuclear de 2024 a.C., quando o Porto Espacial no Sinai e Sodoma e Gomorra foram destruídos. A pergunta evidente, então, era esta: *Onde ficava uma instalação espacial alternativa pós-nuclear pela qual os anunnakis puderam partir?*

Para essa resposta, precisamos observar a América do Sul; e, quando alguém vai para lá, as ruínas antigas mais incríveis podem ser encontradas.

* * *

O Dilúvio, a grande inundação, que devastou a Terra aproximadamente 13 mil anos atrás, destruiu não somente tudo em Edin, mas também as operações imprescindíveis de mineração de ouro dos anunnakis no sudeste da África. Mas a mesma calamidade, que em uma só investida privou os anunnakis do ouro em um lugar, abriu para eles uma fonte ainda melhor em outra localidade – nas cordilheiras dos Andes, na América do Sul.

Tomando vastos veios principais de ouro onde agora ficam o Peru e a Bolívia, a avalanche de água expôs imensas quantidades de ouro que não precisavam ser mineradas nem fundidas e refinadas: pepitas de ouro puro simplesmente estavam lá, para ser encontradas e extraídas em um método chamado de Garimpagem – a maneira como o ouro começou a ser extraído milênios depois na América do Norte, quando aproximadamente 30 mil caçadores de ouro se aglomeraram nas montanhas do território de Yukon, no Canadá, para garimpar o ouro no Rio Klondike.

Os anunnakis estabeleceram seu novo centro de mineração de ouro em um local próximo às margens de um grande lago – o maior corpo de água doce navegável de altitude mais elevada (cerca de 4 mil metros) do mundo – *o Lago Titicaca* (fig. 112). Chamado de **Tiahuanacu** (posteriormente escrito como *Tiwanaku*) pelos nativos aimarás da região, ele foi considerado pelos incas do Peru como sendo o lugar em que o grande deus da antiga América do Sul, **Viracocha**, estabeleceu os primeiros seres humanos, deu a eles uma varinha de ouro para localizarem com ela a futura Cuzco e concedeu uma civilização aos ancestrais dos incas. Depois ele partiu e foi embora da Terra.

O primeiro explorador europeu de Tiahuanacu nos tempos modernos, Ephraim George Squier (*The Primeval Monuments of Peru*, 1853) ficou surpreso ao encontrar, no local inóspito e desolado, em uma altitude de quase 4 mil metros, as ruínas de estruturas monumentais de pedra, grandes monólitos talhados, estátuas representando seres masculinos incomuns semelhantes a gigantes, longos condutos, túneis subterrâneos. Por que, ele imaginou, *alguém* iria transportar blocos de pedra pesados, erguer construções imensas ou talhar tudo aquilo em um lugar tão hostil e quase sem vida?

Sua surpresa aumentou quando ele foi a uma curta distância da margem do lago, onde o solo estava coberto com ruínas de pedras enigmáticas. Encontrando um promontório, ele observou em volta e percebeu que o lago e Tiahuanacu ficam em uma depressão topográfica, o que era um vale plano se estende em picos que se ergueram a mais de 3 mil metros à sua volta. Dominando o panorama estavam dois grandes picos – Illampu e Illimani –, erguendo-se a mais de 8 mil metros e 7 mil metros de altura, respectivamente (os mais altos dos Andes).

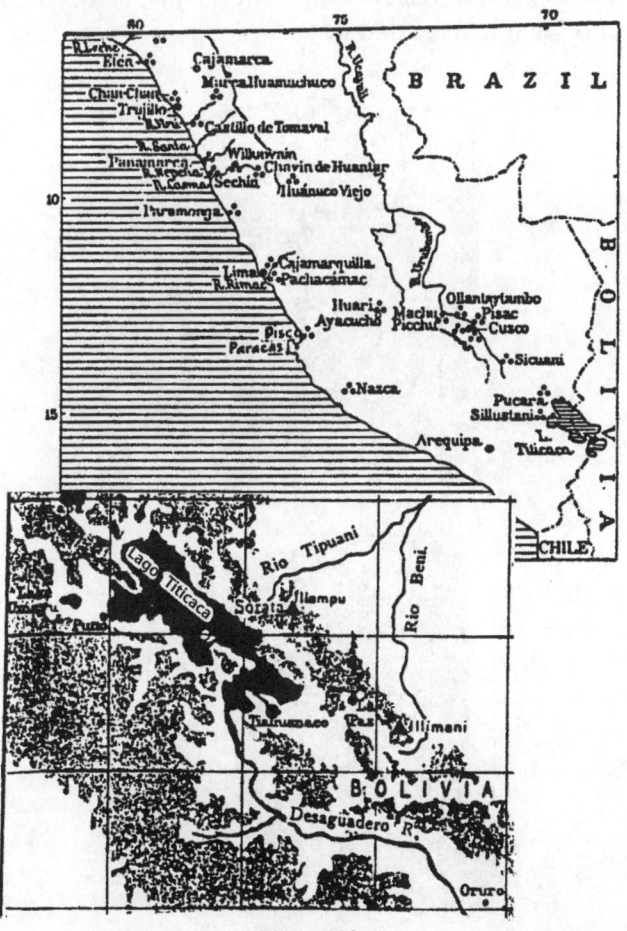

Figura 112

Ele só conseguia pensar nos comparáveis picos gêmeos do Ararate, os mais altos no Oriente Próximo (apesar de se erguerem a apenas cerca de 5 mil metros e 4 mil metros de altura), e ele intitulou o capítulo que descrevia Tiahuanacu e seus arredores de "Tiahuanacu, the Baalbec of the New World" ["Tiahuanacu, a Baalbek do Novo Mundo"]. Mal ele percebeu quanto tinha chegado perto de uma verdade secreta.

Quando fui para Tiahuanacu e o Lago Titicaca, em 1989, meu "guia de viagem" principal não era um dos guias de turismo então disponíveis, mas sim volumes maiores e amarelados das obras de ***Arthur Posnansky***, um engenheiro europeu que se mudou para a Bolívia e dedicou uma vida inteira para desvendar os enigmas dessas ruínas. O cronista espanhol Pedro de Cieza de Leon, que viajou pelo Peru e pela Bolívia em 1532-1550, relatou que "sem dúvida, as ruínas de Tiahuanacu eram o lugar mais antigo de todos" que ele havia visto naquelas

Figura 113

Figura 114

a

b

Figura 115

terras. **Arthur Posnansky surpreendeu a comunidade científica ao anunciar, em seus escritos abrangentes, que se iniciaram em 1914, que Tiahuanacu foi construído há 12 mil anos.**

As principais estruturas acima do solo em Tiahuanacu (existem várias subterrâneas) formam a *Akapana*, uma colina artificial coberta de canais, condutos e sulcos (em *Os Reinos Perdidos*, sugeri que ela servia como uma instalação metalúrgica) e (além de um enigmático gigante talhado em pedra) uma porta de pedra conhecida como a ***Porta do Sol*** (fig. 113) – uma estrutura proeminente que foi talhada e esculpida *em uma única rocha*.

O mais interessante na "Porta do Sol" são as imagens talhadas nela, dando indícios de que ela tinha uma finalidade de calendário, como a configuração das imagens talhadas no arco indica, e provavelmente também uma função astronômica e zodiacal complexa. Esses entalhes são dominados pela imagem central maior do deus Viracocha (fig. 114) segurando um bastão de raio forcado como seu símbolo, imperando sobre uma fileira de 11 imagens semelhantes menores (resultando em 12 no

Figura 116

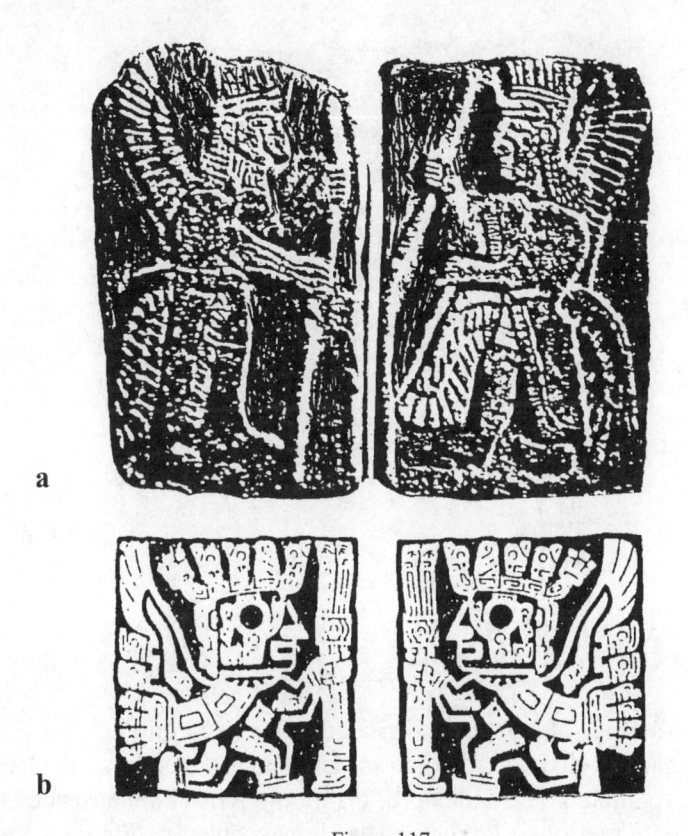

Figura 117

total) e acompanhado de 30 "mensageiros", 15 de cada lado (fig. 115a, b) (totalizando os dias de um mês).

Esses entalhes me serviram como pistas reveladoras, pois eles simulavam evidentemente os entalhes em pedra que eu tinha visto em Anatólia, nas ruínas hititas, que representavam o deus Teshub (fig. 116) e seus mensageiros angélicos (fig. 117a) – com semelhanças óbvias entre as imagens da Porta do Sol (fig. 117b) e as imagens hititas. Ele era, como escrevi em *Os Reinos Perdidos*, o deus Ishkur/Adad, o filho mais novo de Enlil, conhecido pelos hititas como Teshub ("O deus das Tempestades"); e foi ele quem foi enviado para instalar o novo centro metalúrgico após o Dilúvio, trazendo de Anatólia alguns de seus especialistas em metalurgia.

O fato de ele ter estado lá, na América do Sul, é testemunhado por um símbolo, deixado lá para ser visto por todos que se aproximam (pelo mar ou pelo ar). É uma representação enorme de um raio forcado, enigmaticamente entalhado em uma encosta de montanha pronunciada

Figura 118

(prancha 38 e fig. 118) na baía de Paracas, na costa do Peru a noroeste de Tiahuanacu; e ele pode ser visto somente do ar ou de fora, no Oceano Pacífico. Apelidado de Candelabro, o símbolo tem 128 metros de comprimento e 73 metros de largura, e suas linhas, que têm largura de cerca de 1,5 a 4,5 metros, foram entalhadas nas rochas duras a uma profundidade de cerca de 60 centímetros – e ninguém sabe por quem e quando ou como, a menos que tenha sido o próprio Adad que quisesse declarar sua presença...

A Porta do Sol, onde a imagem de Adad/Teshub é a característica dominante, fica posicionada de uma maneira que forma uma unidade de observação astronômica com a terceira estrutura proeminente em Tiahuanacu, chamada de ***Kalasasaya***. Ela é uma grande estrutura retangular, com um pátio central rebaixado (fig. 119a), e cercada por pilares de pedra erguidos. A sugestão de Posnansky de que Kalasasaya serviu como um observatório foi confirmada por exploradores subsequentes; sua conclusão, baseada nas orientações astronômicas de *sir* Norman Lockyer, que os alinhamentos astronômicos de Kalasasaya (fig. 119b) mostram que ela foi construída milhares de anos antes dos incas era tão inacreditável que instituições astronômicas alemãs enviaram equipes de cientistas para verificar isso. Seus relatos, e suas verificações adicionais

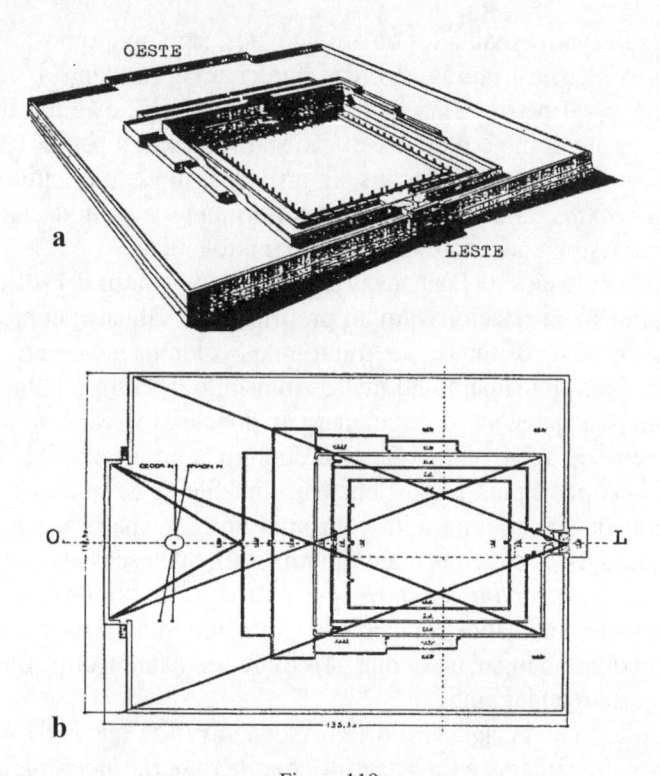

Figura 119

posteriores, confirmaram que a *orientação de Kalasasaya correspondia inquestionavelmente com a inclinação da Terra em 10000 a.C. ou 4000 a.C.*

Embora a aceitação confusa (*duvidosa* seria uma palavra melhor) dessas datas não tenha mudado, do meu ponto de vista uma ou outra dessas datas faz sentido. A data mais antiga se sincronizaria bem com minhas conclusões de que Tiahuanacu era o novo centro de mineração de ouro dos anunnakis após o Dilúvio (que datei de 11000 a.C.). A data posterior é compatível com a época que informei para a visita de Estado à Terra por **Anu**, rei de Nibiru, e sua esposa **Antu** – *uma visita que oferece a única explicação para as ruínas ainda mais surpreendentes em um local próximo chamado de Puma Punku*.

* * *

Puma Punku é um lugar raro. Aparentemente situado no meio do nada, é coberto por blocos de pedra de tamanhos variados, alguns gigantescos, alguns pequenos, alguns talhados nas formas mais enigmáticas (prancha

39). Eles ficavam espalhados ou amontoados, sem um propósito aparente. Não existem estruturas erguidas que chamam a atenção, como em Tiahuanacu, ali perto. "Não há nada para se ver lá", os guias turísticos dizem – assim como o meu disse – ao se recusarem a perder tempo em levar os turistas para lá. Mas insisti em ir – assim como leitores de *Os Reinos Perdidos* também fizeram posteriormente; e é um desvio do circuito de turismo convencional que vale muito a pena.

As conclusões de Posnansky após cerca de quatro décadas de pesquisa também se relacionavam ao próprio Lago Titicaca; conforme ele escreveu, o lago costumava ser muito mais volumoso, com um nível de água de aproximadamente 30 metros mais alto. Portanto, Puma Punku, agora um pouco distante da atual margem do lago, foi realmente construído na beira da água, na margem sul do lago, com instalações de porto. Suas ruínas principais consistiam em uma fileira de quatro estruturas desmoronadas, cada uma feita com uma única rocha oca gigante (fig. 120). Como essas câmaras eram tão precisamente escavadas nas pedras gigantescas, com *cantos internos* e outros atributos desconcertantes precisamente entalhados (prancha 40), ou como quatro rochas enormes foram trazidas ao lugar, e por que isso foi feito, nenhum arqueólogo conseguiu compreender ainda.

Ainda mais intrigante é o fato indiscutível de que cada uma dessas séries de câmaras escavadas foi **completamente incrustada dentro com placas de ouro,** fixadas com pregos de ouro inseridos com exatidão em ranhuras retas e precisas (prancha 41) incrivelmente perfuradas nas superfícies de pedra dura. Quando os espanhóis chegaram ao local no século XVI, o mistério não os impediu de soltar as placas de ouro, e até mesmo retirar os pregos de ouro, e remover uma imensa quantidade de ouro; isso tudo foi descrito pelos cronistas espanhóis na época, e reproduzido com mais detalhes em *Os Reinos Perdidos*.

Existe ainda outro mistério no local. As descobertas arqueológicas no lugar incluíam um grande número de blocos de pedra incomuns de diferentes tamanhos que foram precisamente entalhados, sulcados, angulados e esculpidos; sua complexidade pode ser mais bem descrita ao se apresentar alguns deles (de um relato de 1892 dos arqueólogos alemães A. Stübel e Max Uhle, fig. 121). Embora as pedras restantes, tanto de Puma Punku quanto de Tiahuanacu, tenham sido constantemente removidas (principalmente para o uso em construções locais), muitas das pedras talhadas inacreditavelmente complexas ainda restam em Puma Punku (pranchas 42, 43). Não é necessário ter graduação em engenharia para perceber que essas pedras foram talhadas, perfuradas e esculpidas

Figura 120

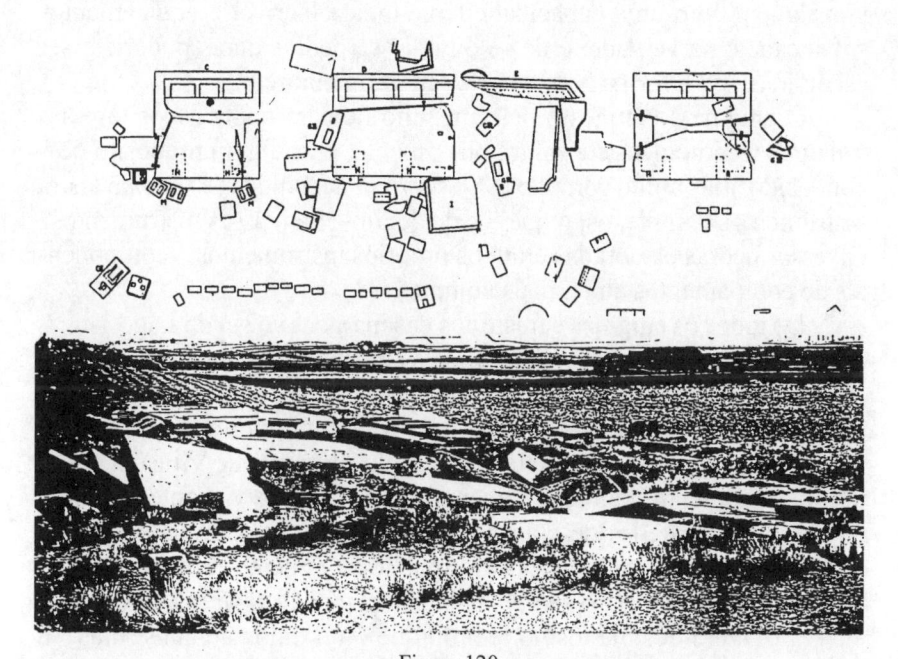

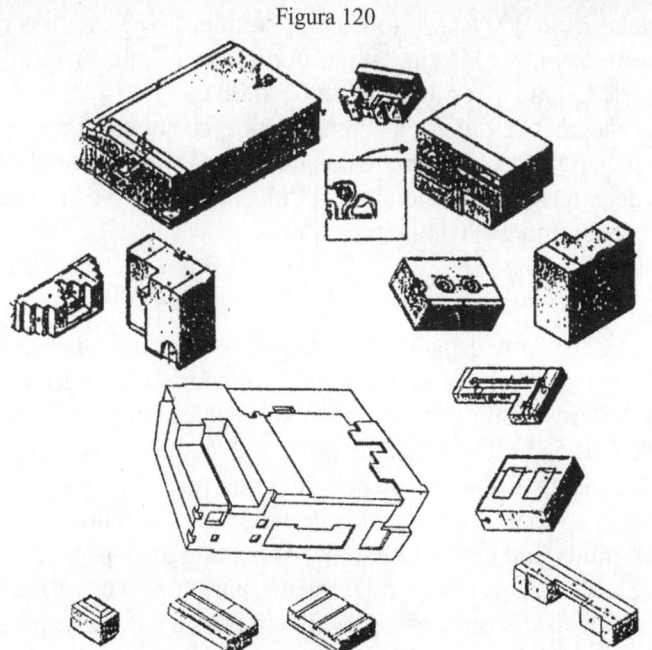

Figura 121

por alguém com uma capacidade tecnológica incrível e equipamentos sofisticados; na verdade, é de se duvidar se pedras duras poderiam ser esculpidas dessa forma hoje em dia sem se quebrarem.

O enigma é composto pelo mistério de para qual propósito esses milagres tecnológicos serviram; obviamente, para algum propósito desconhecido, mas muito complexo. Se serviam de moldes de fundição para instrumentos complexos, o que – e de quem – eram esses instrumentos? Ou essas pedras elaboradas eram os próprios instrumentos – componentes de equipamentos ainda mais complexos?

De todos os enigmas e mistérios das margens ao sul do Lago Titicaca, o mais fácil para eu explicar eram as intrigantes paredes com placas de ouro na unidade estrutural de quatro câmaras. Existe uma câmara semelhante de ouro até os dias de hoje na capital inca de Cuzco – é o *Coricancha*, o Santo dos Santos no templo principal de Viracocha; e o termo literalmente significa "câmara de ouro". (Lá os visitantes também podem ver as paredes descobertas com os buracos onde os pregos de ouro ficavam – os conquistadores espanhóis também retiraram tudo de lá.) Uma câmara de ouro semelhante existia em *Jerusalém* – lá também ela era o Santo dos Santos no templo que o rei Salomão construiu, em aproximadamente 950 a.C. E todas elas simulavam as câmaras cobertas de ouro em Uruk, na Mesopotâmia, onde Anu e Antu ficaram durante sua visita de Estado à Terra em cerca de 4000 a.C.

As "câmaras de ouro" em Puma Punku, eu sugeri, foram construídas pelo mesmo propósito – ser casas de hóspedes para o rei de Nibiru e a esposa dele, quando eles vieram de Uruk para visitar o centro de produção de ouro nas margens do lago andino.

* * *

Em 4000 a.C., o porto espacial na Península do Sinai ainda estava intacto, disponível para ser usado por Anu e Antu nas suas viagens espaciais vindo de Nibiru e indo para lá. Isso não ocorreu no período de tempo crucial de 610-555 a.C., pois esse porto espacial foi destruído, com armas nucleares, em 2024 a.C. A pergunta que resta é óbvia: onde estava o complexo espacial dos anunnakis no milênio e meio intermediário?

Eles ainda tinham o Local de Aterrissagem nas montanhas do Líbano. Ele deveria ser bom o suficiente para o foguete espacial, mas ninguém pode dizer com certeza se ele era bom o suficiente para chegar à Estação Intermediária em Marte, ou a um porto espacial substituto na Terra. Os grandes poderes do segundo e do primeiro milênio a.C. lutaram pelo controle desse Local de Aterrissagem. Os cananeus o chamavam de

Cume dos Segredos, e detalharam em seus "mitos" como o deus Ba'al ("Senhor") instruiu o Divino Artífice para restaurar seus instrumentos. Posteriormente, os fenícios o retrataram em suas moedas – com uma plataforma e um foguete prestes a ser lançado (fig. 122). E finalmente o profeta Ezequiel, exilado na região próxima de Harã, viu a famosa Carruagem Celestial – aproximadamente na data decisiva de 555 a.C.

Quanto ao deus Sin, tendo partido de Harã, ele pode muito bem ter usado esse Local de Aterrissagem nas proximidades. Aparentemente ele foi apenas para Marte, e não até Nibiru, pois retornou em meio século. Mas qual era e onde ficava um porto espacial como o de Sinai, com longos trechos de terreno firme e plano, para o uso de nave espacial à longa distância? Que tal uma instalação não muito longe das fontes do ouro que tinha de ser transportado por todo o caminho de volta a Nibiru – uma instalação que podia então ser usada para a Grande Partida, se todos os anunnakis, os líderes e o povo, com todas as suas naves e equipamentos e outros pertences, estavam decolando – junto, deve-se supor, com a última carga de ouro?

Agora sei onde o lugar ficava. Eu estive lá em 1994. Mas não percebi o que ele realmente era até que minhas pesquisas posteriores chegaram à Partida Divina. Milhares de pessoas também já estiveram lá. O local é conhecido como o *pampa*, a planície descampada, das **Linhas de Nazca**.

* * *

As **Linhas de Nazca**, chamadas por alguns de "os maiores trabalhos artísticos do mundo", estão localizadas em uma área desértica entre os

Figura 122

rios Ingenio e Nazca, ao sul do Peru. Elas representam, sem dúvida, um dos mistérios mais enigmáticos da Antiguidade.

Em uma vasta área de pampa (de cerca de 518 quilômetros quadrados!) que se estende no lado leste do Oceano Pacífico para as montanhas escarpadas dos Andes, na direção do Lago Titicaca, "alguém" usou o solo como uma tela para desenhar um grande número de imagens; os desenhos são tão enormes que não fazem nenhum sentido na altura do solo – mas, quando vistos do ar, nitidamente retratam animais e pássaros conhecidos e imaginários (fig. 123, pranchas 44, 45). Os "desenhos" foram feitos removendo a camada superficial do solo a uma profundidade de alguns centímetros, e realizados com uma linha unicursal – uma linha contínua que se curva e se contorce sem se cruzar. Várias tentativas falharam miseravelmente ao pretender demonstrar que uma multidão de trabalhadores operando no nível do solo e usando escavadeiras poderiam ter criado essas imagens. Mas quem sobrevoa a área conclui, inevitavelmente, que "alguém" *no ar* utilizou um instrumento de desintegração do solo para rabiscar no chão abaixo.

Quem estava lá, nos tempos antigos, com essas habilidades – no ar e equipado com uma espécie de arma de raios? Aqueles que ridicularizam a sugestão de "extraterrestres" já recorreram, como soluções, a "nativos no ar com balões primitivos" ou "nativos escavando o solo centímetro por centímetro" – e acabaram sendo ainda mais ridicularizados do que os proponentes dos Astronautas Antigos. Embora entalhados apenas a alguns centímetros de profundidade, diferentemente do desenho do "Candelabro", talhado a muitos centímetros de profundidade na baía de Paracas, próximo dali, esses desenhos provavelmente foram realizados da mesma maneira. De fato, como parte da resposta para os dois enigmas, incluí, nas Notas Informativas para meu grupo da Expedição das Crônicas da Terra, a informação de se chegar até as ilustrações em Nazca vindo de outros locais antigos nas Américas onde foram utilizadas armas de raios (como nesse local em Tula, México, na fig. 124); ele foi talhado em colunas de pedra ao lado de esculturas gigantes de seres estranhos parecidos com guerreiros – os habitantes locais os apelidaram de *Atlantes* –, cada um equipado exatamente com esse tipo de arma de raios (fig. 125).

"Nós estamos observando a obra dos anunnakis", eu disse a meu grupo com certeza.

Os rabiscos – alguns pesquisadores deram a eles um nome que soa mais científico, "geoglifos" – estão longe de ser o único mistério de Nazca. Outro atributo ainda mais enigmático das Linhas de Nazca são

Nazca: Onde os Deuses Partiram da Terra

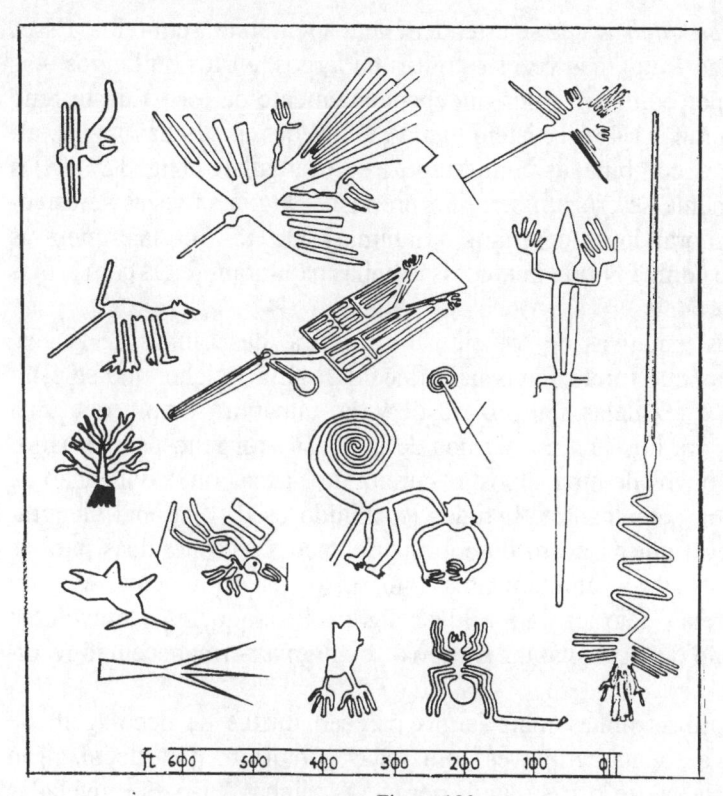

Figura 123

Figura 124

"linhas" verdadeiras que se estendem de maneira reta, sem falha. Esses trechos retos – algumas vezes estreitos ou largos, curtos ou longos – se estendem por colinas e vales, independentemente da forma do terreno (fig. 126, prancha 46). Existem cerca de 740 dessas "linhas" retas, algumas vezes combinadas com "trapézios" triangulares (fig. 127). Elas frequentemente se cruzam sem um propósito, algumas vezes se estendendo e ignorando os desenhos de animais. O que são elas, quem as produziu, e como? Nitidamente, essas linhas não foram feitas com armas de raios portáteis...

Várias tentativas de solucionar o mistério das Linhas de Nazca, incluindo as que foram feitas pela falecida Maria Reiche, que se estabeleceu lá e fez delas seu projeto de vida, falharam sempre que uma explicação era buscada em termos de que "isso foi feito por peruanos nativos" – povos de uma suposta "cultura de Nazca" ou "civilização de Paracas", ou semelhantes. Estudos (incluindo os da National Geographic Society) que visavam descobrir orientações astronômicas para as Linhas de Nazca – alinhamentos com solstícios, equinócios, essa ou aquela estrela – não levaram a lugar algum. Para aqueles que excluem uma solução de "Astronautas Antigos", o enigma permanece não resolvido.

Embora as linhas mais largas pareçam pistas de decolagem de aeroporto, as quais aeronaves com rodas percorrem para decolar (ou pousar), este não é o caso aqui, porque as "linhas" não são niveladas horizontalmente – estendem-se por terrenos irregulares, ignorando colinas, ravinas, valas. Elas não são "pistas de decolagem" da maneira como entendemos o termo. De fato, tendo observado inúmeras fotografias e tendo estado lá e sobrevoado as Linhas de Nazca de um lado para o outro, pareceu-me, que em vez de estar ali para *permitir* a decolagem, elas seriam o *resultado de decolagens* feitas por **nave partindo e deixando, no solo abaixo, "linhas" criadas pelo escapamento de seus motores**. O fato de essas "câmaras celestiais" dos anunnakis emitirem esses escapamentos é indicado pela pictografia suméria DIN.GIR para os deuses do espaço (fig. 128), ou por uma representação visual em um selo cilíndrico de um foguete visto nos céus da Ilha de Creta (fig. 129).

* * *

Figura 125

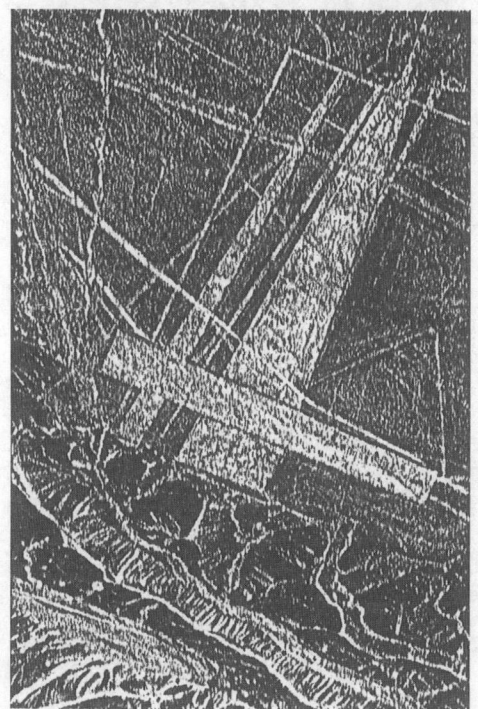

Figura 126

Figura 127

Será que os pilotos astronautas antigos utilizaram a planície de Nazca como seu último porto espacial, rabiscando por diversão enquanto estavam matando tempo antes das decolagens?

Tudo o que posso dizer com certeza é que a sugestão de que pilotos antigos estiveram envolvidos com os enigmas das Linhas de Nazca é reforçada por outro mistério inexplicável nessa região do Peru. Tive conhecimento disso por meio do relato de uma integrante da Ancient Astronaut Society escrito no boletim informativo da sociedade, o *Ancient Skies*. Ela informava sobre um marco intrigante não muito longe das Linhas de Nazca; respondendo à minha solicitação, ela me enviou uma fotografia.

Quando eu e meu grupo de expedição fomos ver Nazca, paramos em um certo ponto na Rodovia Pan-Americana, onde uma torre de observação permitia que os visitantes contemplassem melhor do que no nível plano os rabiscos ali perto; isso, é claro, não era suficiente. Ficamos em um hotel na cidade mais próxima (Ica), e dirigimos de manhã para um pequeno aeroporto (na verdade, uma pequena pista de decolagem) onde aviões pequenos com quatro assentos estavam disponíveis para realizar a excursão turística pelo ar. Os voos seguiam um padrão determinado, com o piloto atuando como guia, circulando sobre os rabiscos do "gigante" ou do "macaco" tempo suficiente para ser possível tirar fotos; depois, uma passagem sobre as Linhas, e de volta para a pista de decolagem.

Com apenas três passageiros por voo, nosso grupo necessitava de muitos voos em duas aeronaves alternadas. Então, ficando próximo dos

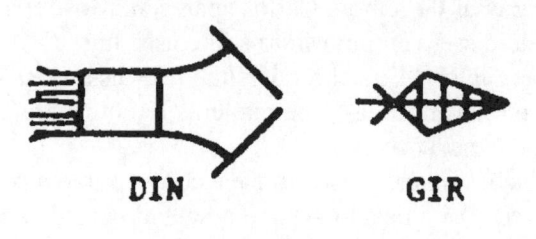

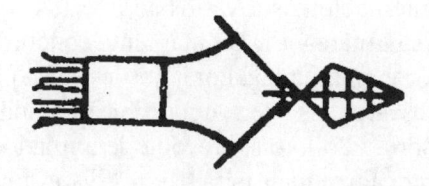

Figura 128

Figura 129

pilotos, saquei a fotografia intrigante e perguntei o que eles sabiam sobre esse lugar. Eles não sabiam nada. "Talvez Carlos possa saber", um deles disse. Carlos era um terceiro piloto que ainda não tinha aparecido na equipe auxiliar. Havia uma cabine de aeroporto perto da pista de decolagem, que servia bebidas geladas e vendia *souvenirs*. "Temos de esperar", eu disse para o meu grupo.

Com o passar do tempo, Carlos apareceu. Mostrei a ele a fotografia. "Sim", ele disse, "eu ouvi falar sobre esse lugar." "Você sabe onde ele fica?", perguntei. "Eu acho que sim", ele disse, "eu sei a direção." "Você pode me levar até lá?", perguntei. "Teremos de circular por lá e procurá-lo", ele me avisou.

Negociações financeiras com ele e com o piloto auxiliar seguiram. Quando o preço foi ajustado – pago adiantado em dólares americanos –, pedi que um membro de meu grupo, Frederick "Fritz" Meyer, me acompanhasse. Ele era um piloto experiente da United Airlines, que sobrevoava rotas internacionais a vários aeroportos com os padrões de aterrissagem mais singulares. Ele prontamente concordou em ir junto.

O voo, que durou quase meia hora, nos levou da planície do pampa até as montanhas escarpadas – em uma direção a sudoeste, de acordo com o que me lembro. O piloto sobrevoou de um lado para o outro, virando, indo mais para alto e mais para baixo. "Não vamos encontrá-lo", pensei comigo mesmo. E, então, *lá estava ele!*

Incrivelmente, no meio do nada, havia marcas nítidas e inconfundíveis de círculos e quadrados formando uma cruz – como em um heliporto moderno!

Aderindo ao ditado de que uma imagem vale mais do que mil palavras, é isso que nós vimos (pranchas 47, 48).

Meu companheiro Fritz, o experiente piloto de companhia aérea, viu muito mais nos desenhos complexos e em seus detalhes precisos. Ele achou que todo o desenho de círculos, retângulos, triângulos e pontos concêntricos não era apenas "um indicador direcional de um certo lugar", mas também um identificador e fornecedor de informação por meio do posicionamento dos "pontos". Se eles fossem "pontos de luz" modernos, o acionamento e o desligamento deles para criar padrões variados ofereceriam ao piloto uma riqueza de informações.

Mas eles não são pontos de luz modernos, e o único "complexo aéreo" em milhas fica nas Linhas de Nazca... Será que os pilotos locais poderiam explicar isso? Não. Isso está marcado em *algum* mapa aéreo? Não. Esse é um enigma que ainda precisa ser resolvido, um mistério que ainda precisa ser explicado. Mas ele faz parte do mistério maior das Linhas de Nazca, disso não tenho dúvidas.

Para tudo isso – as Linhas, os rabiscos, as marcas como de um heliporto –, só há uma solução plausível: Nazca foi o último porto espacial dos anunnakis. Foi utilizado por eles após o porto espacial em Sinai ter sido destruído – e então foi utilizado por eles na Partida Final.

Epílogo

Profecias sobre o Retorno

"A conclusão inevitável de tudo isso deve ser que, a partir de pelo menos 610 a.C. até provavelmente 560 a.C., os deuses anunnakis estavam deixando o planeta Terra metodicamente", escrevi em *Fim dos Tempos*, o último volume da série *As Crônicas da Terra*. Seu subtítulo original é *Armageddon and Prophecies of the Return* [Armagedom e Profecias sobre o Retorno]; e, como foi afirmado em um capítulo anterior, foi somente quando cheguei a essas conclusões que a névoa enigmática envolvendo a Máquina de Anticítera começou a se dissipar.

O *Dia do Senhor* das profecias bíblicas, conforme concluí em *Fim dos Tempos*, era um dia em que um eclipse solar ocorreria; e era apenas uma coincidência que o propósito principal do mecanismo era *prever eclipses lunares e solares*?

Uma das marcações mais evidentes no mecanismo que poderia revelar sua época e seu propósito é uma parte quebrada com *gradações e um ponteiro*, com uma escrita (fig. 130). Identificando a escrita como nomes de meses, o dr. Price concluiu que o mecanismo foi projetado para corrigir o calendário grego de 365 dias em um ano solar para os corretos 365,25 dias (que corrigimos ao acrescentar um dia a mais a cada quatro anos).

Ele concluiu que o Ponteiro foi colocado assim para marcar uma data muito específica. Poderia ser a data de algum evento importante a partir da qual começou a contagem do mecanismo?

Com detalhes meticulosos e metódicos, o dr. Price chegou à conclusão, em seu livro, de que *o Ponteiro marcava uma data em 586 a.C.* (que ele considerava "além de uma possibilidade arqueológica", sendo da opinião de que o mecanismo foi produzido no século I a.C.).

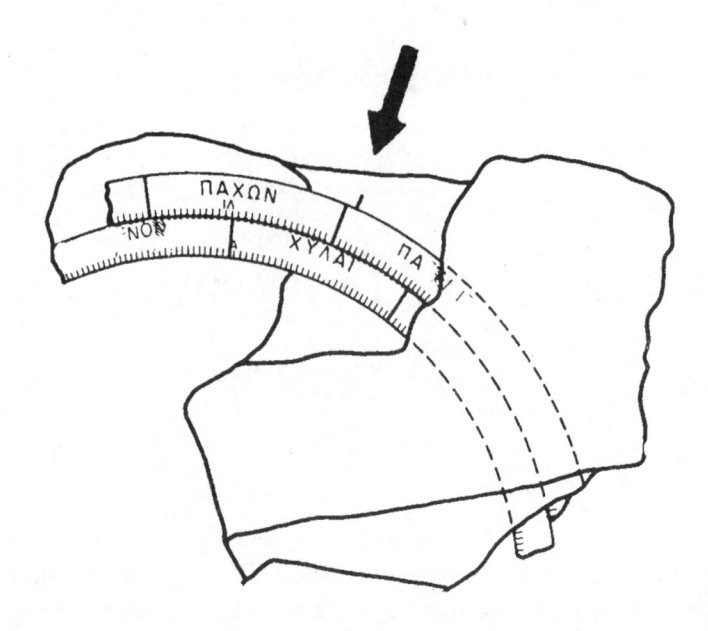

Figura 130

Porém, quando eu estava fazendo pesquisas para *Fim dos Tempos*, tornou-se evidente que eventos importantes no primeiro milênio a.C. foram baseados em fenômenos celestiais, e sobretudo em *eclipses solares*; e um dos mais significantes ocorreu em *584 a.C.* – uma data que, com todas as mudanças, ajustes e revisões no calendário no decorrer de dois milênios e meio, pode ser considerada como o mesmo eclipse solar indicado no mecanismo. Esse prenúncio celestial, deve-se notar, ocorreu bem no período decisivo de partida entre 610-560 a.C.

De acordo com o dr. Price (*Gears from the Greeks*, p. 19), se o ajuste de um quarto de dia é aplicado às gradações com o Ponteiro, isso sugere que as datas FUTURAS previstas podem ocorrer em intervalos de 120 anos. Começando em 86 a.C., quando o mecanismo foi determinado, isso significa que o Instrumento de Previsão indicava datas em 34 d.C., 154 d.C., e assim por diante, o dr. Price escreveu.

Esse cronograma, quando estendido até o nosso tempo presente, resulta em um prenúncio celestial previsto pelo mecanismo em 2074 d.C.

Essa é uma data no domínio das Profecias sobre o Retorno?

É preciso ler em *Fim dos Tempos* não somente minhas conclusões, mas também o que *sir* Isaac Newton calculou, para reconhecer que a Máquina de Anticítera foi um presente do Artífice dos Deuses para todos aqueles que acreditam que as profecias bíblicas se tornarão realidade.